思想政治教育理论研究

王左丹 房慧玲 / 主编

中山大学出版社
广州

版权所有　翻印必究

图书在版编目（CIP）数据

思想政治教育理论研究/王左丹，房慧玲主编．—广州：中山大学出版社，2023.2

ISBN 978-7-306-07727-1

Ⅰ.①思… Ⅱ.①王… ②房… Ⅲ.①高等学校—思想政治教育—研究—中国　Ⅳ.①G641

中国国家版本馆 CIP 数据核字（2023）第 024759 号

SIXIANG ZHENGZHI JIAOYU LILUN YANJIU

出 版 人：	王天琪
策划编辑：	嵇春霞
责任编辑：	李昭莹
封面设计：	曾　婷
责任校对：	邱紫妍
责任技编：	靳晓虹
出版发行：	中山大学出版社
电　　话：	编辑部 020-84111946，84113349，84111997，84110779，84110776 发行部 020-84111998，84111981，84111160
地　　址：	广州市新港西路 135 号
邮　　编：	510275　传　真：020-84036565
网　　址：	http://www.zsup.com.cn　E-mail：zdcbs@mail.sysu.edu.cn
印 刷 者：	广州市友盛彩印有限公司
规　　格：	787mm×1092mm　1/16　15.75 印张　266 千字
版次印次：	2023 年 2 月第 1 版　2023 年 2 月第 1 次印刷
定　　价：	56.00 元

如发现本书因印装质量影响阅读，请与出版社发行部联系调换

序　言

教育是民族振兴、社会进步的重要基石，对提高人民综合素质、促进人的全面发展、增强中华民族创新创造活力、实现中华民族伟大复兴具有决定性意义。

党和国家历来对思想政治理论课建设都高度重视，在革命、建设、改革各个历史时期，对此都做出过重要部署。改革开放以来，先后出台 10 多个关于学校思想政治工作的文件，对思政课建设提出明确要求，不断推动思政课改革。党的十八大以来，党中央先后召开全国高校思想政治工作会议、全国教育大会，习近平总书记就思政课建设多次发表讲话、做出指示。在 2019 年 3 月的学校思想政治理论课教师座谈会上，习近平总书记特别强调：思政课是落实立德树人根本任务的关键课程，思政课作用不可替代，思政课教师队伍责任重大。

办好思政课，最根本的是要全面贯彻党的教育方针，解决好培养什么人、怎样培养人、为谁培养人这个根本问题。新时代贯彻党的教育方针，要坚持马克思主义指导地位，贯彻习近平新时代中国特色社会主义思想，坚持社会主义办学方向，落实立德树人的根本任务，坚持教育为人民服务、为中国共产党治国理政服务、为巩固和发展中国特色社会主义制度服务、为改革开放和社会主义现代化建设服务。要扎根中国大地办教育，把教育教学活动同生产劳动和社会实践相结合，加快推进教育现代化、建设教育强国、办好人民满意的教育，努力培养担当民族复兴大任的时代新人，培养德智体美劳全面发展的社会主义建设者和接班人。

当代大学生要成为中国特色社会主义事业的接班人和建设者，必须树立正确的世界观、人生观、价值观，把实现个人价值同党和国家的前途命运紧紧联系在一起。随着我国不断扩大开放、走近世界舞台中央，我国同世界的联系更趋紧密、相互影响更趋深刻，意识形态领域面临的形势和斗争也更加复杂。学校是意识形态工作的前沿阵地，可不是一个象牙之塔，也不是一个桃花源。学校办好思政课，就是要开展马克思主义理论教育，用习近平新时代中国特色社会主义思想铸魂育人，引导学生增强中国特色社会主义道路自信、理论自信、制度自信、文化自信，厚植爱国主义情怀，把爱国情、强国志、报国行自觉融入坚持和发展中国特色社会主义、建设社会主义现代化强国、实现中华民族伟大复兴的奋斗之中。

习近平总书记要求我们，在思想政治理论课的教育教学中，"要有5000多年中华文明史，要有500多年世界社会主义史，要有中国人民近代以来170多年斗争史，要有中国共产党近100年的奋斗史，要有中华人民共和国70年的发展史，要有改革开放40多年的实践史"。中国特色社会主义取得举世瞩目的成就，为思政课建设提供了有力支撑。中国特色社会主义理论是一个体系，新时代中国特色社会主义思想就是在当前这个发展阶段中国共产党历史性提出来的。中华民族几千年来形成了博大精深的优秀传统文化，我们党带领人民在革命、建设、改革过程中锻造的革命文化和社会主义先进文化，为思政课建设提供了深厚力量。思政课建设长期以来形成的一系列规律性认识和成功经验，为思政课建设守正创新提供了重要基础。

教师是最重要的教育资源。办好思政课，离不开一支政治素质过硬、业务能力精湛、育人水平高超的高素质专业化思政课教师队伍。习近平总书记对广大思政课教师提出了"政治要强、情怀要深、思维要新、视野要广、自律要严、人格要正"这六个方面的要求。作为思政课老师，我们要用习近平新时代中国特色社会主义思想来武装自己的头脑，站稳政治立场，守好主阵地，用好主渠道。要以"八个统一"促进科研、引领教学、指导实践，努力做到把思政课讲得既"有意义"，又"有意思"。

我们的思政课专任教师有着不同的专业背景，但是他们愿意努力把自己的学术专长与思政课教育教学结合起来，潜心研究学科理论与教学，无论如何都是值得鼓励的。近年来，我院教师在学科理论和思政教学中努力探索，也做出了一些成绩。我们把散落在各类期刊中的相关论文做一番梳理，选择一些集结成册，既是对这个时代所提的对思政课要求的一个回应，也是对教师们思政课教育教学工作的鼓励。

希望我们的教师能够在此基础上再接再厉，继续做出更大的成绩！

编者
2021 年·元旦

目　录

广东"双转移"的重头戏：推动加工贸易转移
　　——关于广东加工贸易转移研究 ………………………… 房慧玲 / 1
广东农村土地股份合作制研究 ………………………………… 房慧玲 / 14
国内外财政支持发展农民合作组织的做法及启示 …………… 房慧玲 / 21
广东农村改革与发展的几点思考 ……………………………… 房慧玲 / 32
农村发展模式、形成机理与建设绩效
　　——基于两个村庄的案例比较 ………………………… 房慧玲 / 40
新时代视域中的教育公平 ……………………………… 陈　华　李红霞 / 51
民生幸福意域下的政府善治 …………………………… 吕洪刚　张增船 / 59
论可持续发展的三个维度 ……………………………………… 陈水勇 / 68
新时代文化自信的主要特征和逻辑理路探析 ………………… 蔡英谦 / 77
继承与批判：威廉斯文化社会主义思想生成的理论资源探析
　　………………………………………………………… 赵传珍　王　晶 / 90
当代对坚持和发展马克思劳动价值论的思考 ………………… 房慧玲 / 100
论传统社会精神交往的觉醒 …………………………………… 陈水勇 / 108
马克思人本思想与弗洛姆人本思想比较研究 ………………… 林俊风 / 122
威廉斯对马克思主义意识形态理论的创造性转化及其限度
　　…………………………………………………………………… 赵传珍 / 129
威廉斯对文化"经济决定论"的批判和修缮 ………………… 赵传珍 / 139
文化反对资本主义：威廉斯文化社会主义思想探析 ………… 赵传珍 / 149
马克思的财产权理论及其中国实践 …………………………… 吕洪刚 / 155
"正确质量实践"何以可能？
　　——从对辅导员传统工作质量观的审视谈起 ………… 王左丹 / 162
大学生创业教育认识的不足及其路径研究 …………… 王左丹　侯永雄 / 168

留守与超越：高校德育的主体间性及其张力……………… 陈　华 / 176
论高校加强党史国史教育的作用……………………………… 马　一 / 184
中华民族优秀传统文化是高校德育工作的重要资源………… 蔡英谦 / 191
岭南文化和广东高校德育……………………………………… 林俊风 / 199
科技安全博弈下的大学生国家科技安全教育………………… 冯　洁 / 204
论晚清社会变迁与遣使驻外…………………………………… 马　一 / 211
清驻德属西萨摩亚领事林润钊对华工的保护………………… 马　一 / 221
清末至民国时期我国邮政部门对侨批业的管理……………… 黄泽纯 / 237

后　记……………………………………………………………………… / 245

广东"双转移"的重头戏：推动加工贸易转移

——关于广东加工贸易转移研究

房慧玲

加工贸易是对外经济贸易的重要组成部分，对广东乃至我国的对外开放发挥了不可替代的重要作用。珠江三角洲地区是广东省乃至全国加工贸易的集中区域。随着珠江三角洲地区土地、劳动力、能源和原材料等要素价格的不断攀升，加工贸易企业被迫寻求新的出路。当前，广东正在实施"双转移"战略，加工贸易无疑是珠三角最迫切需要转移的领域，是实施"双转移"的重头戏。推动加工贸易从珠江三角洲向广东的东西两翼及山区转移，对广东转变发展方式、应对金融危机、实现区域协调发展有重要意义，对全国区域协调发展也有重要指导意义。因此，广东省加工贸易区域转移问题，成为中央、广东省政府和社会各界高度关注的重大课题。

一、珠江三角洲地区加工贸易发展的基本态势

1978 年 8 月，广东珠海县[①]香洲毛纺厂签订的第一份毛纺织品来料加工协议，揭开了珠江三角洲乃至中国内地加工贸易大发展的序幕。珠江三角洲地区充分利用毗邻港澳的地缘优势和国家赋予的"特殊政策、灵活措施"，积极承接国际资本和产业转移，大力发展加工贸易，经济取得了飞速的发展，成为 20 世纪 80 年代中国最具活力的经济增长极。

加工贸易已成为广东外向型经济的特色和优势，是广东吸收外资和外贸出口的重要方式和主要力量。2007 年，广东省加工贸易进出口总额为 4033.92 亿美元，占全省外贸进出口总额的 63.6%，占全国加工贸易进出口总额的 40.9%。而珠江三角洲地区是广东省乃至全国加工贸易的集中区域。2007 年，珠江三角洲九市加工贸易出口总值达 2406.01 亿美元，占全省加工贸易出口总额的 97.7%，占全国加工贸易出口总额的 40%。九市具体情况见表1。

---

① 1979 年 3 月 5 日，珠海县改为珠海市。

表1 2007年珠江三角洲九市加工贸易出口具体情况

城市	加工贸易出口		
	金额（亿美元）	同比增长（%）	占全省的比重（%）
深圳	1068.54	16.4	43.4
东莞	563.33	26.1	22.9
广州	202.25	11.4	8.2
珠海	146.07	24.7	5.9
惠州	132.95	19.6	5.4
中山	115.39	5.6	4.7
佛山	120.80	13.9	4.9
江门	44.78	16.9	1.8
肇庆	11.90	30.9	0.5

资料来源：《长江和珠江三角洲及港澳台统计年鉴》（2008年）。

珠江三角洲地区通过大力承接国际资本转移，发展加工贸易，已经初步达到了经济起飞和实现工业化的目的。从总体上看，珠江三角洲地区加工贸易的发展呈现出以下五大态势和特点。

（一）加工贸易产业升级进入新的阶段，但总体上仍然没有超出国际产业链的低端环节

从20世纪70年代末80年代初开始，珠江三角洲地区的加工贸易在产业规模上取得了高速发展，产品结构也不断优化，从低附加值的劳动密集型产品，逐渐转向以电子、通信、信息产品等机电、高新技术产品为主，并逐步形成了一批具有自主知识产权的、有国际竞争力的大型企业集团。如深圳的华为、中兴、康佳，惠州的TCL、德赛，顺德的美的、格兰仕、科龙电器，珠海的格力等。进入21世纪后，该地区的部分企业正在逐步实现由贴牌加工（OEM）到委托设计生产（ODM），再到自有品牌营销（OBM）的转变，开始进入一个新阶段。

2006年广东省加工贸易出口总值中，珠江三角洲地区加工贸易机电

产品和高新技术产品出口所占比重分别达到77.4%和44.3%。

珠江三角洲地区的加工贸易产业的层次尽管不断递进，甚至出现了一些具有自主知识产权的高附加值的出口产品，但从总体上看，仍然没有超出加工装配和零部件配套等国际产业价值链的低端环节，处于"微笑曲线"中下颚处的附加价值最低的部分，核心技术、关键设备、品牌等环节基本还是由跨国公司的母公司控制。可以说，珠江三角洲地区的加工贸易企业只充当了"加工车间"的角色。

（二）加工贸易企业向多元化方向发展，民营企业加工贸易迅速增长，但仍然没有改变以外资企业为主，内资企业偏少的状况

20世纪80年代初，珠江三角洲地区从事加工贸易的个体企业、乡镇企业以及三资企业得到迅速发展，加工贸易企业呈现出多元化的态势。近年来，珠江三角洲地区内资加工贸易企业发展迅速，但是，国有企业加工贸易比重不断下降，而民营企业加工贸易比重迅速增长，表2数据可以反映这一特点。

但是，珠江三角洲地区加工贸易以外资企业为主的状况仍然没有改变。以深圳市为例，2007年，深圳市内资企业累计加工贸易出口额为24.6亿美元，同比增长39.7%，仅占全市加工贸易出口总值的2.3%，外资企业加工贸易出口额为880.1亿美元，占全市加工贸易出口总值的82.3%，对加工贸易出口增长的贡献率达到80.1%。2007年，广东省外资企业加工贸易进出口总值达3216.99亿美元，比上年增长15.6%，占全省加工贸易进出口总值的79.8%，内资企业只占20.2%，其中民营企业仅占5.0%。在机电产品和高新技术产品加工贸易中，企业主体基本上都是外资企业，内资企业承接跨国公司加工生产业务的能力薄弱，目前尚未真正进入其生产链与价值链，只是承接这条生产链条的外部环节的生产业务。

内资加工贸易企业比例偏低及规模偏小，反映出本地企业参与国际产业链分工的优势不足，这不仅不利于促进加工贸易的落地生根和本地民营经济的壮大，也不利于民营企业在国际产业链分工中获取更大的增值。

表2　广东省各类企业在加工贸易出口总额中所占比重（1996—2007年）

年份	总额（亿美元）	外资企业		国有企业		民营企业	
		金额（亿美元）	所占比例（%）	金额（亿美元）	所占比例（%）	金额（亿美元）	所占比例（%）
1996	471.5	293.2	62.2	170.2	36.1	0.001	0.0003
1997	548.1	342.3	62.5	195.5	35.7	0.004	0.0008
1998	583.3	367.1	62.9	205.8	35.3	0.009	0.0015
1999	603.8	364.7	60.4	227.2	37.6	0.1	0.017
2000	717.8	452.4	63.0	249.7	34.8	0.4	0.1
2001	765.0	495.9	64.8	247.4	32.3	1.9	0.2
2002	932.0	631.1	67.7	272.9	29.3	5.4	0.6
2003	1182.4	853.9	72.2	263.2	22.3	37.8	3.2
2004	1456.2	1077.7	74.0	287.8	19.8	60.16	4.1
2005	1750.6	1362.9	77.9	—	—	76.46	4.3
2006	2083.8	1674.5	80.4	—	—	92.46	4.4
2007	2461.7	1972.7	80.1	—	—	123.17	5.0

说明："—"表示数据缺失。

资料来源：根据历年《广东统计年鉴》计算得出。

（三）一般贸易出口有长足发展，但加工贸易仍然是珠三角各市外向型经济的主体

近年来，珠江三角洲地区一般贸易出口有较快增长，占出口总额的比重不断上升，加工贸易占当地出口总额的比重有所下降。例如，佛山市一般贸易出口额由2003年的34.69亿美元增加至2007年的138.92亿美元，4年时间增长了3倍多，且占全市外贸出口总额的比重由2003年的33.9%上升至2007年的53.0%；同期加工贸易出口额由67.50亿美元增加至120.8亿美元，占全市外贸出口总额的比重由66.0%下降至46.1%。珠海市一般贸易出口额由2004年的14.74亿美元增加至2007年的30.94亿美元，占全市外贸出口总额的比重由2004年的16.3%上升至2007年的16.7%；同期加工贸易出口额由73.97亿美元增加至146.07亿美元，占

全市外贸出口总额的比重由81.8%下降至79.1%。肇庆市一般贸易出口额由2001年的3.25亿美元增加至2007年的9.82亿美元,占全市外贸出口总额的比重由2001年的42.7%上升至2007年的45.2%;同期加工贸易出口额由4.37亿美元增加至11.91亿美元,占全市外贸出口总额的比重由57.4%下降至54.8%。

但是,加工贸易仍然是珠江三角洲地区外向型经济的主体。2007年,珠江三角洲九市加工贸易出口额达2406.01亿美元,比1978年全省加工贸易出口额增长两万多倍,占当年全省加工贸易出口总额的97.7%,占全省外贸出口总额的65.2%。

(四)加工贸易深加工结转比例日益提高,带动国内配套产业发展,但加工贸易产业链仍然不是太长

随着珠江三角洲地区技术水平、人员素质、原材料质量的不断提高,以及追随下游企业来粤投资的国外零部件生产商的增加,加工贸易生产配套的原辅材料已由初期的完全依靠国外进口发展到逐步加大在国内采购配套的比例,这主要是通过深加工结转这种方式,即利用"转厂"形式来实现。2007年,广东省加工贸易深加工结转总金额达1200亿美元,占当年加工贸易进出口总额的29.75%,加工贸易出口带动国内配套产业的产值超过4300亿元人民币。广东省加工贸易的深加工结转主要是在珠江三角洲地区开展。目前东莞70%以上的加工贸易企业都从事深加工结转业务。2007年东莞市加工贸易深加工结转业务量达到465.8亿美元,同比增长17.9%,占当年加工贸易进出口(含深加工结转)总值的32.8%。其中转出240.1亿美元,同比增长18.0%;转入225.7亿美元,同比增长16.8%。深圳则有80%的加工贸易企业开展深加工结转业务。

但是,总的来看,珠江三角洲加工贸易产业链仍然不长,加工层次仍然不是太多,加工程度仍然不是太深,总体上还没有实现产业链条层次由生产制造环节向研发设计和品牌营销环节的转移,没有实现生产环节从以下游生产即终端的加工组装为主向以上游生产即关键零部件为主的生产转变,没有实现附加值由较低向较高转变。

(五)加工贸易企业生产规模不断扩大,但技术水平仍不太高

改革开放初期,珠江三角洲地区的加工贸易多以"三来一补"和小规模投资为主,现在,这一地区的加工贸易已经远远超越了当初"三来一补"的范畴。"九五"以后,国际大企业、大财团、跨国公司相继进入中国,投资与再投资的势头持续看好。至2005年年底,世界500强大企业中,有45家进入东莞,有25家进入惠州,有13家进入珠海,有20家进入江门,有10家落户中山。到2006年,世界500强大企业已有151家进入广州,有141家在深圳投资;2007年,深圳又新增4家世界500强企业,目前在深圳投资办厂的世界500强企业达到145家。同时,还出现了同一跨国公司属下的加工贸易子企业群,这些加工贸易子企业群包罗了开发、设计、生产、组装、销售和配送的各个环节,生产规模不断扩大。著名的台资企业富士康集团就是其中的代表。富士康刚来内地投资时还是一家名不见经传的小企业,经过10多年的发展,现在的富士康集团在深圳市建立了一个大型的加工贸易子企业群,其属下生产企业达到十几家,已经成为拥有数十万员工的"巨无霸"。2001年,富士康集团出口额为22.4亿美元;2006年,出口额高达273.5亿美元,年平均增长率达到65%。富士康摇身成为中国出口企业的状元。

但是,除了一些大型加工贸易企业的技术水平不断提高外,大部分中小型加工贸易企业的技术水平仍不太高,特别是一些本土加工贸易企业在参与国际市场竞争的过程中仍然是以贴牌加工或委托设计生产为主,没有从整体上实现从OEM到ODM再到OBM的转变。

二、广东省东西两翼及山区加工贸易的基本情况及存在的差距

广东省的东西两翼和山区五市共有12个地级市,占全省面积的70%左右,但长期以来经济发展缓慢,加工贸易起步晚,发展相对滞后,对当地经济发展的带动作用不明显。2007年,东西两翼和山区五市加工贸易出口额为56.04亿美元,仅占全省加工贸易出口总额的2.3%。具体情况见表3。

表3　2007年东西两翼和山区五市加工贸易出口情况

地带	城市	加工贸易出口		
		金额(亿美元)	同比增长(%)	占全省比重(%)
东翼	汕头	13.18	13.9	0.54
	汕尾	10.34	29.7	0.42

续表

地带	城市	加工贸易出口		
		金额（亿美元）	同比增长（%）	占全省比重（%）
	揭阳	2.63	7.3	0.11
	潮州	2.41	11.4	0.10
西翼	湛江	1.45	13.4	0.06
	茂名	0.59	2.7	0.02
	阳江	1.00	20.8	0.04
山区五市	清远	8.95	6.8	0.36
	河源	7.91	66.7	0.32
	云浮	4.93	13.9	0.20
	韶关	2.02	27.7	0.08
	梅州	0.99	47.7	0.04

可见，东西两翼及山区加工贸易情况与珠江三角洲相比较，存在很大的差距。

（一）在加工贸易企业数量上的差距

广东省加工贸易企业主要集中在珠江三角洲地区。目前，全省有加工贸易企业7万多家，其中九成以上集中在珠江三角洲地区，东西两翼和山区五市还不到一成。

（二）在加工贸易进出口额上的差距

广东省加工贸易进出口总值主要由珠江三角洲地区提供。2007年，珠江三角洲九市加工贸易出口总值达2406.01亿美元，占全省加工贸易出口总额的97.7%，占全国加工贸易出口总额的40%；东西两翼和山区五市加工贸易出口总额只有56.04亿美元，占全省加工贸易出口总额的比重只有2.3%，占全国加工贸易总额的0.9%。

（三）在加工贸易企业规模上的差距

随着加工贸易的不断发展，珠江三角洲地区加工贸易的规模优势进一步显现，国际大企业、大财团、跨国公司相继进入这一地区进行投资和再投资。2007年，深圳出口超亿美元的加工贸易企业达到121家，比2006

年增加20家，超10亿美元的企业有10家。其中，鸿富锦、联想信息产品、群康科技公司分别以231.4亿美元、45亿美元、40.2亿美元列出口排名榜前三位。2005年，东莞增资超1000万美元的项目有74宗。但是，东西两翼和山区五市加工贸易企业的规模却很小，如汕头市外商投资基本以中小项目为主，2005年投资500万美元以下的项目占90.75%，投资3000万美元以上的项目仅占0.92%；潮州市至今还未有世界500强企业投资落户；河源市引进的外资企业平均规模在300万美元左右，直到2005年年底才引进第一家世界500强企业的投资。2001年山区五市没有一家企业进出口额超亿美元，2006年进出口额超亿美元的企业发展到8家，和深圳相比差距很大。

（四）在加工贸易产业配套上的差距

珠江三角洲地区凭借技术、人才、区位等优势，产业集聚效应显著，加工贸易企业形成了相互配套的企业群和较完善的产业群，在产业之间开始形成比较完善的加工产业链和产业配套群体。据初步统计，珠江三角洲地区的加工贸易企业超过七成从事深加工结转业务，也就是说，产业配套达到了70%以上。但是在广东的东西两翼和山区，据有关专家估计，产业配套能力最多为30%。

三、推动广东加工贸易区域转移的若干建议

第二次世界大战以后，国际产业分工不断细化，产业转移不断推进，跨国公司为了更加有效地利用全球资源，每隔20年左右就在全球进行一次制造业的战略布局调整，产业的区域化扩张和转移已经成为当今制造业的一个重要的现象，这种产业扩张和转移主要是通过加工贸易形式向外延伸。全球至今已进行了三次大的产业转移，现在第四次产业结构调整开始显现，正在由中国的沿海发达地区向中国的沿海欠发达地区、中部和西部等欠发达地区进行产业转移。广东加工贸易98%以上集中于占广东面积23%的珠江三角洲经济区，随着珠江三角洲地区土地、劳动力、能源和原材料等要素价格的不断攀升，企业成本必将上升，从而大幅压缩企业的利润空间，迫使加工贸易企业寻求新的出路。因此，大力推动加工贸易从珠江三角洲向东西两翼及山区转移是必由之路。当前国际金融危机，正是实施转移的极好机会，必须动员各种力量，加大力度推进转移。

（一）优化全省加工贸易发展布局

加工贸易区域转移是市场作用的自然过程，但政府必须加以适当引导，才能实现区域协调发展。各级政府要以战略眼光，规划和组织协调加工贸易的梯度转移工作，优化全省加工贸易产业布局。珠江三角洲地区受地理空间和环境、资源的发展制约，应加快经济增长方式的转变，使外资引进从粗加工型、资源消耗型向深加工型、技术创新型转变，在产业投资鼓励目录、土地规划、环保标准、最低工资、社会保障标准等方面提高外资准入、营运的门槛，阻挡或引导劳动密集型、高能耗加工贸易企业向区外转移，重点发展高新技术产业，实现珠江三角洲区域发展模式的转型。东西两翼地区既要有选择地承接一部分珠江三角洲劳动密集型产业的转移和辐射，同时也要充分利用资源优势和原有的基础发展地方特色工业和海洋产业，在产业发展上与珠江三角洲进一步形成互动互补的关系，壮大经济总量，提高工业化水平；山区要立足本地资源，创造条件承接珠江三角洲的产业转移和辐射，加快工业化的进程。

加工贸易的区域布局要基于全省不同地区的实际情况，充分考虑生产力水平的多层次性、所有制结构的多样性，以及地区经济发展的不平衡性，因地制宜，形成布局合理、比较优势明显、区域特色鲜明的加工贸易发展格局。东西两翼和粤北山区要找准与珠江三角洲地区的对接点，做好加工贸易产业承接规划，发挥比较优势，有计划、有重点地推进加工贸易梯度转移。例如，粤东的汕头要发挥港口资源和区域中心城市的优势，在引进与临港工业、石化工业相关的加工贸易项目上下功夫；潮州要在引进电子信息、包装印刷等优势产业相关的加工贸易项目上下更大功夫；揭阳可在引进与机械装备、金属制品等优势产业相关的加工贸易项目上下功夫；汕尾重点培育电子电器、服装等特色加工贸易产业群。粤西的湛江要大力培育钢铁、石化、造纸、农海产品等优势产业的加工贸易产业群；茂名要在引进石油化工、农产品深加工等相关产业的加工贸易项目上下功夫；阳江要重点培育五金、食品、纺织服装、家具等特色加工贸易产业群。粤北山区也要充分利用资源、区位和产业优势，引进有利于加强自身优势的加工贸易项目。

（二）切实保持加工贸易政策的连续性和稳定性

按照国家竞争优势理论，良好的政策环境和制度环境是保持我国加工贸易的国际竞争优势和促进我国加工贸易可持续发展的重要因素。加工贸易是全球产业转移并高度体现地区比较优势的国际分工，它的生存与发展要求有一个相对稳定的政策环境。但是近年来，我国加工贸易政策调整频繁，严重影响到外商的投资心理。特别是2007年第44号公告的出台，对广东省加工贸易区域转移影响极大：一是对经济发展水平与部分中西部省份相当、处于全国落后水平、亟待政策扶持的广东省东西两翼和山区是很不公平的，我省将难以推进加工贸易梯度转移和区域协调发展。如深圳、广州等中心城市经营限制类商品的加工贸易企业，若继续在原地经营，只需要缴纳相应保证金即可，若向广东省欠发达地区转移，则一律被视为禁止类，这是不公平的。二是这个政策与大部分加工贸易企业更愿在广东省内完成加工贸易转移的愿望不相符。据香港贸易发展局调查，大部分面对转移的港资加工贸易企业都期望在广东省内进行转移。三是不但不能达成促使加工贸易企业向中西部转移的政策目的，相反有可能把加工贸易企业赶往东南亚特别是越南。近年来，周边国家和地区纷纷出台比我国更优惠的引资政策，而我国却出台限制性政策，且我国部分的中西部省份不适合加工贸易发展，因此，很可能造成外资向东南亚转移而不是向中西部转移。据香港贸发局初步调查，38.4%的港资企业有迁往东南亚的意愿。总之，这个政策对占全国加工贸易份额四成的广东省来说，产生了巨大的冲击，使企业缴纳巨额保证金，大幅增加企业负担；中断加工贸易深加工结转产业链，影响加工贸易及配套产业；不利于港澳的繁荣稳定和对台工作；影响劳动就业和社会稳定。加工贸易产业转移中政府的力量不可缺少，但是，政府政策倾斜的实施，必须符合生产力发展的客观规律，遵循区域经济发展的阶段性要求。加工贸易区域转移是一种市场行为，国家政策调控必须符合区域经济发展的阶段性要求，完全靠行政手段来干预加工贸易发展显然违背了加工贸易企业发展规律，违背了市场经济发展规律，违背了企业愿望。因此，国家有关部门在出台、调整有关加工贸易政策时，应建立决策听证和咨询制度，确保政策的科学性、稳定性，增加透明性和可操作性。国家制定加工贸易政策，应注重加工贸易政策的连续性、稳定性；注重产业稳定、劳动就业和社会安定；注重港澳的繁荣稳定及关系祖国统一大业的对台工作；注重东部扩大开放、率先发展，推动中西部协调发展。

目前不宜对加工贸易政策进行大的调整，而是应加紧出台促进加工贸易转型升级的鼓励性政策。同时，中央应给予广东加工贸易企业转型升级5—10年的过渡期，在过渡期内，国家给予宏观指导，赋予广东在本区域推进加工贸易转型和转移的政策制定和审批管理权限，允许广东结合自身特点探索推进加工贸易转型和转移的路径、方法。

（三）进一步加大省政府对加工贸易梯度转移的政策扶持力度

一般来说，投资到经济发达地区的经济效应要普遍高于经济不发达地区，而投资本身将进一步促进地区的经济发展。这样一来，就会逐步形成经济发展中的"马太效应"，即经济发达的地区获得的投资较多，获得投资越多则经济越发达，而越发达的地区则吸引越多的投资。加工贸易区域转移是企业的市场行为，是建立在比较优势引发的比较利益的基础之上的，因此，如果没有政府的干预而完全由市场来分配资源，则极有可能使广东省加工贸易发展产生"马太效应"，延缓加工贸易从珠江三角洲地区向东西两翼和山区转移的进程。要打破这种恶性循环，让珠江三角洲地区的某些加工贸易产业真正流向东西两翼和山区，需要政府进一步加强对产业转移工作的统一领导，加大政策扶持力度。一是加大财税扶持力度。继续执行和完善《广东省产业转移工业园外部基础设施建设省财政补助资金使用管理办法》，并加大补助标准，延长补助期限，园区内新增增值税、所得税省市县留成部分全部由省市县财政补贴给园区，省有关部门安排的挖潜改造、技术创新、中小企业发展等专项资金向承接地的转移企业倾斜，设立专项加工贸易区域协调基金，对外商在园区投资加工贸易企业创建品牌、技术创新、设立研发机构等给予重奖。二是加大金融扶持力度。省级各类担保基金和贴息资金向园区倾斜，对在转移过程中实现技术升级的项目，要优先安排贷款贴息，对设在园区的商业银行分支机构，扩大信贷转授权。三是加大用地支持力度。园区开发建设涉及的耕地补充任务、被征地农民的社会保障及就业培训由所在地政府负责。

（四）进一步优化东西两翼和山区的综合投资环境

在投资硬环境方面，首先，要进一步加快东西两翼和山区的基础设施建设。继续加大东西两翼和山区的交通、通信、能源、水利等基础设施的投入，把东西两翼和山区纳入珠三角"一小时经济圈"，提升其承接产业转移的综合优势。其次，要进一步搞好东西两翼和山区的产业转移园区的建设。坚持从实际出发，高起点、高标准，合理布局，相对集中，以形成产业集聚优势为目标，促进企业间的分工与合作，以降低中小企业产业的转移成本。

在投资软环境方面，要大力优化政策环境、政务环境、法治环境、市场环境和人文环境，创造一个有利于企业降低营商成本、降低经营风险、提高竞争力的投资环境。特别是要从转变政府管理模式、简化办事程序、提高行政效率上下功夫，建设高效服务型政府，加强政府的信用，给投资者以信心。要进一步加强收费管理，清理收费项目，规范各类收费，规范中介收费行为，实行收费公示制，建立投诉监督机制等一系列措施，对所有涉及企业的收费项目，均按照"收费从低"的原则，切实减轻企业负担，保障企业权益。

（五）实现加工贸易管理模式改革的新突破

广东省从1999年开始探索加工贸易联网监管。2003年，商务部批准广东作为全国商务系统加工贸易联网监管试点单位。广东海关、对外贸易经济合作部[①]（以下简称"外经贸"）和工程技术人员经过多年的努力，开发建设"广东省加工贸易联网监管公共平台"，推进企业、外经贸、海关三方联网，并于2006年11月首先确立东莞市为试点地区，选定了技嘉电子等三家企业为联网试点企业，试点成功后将在全省推广。

加工贸易监管实现三方联网，改变了以往海关与企业、外经贸与企业之间信息数据单线联系的做法，实现了企业、外经贸与海关三方信息数据的交换以及外经贸与海关之间管理信息的共享。该系统全面取消了纸本操作，真正实现了电子化在线服务，不仅使海关、外经贸部门的综合管理更加严密，而且进一步简化了加工贸易企业的审批手续，降低了企业的申报成本，提高了企业通关效率，对改善广东省投资营商环境，提高企业的国际竞争力，促进广东加工贸易持续、健康、快速发展有着十分重大的意义。

（六）推动建立完善的加工贸易支持服务体系

构建完善的加工贸易支持服务体系，必须以政府为主导。一是推进

---

① 2003年3月，根据第十届全国人民代表大会第一次会议审议通过的《国务院机构改革方案》，组建商务部，不再保留对外贸易经济合作部。

"大通关"工程。加强商务、财政、海关、税务、工商、质检、银行等部门之间的协调，运用信息化和高科技手段，建立高效的政府监管和企业运作的现代化联运机制。二是大力发展现代物流业。加快物流信息平台建设，加快服务业开放步伐，以物流的现代化推进广东加工贸易的转型升级和区域转移。三是加快加工贸易园区建设。加工贸易园区有利于监管，提高服务效率，增强集聚效应和极化效应。目前，广东省在加工贸易园区建设方面，与江苏、上海等地相比明显滞后。广东省出口加工区只有4个，保税区只有6个，区港联动只有2个，而江苏的出口加工区就有13个，上海、宁波等地的区港联动也走在广东前面。要突出重点，着力在加工贸易比较集中的地区和加工贸易起步不久的地区设置园区，例如在东莞、中山和东西两翼及粤北山区增设加工区和保税园区，完善这些地区的加工贸易支持服务体系。

（七）粤港联手推进加工贸易产业转移

港资在珠江三角洲地区的加工贸易中占很大比重，粤港联手共同推进珠江三角洲加工贸易转型升级和区域转移尤为必要。建议成立粤港产业转移工作领导小组和粤港加工贸易转型升级专题专责小组，联手推进港资企业向东西两翼和山区转移，协助在粤的港资加工贸易企业转型升级。组织港商代表团考察东西两翼和山区，推动香港以及珠江三角洲的相关港资企业前往东西两翼和山区投资置业。参观考察有代表性的港资企业并与当地政府互动交流，既能使港商们了解当地港资企业的经营现状和遇到的困难，以及水电供应、招工、交通等投资环境、产业配套情况和基础设施状况等，协助企业寻找适合自身发展的新商机，又能增进港商对广东省非珠江三角洲地区的了解，推进香港以及珠江三角洲港资企业有序转移。

（原文刊载于《南方经济》2010年第2期，有改动。）

广东农村土地股份合作制研究

房慧玲

土地制度的变革与建设是中国农村改革的核心。自1979年以来,农村的改革实际上一直是以变革土地制度、重构农村发展的微观基础为中心线索,来谋求农村经济的不断发展。但是,近来有一种倾向,即为了强调稳定家庭联产承包责任制的性质,一概否定土地制度的变革,其中包括对土地股份合作制改革的否定,认为它改变了家庭联产承包责任制。笔者最近对广东农村土地股份合作制发展情况进行了一些调查研究,认为土地股份合作制改革虽还存在不少问题,但并没有改变家庭联产承包责任制的性质,它的方向并没有错,不失为土地制度改革的一种重要形式。

一

1992年广东南海、宝安等地的一些基层干部和农民最先进行了土地股份合作制的试验,立即受到社会各方面的重视,珠江三角洲地区各市县也纷纷进行试点。

土地股份合作制首先产生于珠江三角洲,既是人为的选择,也是该地区经济发展的客观必然。从20世纪80年代到90年代,经过10年的发展,珠江三角洲成为我国经济增长最快、发展水平最高的地区之一。在这里,社会经济迅速发展与土地"均包制"局限性的矛盾,变得异常突出,人民对土地制度改革的要求异常迫切。一是随着农村非农产业的发展,大量农民转移到第二、第三产业,但又不肯放弃土地使用权,导致农业生产粗放经营现象严重,迫切要求有新的土地流转制度,实现规模经营。二是随着农村城市化的快速推进,地价及土地资本性收益随之提高。1992年广东省全面放开粮价,促进了农村产业结构的又一次大调整,多种经营迅速发展,刺激了土地价格的进一步上涨。原有的僵化的土地使用管理制度已不适应形势的发展。三是随着土地资源增值收益的直线上扬,在土地收益的分配问题上,出现了集体与集体之间、集体与农民之间日益尖锐的矛盾，成为社会不安定的潜在因素。如何保证农民承包权不受侵犯，又能实现土地的流转和集中？基层干部和农民群众又一次发挥了创造性。他们在不改变联产承包的基础上，把股份制引入了土地制度建设。通过土地承包权入股，将土地使用权和收益权分离，使土地资源能在整体上进行规划利用；通过向农民配置股权，把土地承包权转换为收益权，以价值形态的形式把农民的土地承包权长期确认下来，使土地得以流转，劳动力能顺利转移。

广东省土地股份合作制主要有三种形式：一是以集体经济组织的资产与土地一起折价入股，参与股份合作组织的利润分配。这是南海、中山、番禺等地普遍的做法。二是仅以土地折价入股，参与入股土地产出的利润分红，如顺德的做法。这两种属于社区性土地股份合作，即在一个管理区或自然村的范围内，以原有合作经济组织为基础成立股份合作社（公司），社区内的村民都拥有股权。三是在开发农业时，以一个生产项目为主，吸收土地入股，参与项目产出的利润分红，如淡水养殖、林果种植等股份合作。

各地根据不同的资产条件选择不同的折价形式。在土地数量、质量较均匀的地方，一般按政府规定的征地价折价；在土地等级和人均拥有土地数量差别大的地方，主要以土地的经营效益折价；在集体经济较落后、农民的土地观念淡薄的地方，主要按农村的综合因素折价，即按配股需要的数量折价。固定资产折价形式有两种：以账面上的资产净值折价和以固定资产的现价折价。

各地根据农民不同的情况选择不同的配股形式。有的地方采取结合因素配股法，即根据农民对土地的承包数量和对集体的贡献程度等因素，计算每个农民享有的股权数额；有些地方实行两级配股法，即一些以管理区为单位组建的股份公司，先由经济合作社以土地向公司入股，再由各经济社向农民配股；在一些经济落后的地方多采用年龄配股法，即简单地以农民的年龄为界线计算农民的股权。

比较和分析广东省农村土地股份合作制的做法，它体现出以下一些特点：一是土地制度的变革都不牵涉土地的所有制问题，土地仍然是集体所有，制度创新主要表现在土地使用权的界定上。二是不改变原来的家庭联产承包责任制，承认农户的土地承包权即使用权，并通过分配流程在经济上得到体现，使用权的流动与集中丝毫不意味着农民产权的减弱。三是土地使用权入股选择的制度形式不是股份制，而是股份合作制，只有社区集体的成员才有资格成为股东，产权平均，股权转移受到高度限制。四是它与有些地方出现的农户间利用土地使用权市场转让土地和社区集体强行收回农户土地使用权的做法，有着原则上的区别。广东省的土地股份合作制是由集体出面以入股方式集中使用权，使农户稳定地分享一块地租，从而有效地集中土地，实行规模化经营。五是土地股份合作制实行的条件要求较高。比较目前我国农村土地制度改革的不同形式，广东省土地股份合作制，就制度本身看，较先进，也较复杂，因此推行的条件要求也更高。1994年广东省委、省政府根据各地实践，提出了实行土地股份合作制的基本条件，即当地第二、第三产业比较发达，占经济比重一般在七成以上；从农业转移出来的劳动力较多，达到七成以上，并且已经有较稳定的收入来源；当地农民多数愿意放弃承包土地；管理区集体经济实力较强，足以保证实行土地股份合作制后，股东收入有所增加；干部素质好，有较高的经营管理水平、较强的市场经济意识和民主管理意识。

二

从近几年的实施效果看，总的来说，土地股份合作制与珠江三角洲生产力发展水平是相适应的，较好地解决了该地区农村发展中的一系列矛盾和问题，促进了农村社会经济的发展。

（1）促进了农村生产要素的合理流动和优化组合，推动了土地规模经营，为农业产业化经营创造了条件。土地股份合作制实现了土地所有权、承包权、使用权三权分离，把农民承包的土地从实物形态变为价值形态，突破了原来一家一户承包土地的凝固格局，使一部分不愿耕田的农民在获得股权后可以安心地去从事第二、第三产业，一部分愿意耕田的农民则有了多承包土地的机会，从而使土地和劳动力得到了合理的调整。集体收回土地使用权后，改分包为投包，使土地向种田能手集中，促进了土地规模经营。据统计，推行土地股份合作制后，南海市[①]农业经营大户发展到8245户，规模经营面积达到8万多亩，占全市农田面积的16%。经营大户各方筹集资金投资农业达6亿元，年收入8亿元，占全市年农业总收入的50%，年人均创农业产值6万元，比单家独户分散经营时高出78%。

[①] 现为佛山市南海区。

而且，土地股份合作制的实施为农业产业化创造了十分有利的条件。珠江三角洲大批规模经营户，大多成为该区农村发展"三高"农业的载体和示范点，成为推行农业产业化的主要力量。

（2）明确了集体资产权属，较好地解决了农村集体经济的二次分配问题。实行家庭联产承包后，包括土地在内的集体资产的权属，实际上仍是不清楚的，产权主体虚设，很容易导致集体资产"少数干部所有，群众不沾边"。实施股份合作制后，把土地及其他集体资产和积累折股到人，明确了每个农民所占集体资产的份额，社员既是股东又是劳动者，人人都关心集体。同时，农民按股参加集体收益再分配，而不再是按人头再分配，打破了分配上的平均主义，既兼顾了农民承包土地的权利和利益，也保证了多劳动多贡献者多得利，理顺了集体与农民的分配关系。

（3）有利于保护耕地和土地合理规划与开发。随着农村第二、第三产业的发展和城镇化进程的加快，如何保护农地成为珠江三角洲地区非常棘手的问题。不少地方利用实行土地股份合作制的时机，将土地划分为农田保护区、工业区、商住区，进行整体规划，既保证了农田面积，又能通过合理布局，减少资源浪费。例如，南海市把45万亩[①]肥沃土地划为农田保护区，把7.5万亩靠近城镇公路的土地或山坡地划为工业发展区，把2.5万亩靠近村庄的土地划为商业住宅区，因地制宜，地尽其用，土地利用率明显提高。

（4）有利于落实农村各项工作，促进精神文明建设。各地大多把股东的权益与应尽的义务通过股份合作制组织的章程确定下来，对不履行义务者给予必要的经济处罚，从而提高了农民的法制意识和道德水平，较好地解决了征兵难、计划生育难、收承包款难、社会治安难等问题。

三

当然，广东农村土地股份合作制在实施过程中也存在一些问题，主要有六个方面。

（1）有些地方推行土地股份合作制操之过急，没能做到坚持条件。初期，有些地方领导推行土地股份合作制头脑过热，在条件不成熟的村也强行推行土地股份合作制，带来了一些不好的效果。据调查，番禺市144个

---

① 1亩≈666.667平方米。

已进行股份合作制改造的村社中,有54个村社一直没有进行股份分红。虽然没分红有多种原因,但主要原因是这些村实施土地股份合作制的条件并不成熟。据了解,这些村社一般都是工业企业发展慢或无工业企业,集体资产经营效益差,其经济来源主要是农民集中土地的发包收入。由于近几年农村经济环境不好,光靠土地发包收入难以完全支撑土地股份合作组织的分配结果,它们中有相当一部分的改制是形式上的,没有起到土地股份合作制应有的作用。这种情况在一定程度上影响了干部群众对推行土地股份合作制的信心。

(2) 不少社区股份合作制组织制度不健全,运作欠佳。据调查,佛山市已建立起来的社区股份合作组织,30%运作正常,40%运作基本正常,还有30%运作不正常。这些运作不正常的股份合作组织,大多是制度不健全,组织工作较粗,虽已成立"三会",却形同虚设,班子素质不高或责任心不强,集体经济无长远规划,停滞不前,未能发挥股份合作制应有的作用。

(3) 一些村社的分配方式不合理,造成集体经济压力很大,集体积累减少。有些地方股份合作制章程确定分留比例后,股红固定按账面利润总额实行分配。在实际运作中,由于各种因素的影响,集体的租金、承包款往往被拖欠,实收利润远远低于账面利润。例如,番禺市[①]钟村镇各村1996年只收回约五成的利润,其余则被拖欠,但规定比例股红必须兑现,致使村积累差不多被分光。还有个别村盲目以递增方式分配,如番禺市鱼窝头镇大乌村的股红分配是按照逐年递增20%的速度进行的,造成集体压力很大,甚至出现负债分配。

(4) 农民股权不准转让、抵押、继承的做法在经济发展中逐步暴露出其固有的局限性。在初期,实行上述"三不准"是恰当的,因为当时农民的股权是集体无偿配置的,允许股权流动就会损害社区经济利益。但是,随着市场经济体制的发展,这种"三不准"的做法,会导致股权新的凝固化,成为限制农村生产要素流转和农村社区组织与市场经济接轨的障碍。

(5) 股份合作组织的内在动力仍然不足。由于农民手中的股权是集体无偿配给的,农民分得的股红带有很大的福利成分,对股份合作组织反映出的只是一份"应得"的感情,股份合作组织发展的兴衰与每个农民都有

---

① 现为广州市番禺区。

关系，但未到生死攸关的地步。因此，股份合作组织的内在动力仍然不足。

（6）土地股份合作制的配套改革没有跟上。土地股份合作制的建立、运作需要有关部门的支持、协调，但现在由于政策上不配套，部门间都感觉衔接不上，工作起来困难不少。

四

笔者认为搞好农村土地股份合作制的基本思路为以下三点。

（1）要继续坚持积极稳妥推行土地股份合作制的工作方针。一方面，我们仍要在具备条件的地方积极推动土地股份合作制改革。实践证明，土地股份合作制是与珠江三角洲经济发展相适应的，是土地制度改革的一次重大创新。我们不能因为目前这项工作碰到一些困难或工作做得不够好，而否定它或对它失去信心。另一方面，土地股份合作制受制约的因素比较多，条件要求比较高，必须从实际出发，尊重群众的选择，不能搞形式主义，不能"一刀切"，不能限时间，不具备条件的地方决不搞，在群众还不愿意接受的地方，允许观望、等待。

（2）要认真抓好土地股份合作制的巩固和完善工作。一是要加强"三会"建设。要健全股东代表大会、董事会、监事会的工作组织机构和工作制度，确保"三会"全面行使各自职权。二是完善集体资产管理、财务管理等制度，防止集体资产流失，使之保值增值，切实保障股东的利益。三是要大力发展集体经济。集体经济发展的快慢与股东利益息息相关，只有千方百计发展集体经济，才能使股东增强信心，才能使股份合作制向更高层次发展。四是要完善分红制度。各股份合作组织都要按股份制度要求规范分红的原则和制度，分红的增长要与集体经济发展联系起来，股份分红要控制在一定幅度之内，不能高于经济效益的增长速度。

（3）要不断创新，推动土地股份合作制上新的台阶。各地要结合实际和当前存在的问题，勇于探索，不断创新，把土地股份合作制提高到一个新水平。一是要探索建立土地股权流转机制。1996年，南海市里水镇草场管理区进行了农民福利股权"生不增，死不减"的试验，无偿分配的个人股权只配给截止期限内在册的社员，此后出生、嫁入、迁入的人员，要取得股权，必须以现金购买。个人股权既作为分红的依据，又允许继承和转让，甚至可以将嫁出、死亡股东的股权折值给予一次性补偿。这种办法较好地解决了股份合作组织内部人员变动和资金不足的矛盾,而且还取消了原来农民股权不能转让、不能抵押、不能继承的凝固的股权管理制度,这是股份合作组织内部股权流转的新突破。二是要探索调整现有股份合作组织的股权结构,使其逐步适应股权流动的新路子。三是要从单项试验走向综合试验。单项改革进行到一定阶段,需要方方面面的改革与之配套,从单项走向综合,改革才能更深入、更有意义。

(原文刊载于《中国农村经济》1999年第3期,有改动。)

国内外财政支持发展农民合作组织的做法及启示

房慧玲

农民合作组织是农业从业者按照民主、公平等原则在自愿互助的基础上组织起来,通过共同经营实现改善自身经济利益或经济地位的经济组织。世界合作运动的实践表明,现代农民合作组织是分散的小规模经营的农民进入市场、改善自身经济地位的理性选择。目前,凡是已经或大体实现农业现代化的国家和地区,无一例外都是通过推广农民合作组织,实现了"小生产"与"大市场"的对接。不少国家对农民合作组织采取了支持性政策,而财政的基础性、公益性和服务性三大职能,促使其必须扶持农民合作组织。

一、国外财政支持发展农民合作组织的做法

合作社是弱者的联合,民办公助是世界各国合作社发展的普遍经验。近年来,世界各国的农民合作组织在创立、发展和壮大的过程中都在不同方面和不同程度上得到了政府的财政支持。归纳起来主要有提供各类财政补助资金、实行税收优惠、给予积极信贷和保险支持、提供教育帮助和技术帮助等做法。

1. 提供各类财政补助资金

美国的农村专业合作经济组织一般称为"农业合作社",美国农业部设有专项财政补助资金支持农业合作社发展。其中,农业合作社发展补助资金用于完善、提升和拓展现有合作社的功能,创建新的合作社的经费也来源于这笔资金;农产品价值增值补助资金主要用于支持新一代农业合作社通过初加工、深加工以及包装美化等实现产品增值;公共事业合作社(如农村电话合作社、农村电力供应合作社)的建立和发展也由政府直接提供补助或贷款。除此之外,农业合作社还可以申请农业部为促进农村社区可持续发展设立的专项财政补助资金,用于农村社区的经济规划以及企

业技术援助和培训等。①

法国农业补贴政策是农业政策的中心内容，这些政策的落实主要依靠数量众多、规模较大的农业合作社，政府通过给农业合作社拨付财政补贴资金的方式支持合作社的发展。例如，给予农业合作社创办投资补贴，补贴资金相当于购买农业机械价值的15%～25%；采用技术咨询补贴的方式鼓励农业合作社接受技术咨询，其补贴额度相当于企业咨询费的30%；面向10人以下的农业合作社，政府建立了研究人员补贴制度，补贴额度相当于一个研究人员第一年的研究经费的20%，到农业合作社任职10年以上的研究人员，还可获得其他红利补贴。②

丹麦虽然是个小国，却是世界上公认的农业强国，素有"专业合作社的摇篮"之称，整个国家约98%的农民都是专业合作社成员。丹麦政府为保持农业的可持续发展，对农业合作社出台了一系列的直接补贴政策。例如，对发展有机农业的农业合作社，给予高达20%～70%的产值补贴；对发展有利于农业可持续发展项目的农业合作社，如建设沼气工厂等，给予20%设备补贴和其他价格补贴；此外，丹麦还对粮食种植给予专项补贴。③

2. 实行税收优惠政策

尽管不同国家的农民合作组织有不同特点，但国际通行的做法都是通过减税、低税、免税等税收优惠政策来支持农民合作组织的发展。例如，一般公司既要缴纳公司所得税，又要缴纳个人所得税，而美国联邦政府对农业合作社的收入采取单一征收所得税的方法，避免了双重征税，因此美国农业合作社的税负平均只有工商企业税负的1/3左右。④法国政府一直以来就特别注重在税收减免政策上对农业合作社给予支持。例如，政府规定，农业供应、采购合作社以及农产品生产、加工、贮藏和销售合作社及其联盟，免缴公司所得税，这些公司所得税额与生产净值的35%～38%

---

① 路春城、许可：《国外支持农村专业合作经济组织发展的财政政策经验及启示》，载《经济纵横》2012年第9期，第106-109页。
② 张卫东：《政府财政支持农民专业合作社发展研究》（学位论文），河南农业大学2009年。
③ 于细婷、谢元态、易欢：《丹麦农业合作社的财政金融支持政策及启示》，载《海南金融》2011年第2期，第61-65页。
④ 马衍伟：《支持农村合作经济组织发展的税收政策选择》，载《兰州商学院学报》2007年第1期，第25-33页。

相当；谷物合作社及其联盟免缴一切登记税和印花税；对牲畜人工授精和农业物资合作社及其联盟，实行注册税免缴政策；对合作社50%的不动产税和按行业征收的产品税实行免征措施，如果农业合作社只与社员进行业务往来并为社员服务，也可免征税收。多年以来，法国政府的以上优惠政策饱受私人公司的指责和反对，但法国政府一直坚持对农业合作社的减免政策不动摇。日本政府对农业协同组织（简称"农协"）也长期实行低税制。例如，一般股份公司要缴纳62%的所得税，而农协只需要缴纳39%；一般企业要缴纳35.5%的法人税，而农协只需缴纳27%；对于各种地方税，一般企业要缴纳50%～60%，农协只需缴纳43%；此外，日本农协中央会还免交法人税和印花税。①

3. 给予积极信贷和保险支持

20世纪30年代，美国政府建立了世界上最完备的农业合作金融体系，通过政府基金对农业合作社进行贷款担保，最高担保额占合作社贷款的80%，运作方式是政府与商业银行签订合同，商业银行与农业合作社签订合同。该贷款的适用范围比较广泛，只要是用于合作社成员发展业务的贷款都可以，因此对农民具有非常大的吸引力。为了激发金融机构对农业合作社的投资热情并加大投资力度，美国《联邦信用社法案》规定，农村信用社免征联邦收入所得税，这在一定程度上增强了美国信用社发放贷款对农业合作社的投资吸引力。

法国政府通过法国农业信贷银行等农业信贷机构为农业合作社的发展和壮大提供优惠贷款，优惠利率与普通利率之间的差额由政府进行补贴。比如，在平原地区，农业合作社贷款的最长期限为9年，年利率为4.7%；在山区以及经济条件较差的地区，农业合作社贷款的最长期限可延长至12年，年利率更是降低为3.45%；农业合作社在为扩大生产规模而购买土地时，可获得年利率仅为3%的长期贷款。②

在丹麦，农业合作社的高速发展除了得到政府财政的巨额支持外，还得益于专门的农业金融支持体系和政策，该国在农业上投入的资金有75%～

---

① 史金善：《当今美日欧农民合作社评述与借鉴》，载《西北农林科技大学学报》（社会科学版）2005年第6期，第1－5页。
② 李先德、孙致陆：《法国农业合作社发展及其对中国的启示》，载《农业经济与管理》2014年第2期，第32－40页。

80%由农业信贷提供。此外,丹麦政府还开展了农业大灾保险和止损再保险业务,通过提供优惠利率贷款和担保、提供援助金来弥补公共灾害对商业银行造成的损失。例如,对干旱或其他灾害给畜牧业乃至整个农业造成的损失进行补偿,丹麦对农业保险的赔付率往往高达100%甚至140%。遇到重大灾害时,丹麦政府还会对农业合作社实行优惠税收或免税政策,并提供止损再保险服务。①

日本政府通过农林渔业金融公库向农协提供优惠的信贷资金,对公库的利差损失和经营亏损给予补贴。同时,还建立了农业信用保证制度,由农业信用基金协会对农民贷款实行担保,促进了农村融资的顺利实施。1947年,日本政府制定并实施农业共济保险制度,政府对农作物保险的保费补贴为50%～80%。② 农业保险补贴和保险补偿对农民收入的稳定起到了重要的作用,也间接降低了农村金融机构的经营风险。

4. 提供教育帮助和技术帮助

为了推进农业现代化,世界各国都将帮助农业合作社进行技术推广和教育培训作为扶持合作社的重点内容。美国政府对农业合作社的教育培训给予极大关注,该国甚至还将合作教育提到关乎合作社生存发展的高度。在合作社培训中,政府主要负责编制各种培训资料,与其他教育机构进行合作并直接向合作社提供培训项目。农业合作社成立后,美国政府会根据合作社的需求向其提供各种免费的技术服务,如帮助合作社制定发展战略计划、分析合并或联营方式、开展投资农产品加工等业务领域的可行性分析、分析运营状况或财务状况、编制合作社预算、改进内部治理结构、解读国家法律条款等。③

法国政府规定农民必须接受职业教育,农民取得合格证书后方可获得国家资助,享受补贴和优惠贷款,取得农业企业或合作社的经营资格。法国拥有全方位的农业教育和科研体系,包括农业技术教育、农业研究和技术支持、就业前学徒培训以及就业后继续教育等,政府在这些方面投入了

---

① 于细婷、谢元态、易欢:《丹麦农业合作社的财政金融支持政策及启示》,载《海南金融》2011年第2期,第61-65页。

② 李景波、闫云仙:《政策支持农村金融发展:日本的经验与启示》,载《世界农业》2011年第11期,第36-39页。

③ 苑鹏、刘凤芹:《美国政府在发展农民合作社中的作用及其启示》,载《农业经济问题》2007年第9期,第101-106页。

大量资金。法国政府还通过设立高等农业合作院培养大量农业合作经济的管理人员。①

丹麦政府特别重视农民的继续教育培训,设立了专门的农业学校,这些学校大多由政府补助,政府补助资金占办学经费的70%。国家拨付的补助金交给合作社联合会或乡议会管理,主要用于对普通中学和农业学校进行补助,对贫困农家子弟实行义务教育,农民只需花极少的钱就可以接受教育。因此,丹麦的农民基本上都接受过不同程度的专业技术教育或管理教育。该国政府非常重视农业科技的研究和推广,在农业科技及农业新产品的开发中投入了大量资金。据统计,丹麦90%以上的农业研究经费来源于政府投入。②

二、国内财政支持发展农民合作组织的做法

21世纪以来,我国逐步进入工业化中期,随之而来的是城乡差距扩大的矛盾日益突出,"三农"问题的社会关注度日益提高,发展农民合作组织的意义也得到了普遍认可。2004年以来,中央连续发布了11个"一号文件",对扶持农民专业合作社的发展提出了明确要求。为促进农民合作组织的发展,各级政府和有关部门采取了一系列财政支持政策。

1. 设立财政专项资金

2003年,中央农村工作会议提出"多予、少取、放活"的"三农"政策,财政部安排了2000万元资金扶持农民专业合作组织,专门用于财政扶持试点工作。2004年,财政部大幅提高了财政扶持力度,农民专业合作组织的专项资金规模达到7000万元,正式启动了"中央财政农民专业合作组织发展资金"项目,并制定了《中央财政农民专业合作组织发展资金管理暂行办法》。此后,中央财政扶持农民专业合作组织发展资金规模呈逐年稳步扩大的态势,2003—2006年累计投入2.9亿元,2007—2012年累计投入31.5亿元,其中2012年安排了8.5亿元。

在中央财政的带动下,各省(区、市)的财政部门都在预算中安排了支持农民专业合作组织发展的专项资金。其中,在农业产业化经营较为发

---

① 张卫东:《政府财政支持农民专业合作社发展研究》(学位论文),河南农业大学2009年。
② 于细婷、谢元态、易欢:《丹麦农业合作社的财政金融支持政策及启示》,载《海南金融》2011年第2期,第61-65页。

达、农民专业合作组织发展较快的部分省份,早已率先实施了财政扶持农民专业合作组织的专项资金,这些省份甚至早于中央财政。例如,浙江省自2001年起,每年对制度健全、运作规范、作用明显的农民专业合作社,给予10万~30万元的资金扶持;山东省自2002年起对农民专业合作社进行专项扶持。①

在《中华人民共和国农民专业合作社法》颁布后,各省(区、市)财政扶持专项资金规模呈不断扩大的趋势。2008年,浙江省和江苏省专项扶持资金规模超过了5000万元,成为当年扶持力度最大的省份。从2011年起,浙江省和江苏省每年都安排2亿元支持农民专业合作社的发展。据广东省农业厅统计,从2003年开始,广东省财政部门在年度预算中均安排专项资金支持农民专业合作社发展,"十一五"期间累计投入专项扶持资金4450万元。进入"十二五"以来,广东省财政扶持农民专业合作社的专项资金进一步增加,2011年和2012年均达到5000万元,2013年大幅增加到1.3亿元。与此同时,广东各地市均在年度预算中安排专项资金扶持农民合作组织的发展,扶持规模随着农民合作组织的发展呈不断扩大的趋势。例如,佛山市财政扶持专项资金从2013年的600万元增加到2014年的750万元。2012年,广东全省获得财政扶持资金的合作社共有963家,共获得财政扶持资金总额4.22亿元,比2011年增长13%。

2. 积极扶持农民专业合作社示范社建设

2009年,农业部会同国家发改委、科技部、司法部、财政部、商务部、中国人民银行、国家税务总局、国家工商总局、国家质监总局、中国银监会等11部门,联手开展了农民专业合作社示范社建设行动,依托部、省、市、县四级平台,在全国择优培育扶持一批经营规模大、服务能力强、产品质量优、民主管理好的农民专业合作社,努力使其成为各产业领域的示范社,率先成为引领农民参与国内外市场竞争的现代农业经营组织。2011年,农业部会同有关部门公布了第一批各地培育的6663家农民专业合作社示范社,取得了较大的社会效益和经济效益。

各省(区、市)也纷纷开展形式多样的财政扶持建设农民合作组织示范工程。江苏省自2004年开始,开展具有组织制度、具有合作手段、具

---

① 苑鹏:《农民专业合作组织的财政扶持政策研究》,载《学习与实践》2009年第8期,第5-18页。

有较大规模、具有明显效益的"四有"农民专业合作组织创建活动,每年评选出百家"四有"农民专业合作组织,并给予财政扶持。广东省自2007年起,开展农民专业合作社示范单位建设,2011—2013年主要扶持建设农民专业合作社"135示范工程"(15个示范县、100个示范社、20个示范冷库),扶持资金主要用于成员教育培训、实施标准化生产、创立农产品品牌、开展农产品加工、拓展产品市场、建设信息网络等方面。

3. 鼓励项目扶持

2008年,国家农业综合开发办公室发布的《2008年国家农业综合开发产业化经营项目申报指南》明确了4类予以支持的项目,具有独立企业法人资格的农民专业合作组织的申报项目就是其中之一。2010年,财政部会同有关部门印发了《关于支持有条件的农民专业合作社承担国家有关涉农项目的意见》,在现代农业生产发展、小农水、农业综合开发等部分支农项目中明确提出支持农民合作组织发展。从2007年起,河南省财政、农业、农业开发、扶贫、金融等部门已将农民专业合作社作为实施主体,承担农业产业化、农业综合开发、农业结构调整、世行贷款等项目;江苏省明确规定,从2009年开始,省级高效设施农业项目资金的60%以上要由农民专业合作社组织承担。

4. 实行税收优惠

2008年,财政部、国家税务总局联合下发了《关于农民专业合作社有关税收政策的通知》,专门给予农民专业合作社税收优惠政策,主要包括:对农民专业合作社销售本社成员生产的农业产品,视同农业生产者销售自产农业产品,免征增值税;增值税一般纳税人从农民专业合作社购进的免税农业产品,可按13%的扣除率计算抵扣增值税进项税额;对农民专业合作社向本社成员销售的农膜、种子、种苗、化肥、农药、农机等农用品,免征增值税;对农民专业合作社与本社成员签订的农业产品和农业生产资料购销合同,免征印花税。

江苏省对农民专业合作社税务税收实行了创造性的举措,明确规定:"凡是国家基本税收政策没有明令禁止的,要积极支持、依法支持;凡是有利于合作组织发展的,要科学支持、有效支持","作为小规模纳税人的农民专业合作社可采取季度申报","允许合作社在税收申报时,附合作社财务纸质报表,不需另做企业报表","对农民专业合作社直接用于农业、林业、牧业、渔业的生产用地,免征城镇土地使用税","盈余返还免征个人所得税","对合作社销售的农产品、税务机关无证据证明非本社成员生产的农产品,视同农业生产者销售自产农产品免征增值税"。①

5. 加大金融信贷支持力度

2009年2月,中国银监会发布了《关于做好农民专业合作社金融服务工作的意见》,要求各地农村合作金融机构要积极构建与农民专业合作社的互动合作机制,支持农民专业合作社加快发展。该意见明确了5项金融支持措施,包括将农民专业合作社全部纳入农村信用评定范围、加大对农民专业合作社的信贷支持力度、创新适合农民专业合作社所需的金融产品、改进对农民专业合作社的金融服务方式、鼓励有条件的农民专业合作社发展信用合作。

根据中央《关于做好农民专业合作社金融服务工作的意见》有关要求,很多地方政府做了一些有益的尝试。例如,江苏省涉农金融机构通过实施增加授信额度、在贷款利率上予以优惠、在专业合作社成员间推行"联保制度"和涉农贴息贷款项目倾斜等优惠政策,对缓解农民专业合作社发展资金不足、促进农民专业合作社做大做强起到关键作用。2013年,江苏省财政出资4000万元设立农民专业合作社发展基金,通过市场化手段为农民合作社撬动了8亿元的贷款资金,极大地提高了对农民合作社的扶持力度。② 广东省佛山市三水区2009年在全国开创性地推出"政银保"农业贷款模式,每年投入1000万元(2013年增加到2000万元)作为合作农业贷款担保基金,用于为本区农业企业、农户向合作银行申请免抵押和免保证金贷款提供担保。广东省财政2013年安排5000万元、2014年安排1亿元建立"政银保"贷款扶持基金,对合作社联合社及省级示范社实行免抵押贷款,保险公司对银行贷款本金提供超赔率封顶的保证保险服务,以帮助农民合作社获得更多的发展资金。③

6. 加强培训、宣传等服务

国际合作运动的经验表明,"没有合作教育,合作运动只能维持一代半人"。在我国,农民合作组织较为发达的地区的共同特点是,在当地都

---

① 江苏省国税局、地税局和省农委:《关于明确农民专业合作组织有关税收政策的通知》(苏国税发〔2011〕182号、苏地税发〔2011〕90号、苏农社〔2011〕5号)。
② 李文博:《江苏8亿贷款定向扶持合作社》,载《农民日报》2013年5月21日。
③ 江苏省农业委员办公室:《扬合作社之帆走创业富民之路》,载《农林工作简报》2010年9月25日。

有一批热心于合作事业的农经干部,他们致力于在基层普及推广合作知识、培养农民的合作理念、深入开展各种形式的普法宣传,为农民合作组织的健康发展营造了良好的社会环境。

2010年,江苏省农委与省委组织部联合培训并聘请了132名大学生村官担任农民专业合作社兼职辅导员;同时省农委与省委组织部联合发文,要求市、县进行分级培训,将全省1.6万名大学生村官全部聘请为合作社兼职辅导员,对经培训合格的大学生村官发给兼职辅导员聘书。①

为更好地贯彻落实《中华人民共和国农民专业合作社法》第九条规定的"县级以上各级人民政府应当组织农业行政主管部门和其他有关部门及有关组织,依照本法规定,依据各自职责,对农民专业合作社的建设和发展给予指导、扶持和服务",广东省在事业单位机构改革中,将广东省农业干部学校更名为广东省农民专业合作推广中心,将法律所规定的对农民专业合作社给予指导和服务的职能赋予该中心承担。

三、国内外财政支持发展农民合作组织的经验启示

1. 提高对财政扶持发展农民合作组织意义的认识

多年来,一些领导干部仍然对发展农民合作组织的重要性和必要性缺乏足够的认识,有些农民对参与合作组织的作用和好处也不太了解,一些农民在实行家庭承包责任制后养成了分散经营的习惯,对合作事业不放心、不积极,参与合作组织的愿望不强烈。因此,必须从理论和实践上进一步明确发展农民合作组织的意义、目的和作用。在当今经济全球化大背景下,我国农业面临的竞争对手是规模化经营的垄断企业,分散的小农户单纯依靠传统的组织结构不能完成我国农业与国内外市场的对接,难以应对国际市场带来的冲击和挑战,导致农民的合法、合理利益也得不到有效保护。我们应当借鉴发达国家的经验,积极发挥公共财政的作用,支持农民合作组织的发展,尽快在政府与广大农户之间将合作组织这座"桥梁"建设好,提高农业的市场集中度,实现"小生产"与"大市场"的有效对接,增强我国农业在国际上的竞争力。

---

① 江苏省农业委员会办公室:《扬合作社之帆走创业富民之路》,载《农林工作简报》2010年9月25日。

2. 加强农民合作组织方面的立法

国外农民合作组织的成功发展首先得益于完善的法律制度保障，他们都非常重视通过制定法律法规来引导农民合作组织的发展。我国目前有关农民合作组织发展的法律仅有《中华人民共和国农民专业合作社法》一部，随着农民合作组织的发展壮大，这部法律遇到的问题也越来越多，急需完善有关农民合作组织的立法。2013年，中央1号文件明确提出，要抓紧修订完善农民专业合作社法，以便为农民合作组织快速健康发展提供更加配套完善的法律制度保障。

3. 适度加大各级财政扶持力度

近年来，虽然各级财政支持农民专业合作社发展专项资金的增长幅度较大，但相对于各地快速发展的农民合作社而言，财政资金扶持覆盖面和扶持金额都还远远不能满足其发展要求，农民合作社普遍存在资金匮乏、运作困难等问题，各级财政应进一步加大专项资金投入力度。要根据农民合作组织的数量、规模、质量、发展趋势等情况，建立与之相匹配的资金投入增长机制，进一步扩大财政支持农民合作组织的政策广度和覆盖面，不断提高对单个农民合作组织的补助标准，让公共财政覆盖到每一个符合条件的农民合作组织，在改善市场资源配置效率的同时促进社会公平。

4. 完善农民合作组织的税收政策

要站在国家的系统的角度制定适合我国国情的农民合作组织税收政策体系。要推行免税资格认定制，加强对农民合作组织的税收管理。构建农民合作组织所得税单一纳税制，消除重复课税。

5. 拓宽财政扶持农民合作组织的融资渠道

探索财政扶持建立农民合作组织贷款的担保机制和贷款贴息制度，为农民合作组织搭建有效的融资平台，改善农民合作组织的融资环境。例如，政府可通过相关税收优惠政策的实施，适当减免金融机构支持农民合作组织的贷款营业税；通过完善政府补贴机制，鼓励民营资本和商业银行重新返回农村金融市场，促进金融机构积极支持农民合作组织的发展。同时，我们也可探索建立农民合作组织发展专项基金或担保基金，并将支出列入中央及地方预算，加强对商业性金融支持合作组织的风险保障。借助农民合作组织成员之间紧密的合作关系，引导合作组织之间以及农民之间建立形式多样的贷款担保组织机构，从而实现与银行信贷的有效对接。

6. 建立农村金融风险保障机制

政策性农业保险公司应该开发一些适应成本高、风险大及农民个人无法全部独自承担的保险产品，扩大对农民合作组织或农民生产经营的风险保障。商业性保险公司应积极发挥政策性农业保险的补充作用，开发适应市场需求、农民合作组织或农民个人有能力支付、有一定盈利空间的保险产品，扩大农业保险的范围。各级政府应出资设立风险补偿基金或提供保费补贴，在增强农民投保积极性的同时，引导商业性保险公司拓展涉农保险业务。

（原文刊载于《广东农业科学》2015年第42卷第3期，有改动。）

广东农村改革与发展的几点思考

房慧玲

作为改革开放最前沿的地区,广东走过了30多年波澜壮阔的农村改革发展的历程,其经验与教训也是付出重大代价后获得的。认真总结这个先行地区的思想财富,对中国农村下一步的改革发展,具有重要的启示意义。

一、广东农村改革与发展的历程

在中国农村改革发展的历史进程中,广东虽不是农村改革的发端者,却是一个有着重要历史地位的农村改革地区。我们可以将广东的农村改革粗略地划分为三个历史阶段。

1. 农村改革的启动时期(1978—1984年)

1978年12月中共十一届三中全会到1984年中共十二届三中全会,是我国也是广东农村改革的第一阶段,其主要特征就是启动改革。其间,启动作用明显并对全局有重大影响的改革举措,突出表现在以下三大改革:一是建立家庭联产承包责任制,启动了农业生产领域的改革。1979年,在中央政策还没有完全肯定大包干和包产到户的情况下,广东于中央文件下发前推广了这一举措。1980年,广东已有10%的地方实施了包产到户或分田单干。二是取消农副产品统购派购政策,启动了农产品流通体制的改革。1980年,广东率先迈出"勇敢的一步",把农产品统派购品种,由118种调减为47种,到1985年全国确定取消农产品统派购政策时,广东只剩下粮、油等大宗农产品。三是乡镇企业异军突起,开启了农村产业结构调整的广阔天地。1979年开始,广东乡镇企业的发展势如破竹,涌现出"顺德模式""东莞模式""南海模式""云浮模式"等乡镇企业发展典型。

2. 农村改革的市场化时期(1984—2002年)

1984年10月中共十二届三中全会通过了《中共中央关于经济体制改

革的决定》，明确了包括农村改革在内的整个经济体制改革市场化取向的目标。从此，广东农村改革进入了市场化改革阶段，其中最有影响的市场化改革有：放开粮食价格，实行经营市场化；按照市场需求，大力发展"三高"农业；利用比较优势，大力发展创汇农业；实行乡镇企业产权改革，突破乡镇企业发展瓶颈；引进股份合作制，深化农村社区股份制改革；改革林业发展模式，美化绿化荒山；改革扶贫开发模式，不断提高山区农民的生活水平；大力发展镇域经济，推进农村城市化进程；改革乡村治理机制，推动农村基层民主建设。

3. 农村改革的统筹城乡发展时期（2002年至今）

2002年中共十六大明确提出统筹城乡经济社会发展的要求，十六届三中全会进一步明确了这个要求，这是对我国改革发展进入新阶段做出的重要判断。贯彻落实这个重要判断，广东农村改革即进入以工促农、以城带乡的新阶段。在这个阶段，广东农村改革依然精彩纷呈：开展农村税费改革、开展农村配套改革、落实直接补贴政策、实行农村免费义务教育、着力解决农村看病难问题、着力解决被征地农民的养老保障问题、发展农村妇女事业、加快农村剩余劳动力转移、加大农村劳动力职业技能培训、实施十项民心工程、加大对农村弱势群体的救助工作、推动农村土地制度改革、全面推进社会主义新农村建设。

2009年，广东省农林牧渔总产值达到3337.59亿元，农民人均纯收入达到6906.93元，主要农产品产量位居全国前列，花卉全国第一，水产全国第二，水果和糖料全国第三，肉类全国第六，蔬菜全国第七，农业农村经济全面繁荣。①

二、广东农村改革与发展的几点思考

作为先行地区的广东，30多年农村改革发展的丰富实践，既有成功的经验，也有失败的教训，无论是经验还是教训都给中国下一轮的农村改革发展留下许多启示与思考。

（1）广东30多年的农村改革发展，在改革上最突出的贡献是创造了许许多多全国"第一"，引导和推动了全国的农村改革。例如，在全国率

---

① 广东省农业厅：《广东省农业和农村经济社会发展第十二个五年规划纲要》，见广东省农业面源污染治理项目管理办公室网站（http://www.gdmy.org/news/1000_23_1001_990.html）。

先取消农产品统派购政策；率先实行粮食购销市场化改革；率先做到"消灭荒山，绿化广东"；率先开展农村土地股份合作制改革；率先开展集体建设用地使用权流转制度改革；率先全面取消农业税；率先实现真正意义上的农村免费义务教育；率先开展贫困地区医疗卫生补助制度；率先建立贫困家庭学生中等职业教育资助政策体系；率先开展培训农村党支部活动；等等。这些"率先"，是广东农村改革发展始终走在全国前列的重要体现和重要保证。

但当前中国农村仍然面临许多重大改革问题。比如，农村土地适度规模经营问题仍然没有找到有效办法，这个问题不解决，中国农业现代化将难以真正实现。又如，城乡二元体制的"瓶颈"仍然没有突破。再如，经过30多年的改革发展，我国农业农村发生了许多深刻的变化，包括农村劳动力结构发生"三化"和"三缺"——农业兼业化、农村空心化、农民老龄化，农业生产缺人手、新农村建设缺人力、农技推广缺人才等现象日益突出。此外，农村社会结构出现"三留守"——留守儿童、留守老人、留守妇女现象，宗教、宗族、家族等势力干预农村公共事务问题凸显。这些均给农村教育、保障、治安、乡村治理提出了新课题。

因此，继续解放思想，提倡先行先试，仍然是当前迫切所需。从历史经验和当前实际看，在中国"三农"工作中，解放思想的任务依然迫切，必须从农村改革畏难情绪中解放出来，从农业农村内部体制改革中解放出来，从满足解决农民温饱的自满情绪中解放出来，从追求单一农村经济发展的观念中解放出来，从单一抓农业生产的传统观念中解放出来。同时，如何在农村改革上继续先行先试，引领农村改革发展的潮流，这也是当前的重大挑战。从实质来看，改革开放初期的先行先试实质是"探索改革开放新路子"，当前的先行先试实质是"探索科学发展新路子"；从形式来看，改革开放初期的先行先试侧重点是"活"——"特殊政策、灵活措施"，当前的先行先试侧重点在"干"。

（2）广东30多年农村改革发展的最大成效是率先发展"三高"农业，引导和促进了全国现代农业发展。发展效益农业，推动农业由"大"到"强"的转变，这是广东农业为全国做出的重要贡献之一。历史告诉我们，解决中国"三农"问题，基本方向是走中国特色现代化农业之路。中国农业实现由"大"到"强"的跨越，由农业大国向农业强国转变，这是中国农业发展的必由之路。

目前，中国农村改革发展最令人担忧的问题，就是30多年来，为了保证13亿人口的农产品供应这一头等大事，农业发展始终把"量"放在第一位，忽视了"质"的问题，发展方式粗放，资源消耗过大，质量效益不高，农业节能减排任务十分艰巨，全国每年化肥使用量达4700万吨，利用率仅为35%，农药使用量140多万吨，利用率仅为30%，"大"而不"强"成为中国农业的突出问题。转变农业发展方式，走农业强国之路，这是当前中国农业发展的重大课题。广东30多年的农村改革发展的实践，为全国提供了发展效益农业的宝贵经验。广东农业自然资源丰富，海洋资源、生物资源、水资源多，为农业的高产优质高效发展奠定了自然基础，形成了几个显著优势：一是特色农业产业的优势。具有广东特色的岭南佳果、优新蔬菜、高效花卉、名优茶叶和糖蔗、蚕桑等逐渐成为广东的主导产品。广东花卉、水果、糖料、蔬菜产量均居全国前列。畜牧业在发展传统畜禽的同时，近年来为适应国内外市场需求，逐步发展一些珍、优、稀畜禽品种。水产养殖业迅速发展，2008年广东水产品产量680.00万吨，居全国第二，① 全省对虾、罗非鱼、鳗鱼、珍珠等10多个品种的产量稳居全国前列。二是农业产业化的优势。至2008年年底，广东共有各类农业产业化经营组织9772家，各类产业化组织固定资产总值达550亿元，销售收入1405亿元，带动了全省农户收入的增长。2008年广东农村居民人均纯收入6399.77元，较2007年增长13.8%，增速是12年来最快的一年，增幅10年来首次高于城市居民，增长绝对数是改革开放30年来最多的一年。建立了39个省级现代农业园区，在2008年启动的50个国家现代农业技术产业体系建设项目中，广东承担了23个。② 这些园区和项目为所在地区的农业发展提供了新技术、新品种，为农业科技成果转化提供了有效载体，将有效地提升广东的农业科技创新能力。三是农业市场化的优势。改革开放以来，广东逐渐从自给自足的传统农业向现代农业转变，农产品市场化程度不断提高，农产品消费市场蕴含巨大潜力。2008年广东全社会消费品零售额达到12772.21亿元，比上年增长20.5%，其中农产品消费增长很快，粮油类零售额比上年增长36.4%，肉禽蛋类受物价上涨影响，增幅前高后低，从1月份增长41.9%，到12月为13.8%，全年同

---

① 广东省统计局：《2009广东统计年鉴》，中国统计出版社2009年版，第615页。
② 广东省统计局：《2009广东农村统计年鉴》，中国统计出版社2009年版，第1页。

比增长 19.7%。① 四是农业国际化的优势。广东利用优越的区位优势不断发展外向型农业，农产品出口额不断增长，位居全国前列。2008年广东省农产品出口额46.27亿美元，占全国农产品出口总额的11%，② 排在山东省之后列全国第二。出口农产品主要以蔬菜、水果和水产品为主，进口广东农产品的国家和地区已经达到170多个，遍布亚洲、非洲和拉丁美洲。总之，广东以占全国1.5%的耕地面积，产出全国6.3%的农业总产值和全国9.8%农业增加值，亩均产值居全国第一，已成为名副其实的农业"强"省。这对全国的农村改革发展具有重要的启示意义。

中国是一个农业大国，但还不是农业强国。推动中国由农业大国向农业强国转变是必然趋势，是从事农业的工作人员的重大使命，是亿万农民的梦想。纵观世界各国，发达国家大多从国情出发，选择适合自己的农业现代化之路，以做"强"确立其在国际农业竞争中的优势地位。例如，美国地广人稀，先发展农业机械化，提高劳动生产率，再广泛运用生物技术，提高土地产出率，始终保持世界农业的领导地位。日本地少人多，选择了优先应用生物技术，再推广机械化，打造出一批世界级农产品品牌，探索出一种有别于欧美发展道路的"日本模式"，确立起世界农业强国的地位。法国劳动力和耕地资源都不太丰富，选择生物技术与机械技术并进，物质投资与智力投资并举，劳动生产率与土地产出率共同提高，成为世界第一大农产品加工品出口国和世界第二大农产品出口国。农业做"强"是世界农业发展的趋势，凡是经济发达国家都是农业强国，中国要成为经济发达国家必须有农业的支撑。"农业强国"是一个与"农业大国"相对的概念，二者既相互联系，又相互区别，各有侧重。农业大国是农业强国的基础，农业强国是农业大国的提升。农业大国强调的是"量"，农业强国强调的是"质"。可以从不同角度概括农业强国的特征。根据中央提出的农业发展目标，考察世界现代农业发展的趋势，结合中国农业发展的实际，中国建设的农业强国，其基本特征是：高产、优质、高效、安全、协调。

（3）广东30多年农村改革发展最深刻的教训是，一度出现耕地锐减，

---

① 夏少武：《2008年广东消费情况与扩大消费的建议》，见广东统计信息网（http：//www.gdstats.gov.cn/tifx/t2009021064851.htm）。

② 广东省统计局：《2009广东统计年鉴》，中国统计出版社2009年版，第432页。

粮食种植面积迅速减少，粮食自给率严重下降，一定程度上给全国的粮食安全带来了严峻挑战。如何处理好改革开放过程中工业化、城镇化与保护农业发展的关系，是中国农村改革发展面临的重大而紧迫的课题。

目前，中国农村改革发展面临的最严峻的挑战，就是伴随着工业化和城镇化的快速推进，如何保护耕地，保护农业，保护粮食生产积极性。改革开放30多年来，我国耕地面积持续减少，离18亿亩的红色警戒线已是咫尺之遥，而耕地减少的趋势仍在继续。2008年全国耕地面积已降至18.257亿亩，比上年净减少近30万亩，同期人口增加了600多万，人均耕地下降到1.37亩，还不到世界平均水平的40%，北京、天津、上海、浙江、福建、广东六个省市人均耕地已经低于联合国粮农组织确定的0.8亩警戒线。① 改革开放以来，中国已出现多次粮食大幅减产和粮价明显波动，每一次都对国民经济发展全局产生重大影响。粮食问题永远是人类生存发展面临的首要问题，更是中国这个有着十几亿人口大国的头等大事。

作为改革开放的前沿，广东在全国最早出现了工业化和城镇化与农业发展的激烈矛盾。伴随工业化和城镇化速度的加快，广东省耕地锐减。2009年广东人均耕地0.41亩，是全国人均耕地的29%，仅高于上海和北京，排名全国倒数第三。与此同时，家庭承包经营特别是农村税费改革后，农业基础设施建设没有得到足够重视，政府对农业基础设施建设投入不足，农民建设基础设施的积极性和主动性下降，农业基础建设滞后。1978以来，广东耕地有效灌溉面积、旱涝保收面积占耕地总面积的比例不但没有增加反而呈下降趋势。2009年耕地有效灌溉面积、旱涝保收面积仅占耕地总面积的64%和44%，"望天田"约占全省耕地的15%。耕地资源严重稀缺必然冲击广东省的粮食安全。2009年广东省粮食产量仅1314.50万吨，比2005年下降5.73%，粮食自给率不到35%。② 工业化和城镇化快速推进，省耕地锐减，粮食自给率下降，还给广东省带来了一系列问题：一是区域发展不平衡日益严重。与全国其他省区相比较，广东的区域发展不平衡问题更加突出。2008年，珠三角地区人均生产总值为

---

① 中共广东省委宣传部：《广东学习论坛报告选》（第四辑），广东人民出版社2010年版，第208页。

② 广东省农业厅：《广东省农业和农村经济社会发展第十二个五年规划纲要》，见广东省农业面源污染治理项目管理办公室网站（http://www.gdmy.org/news/1000_23_1001_990.html）。

62644元，远高于东西两翼的15396元、17973元和山区的15539元。① 经测算，2007年广东地区发展差异系数为0.77，高于全国0.6的平均水平，也高于同期山东（0.54）、江苏（0.55）、浙江（0.38）等沿海省份的地区差异水平。2008年地方财政一般预算收入占全省的比重，珠江三角洲九市为67.9%，东西两翼和山区12个市只占10.3%。② 粤东、粤西、山区城镇化水平分别为56.6%、39.3%、43.2%，与珠三角地区相比，分别低23.5、40.8、36.9个百分点。③ 二是城乡发展不平衡日益突出。与不少发达省区城乡差距不断缩小形成对比，广东城乡差距在不断拉大。1978年，广东农村居民人均纯收入是城镇居民人均可支配收入的47%，2008年仅为城镇居民人均可支配收入的32%，城镇居民人均可支配收入是农村居民人均纯收入的3.08倍，④ 高于同期江苏、山东、浙江的水平，城乡差别不断扩大。除收入外，城乡居民享受的教育、医疗卫生、社会保障以及公共服务等方面的差距也在不断拉大。三是农民生活水平增长受到制约。这突出表现在农民人均收入增长速度慢，2008年全省农民人均纯收入名义增长13.8%，低于全国名义增长15.0%的水平。⑤ 2008年广东农村居民恩格尔系数为49%⑥，高于全国及上海、江苏、浙江和山东等省。

  随着工业化的推进，农业增长会比其他产业慢，农业在国民经济中的比重也逐步下降，但是，农业在国家宏观调控和促进其他产业协调发展中的作用并没有降低。农业是人类衣食之源，生存之本。农村是工业品的重要市场。农民占了中国人口的绝大多数。农业是国民经济的基础。中国是农业大国，但农业生产力水平相对较低的特殊国情，决定了解放和发展农村生产力的道路艰难曲折。当前，国际金融危机发展形势仍不确定，贸易保护主义加剧，石油等重要能源价格在高位波动，国际油价的迅猛攀升引致农业生产资料价格大幅上涨，农产品国际市场不确定因素越来越多。农业国际化进程的加快，给处于对外开放前沿的广东农业带来严峻挑战，包括对传统的农业管理体制、缺乏竞争能力的农业经营主体和农产品都将带

---

① 广东省统计局：《2009广东农村统计年鉴》，中国统计出版社2009年版，第159页。
② 广东省统计局：《2009广东统计年鉴》，中国统计出版社2009年版，第550页。
③ 广东省统计局：《2009广东统计年鉴》，中国统计出版社2009年版，第548页。
④ 广东省统计局：《2009广东农村统计年鉴》，中国统计出版社2009年版，第134页。
⑤ 广东省统计局：《2009广东统计年鉴》，中国统计出版社2009年版，第616页。
⑥ 广东省统计局：《2009广东统计年鉴》，中国统计出版社2009年版，第25页。

来严峻的冲击。同时,农业国际化也给中国带来重大机遇。经济全球化趋势迅猛发展,农业参与经济全球化不可逆转,特别是世界贸易组织(WTO)对国际贸易保护的限制,极大地推动了农业的国际化发展。中国加入WTO不仅是中国经济进一步全球化的标志,也是中国农业走向国际化的重要步骤。面对国内外农业农村发展的新形势,中国要始终把"三农"工作放在重中之重的位置,强抓机遇,迎接挑战,才能不断开创农业农村工作的新局面。

(原文刊载于《广东社会科学》2011年第1期,有改动。)

农村发展模式、形成机理与建设绩效

——基于两个村庄的案例比较

房慧玲

一、引言

（一）问题提出

改革开放以来，我国推行的家庭联产承包责任制、户籍管理制度、农村综合改革等制度安排促进了农业产出和农民收入的快速增长，推动了农村市场逐步发展，也加快了农村产业结构的转型。中国农村有了举世瞩目的变化发展，并形成了具有中国特色的农村发展模式。其中，以苏南模式、温州模式和珠江模式最为典型，他们分别代表了乡镇企业、农村工业化和农村城镇化的模式。但我国幅员辽阔，广大农村间差异明显，各村庄在地理环境、历史发展、人文条件等方面存在一定差距，没有一种简单的农村发展模式可以满足我国千万农村的发展要求。

虽然，我国农村改革发展的成效是可喜的，但我们依旧不能忽视的是，不同的农村发展模式一定程度上加大了区域经济发展的不平衡和发展的风险差异。因此，研究不同发展模式的形成机理、不同发展路径之间的成效差异、不同模式发展不平衡及差异背后更深层次的影响因素等问题具有迫切的政策需求和现实意义。基于此，本文基于广东省两个村庄不同的发展模式，研究宏观政策、制度规范、资源禀赋、农村市场、农村组织对农村发展模式的作用，以及其对农村建设绩效的影响，试图解释两种模式之间的差异及其产生机理，从而归纳和概括不同模式的发展基础、经验和制度需要，为进一步推动新农村建设提供有效的经验借鉴。

（二）文献综述

发展模式即为一个国家、一个地区在特定的生活场景中，也就是在自己特有的历史、经济、文化等背景下所形成的发展方向，以及在体制、结构、思维和行为方式等方面的特点，是世界各个国家或地区在实行现代化道路过程中对政治、经济体制及战略等的选择。农村发展模式并没有一个统一的概念。费孝通认为，农村发展模式是在一定地区、一定历史条件下，具有特色的发展路子。① 张富刚等指出，农村发展模式是农村发展战略的选择，以及在发展过程中形成的具有区域特色，并使得农村经济社会持续发展的合理的经济体制、结构及运行方式的系统整体。② 从发展经济学的角度来看，发展模式是由国家经济与社会发展的基本条件来分析的。M. Todaro 提出，发展的初始条件主要包括物质人力资源、人均 GDP、气候条件、人口规模等，这也是农村发展模式的基础和条件。③

关于农村发展问题，较早可以追溯到 20 世纪 30 年代以梁漱溟和晏阳初为代表的乡村建设派，他们认为农村通病在于乡村文化精神的落后，提倡以文化教育来改变农村社会。④ 但乡村建设的模式没有触及农村最关键的土地所有权制度问题，并不能从根本上解决农村发展问题。改革开放之后，涌现了大量关于农村发展模式的研究。不少学者就新农村建设的各种发展案例做过较为详细的分析对比，纷纷指出农村发展要因地制宜，农村发展模式受到农村资源禀赋、市场选择、政府发展决策、环境建设、制度创新等影响。F. 克里斯蒂安森认为，中国农村发展模式最成功之处，在于对剩余劳动力进行了有效转移。⑤ 哈战荣认为，只有将农村、农民、农业融为一体，通盘考虑，全局把握体制化农村发展模式才是成功解决三农问题的最佳突破口，是实现国民经济良性发展的原动力。⑥ 陆益龙对比了安徽省凤阳县小岗村和赵庄的新农村建设实践，选择了外部资源推动型和当地精英推动型两种不同模式，认为它们共同的局限性在于资源获取的不确定性和政府角色的不对称性。⑦

---

① 费孝通：《从实求知录》，北京大学出版社 1998 年版，第 201 页。
② 张富刚、刘彦随、张潆文等：《改革开放以来中国东部沿海发达地区农业发展态势与可持续对策》，载《资源科学》2009 年第 8 期，第 1335 – 1340 页。
③ Michael P. Todaro. *Economic Development in the Third World*. London：Longman Publishing Group，1985，pp. 120 – 126.
④ 梁漱溟：《梁漱溟全集》（第 1 卷），山东人民出版 1989 年版。
⑤ ［荷］F. 克里斯蒂安森：《劳动力转移与中国农村发展模式》，蓝瑛波译，载《国外社会科学》1989 年第 8 期，第 46 – 52 页。
⑥ 哈战荣：《体制化农村发展模式：三农问题的根本出路》，载《宁夏社会科学》2004 年第 3 期，第 43 – 46 页。
⑦ 陆益龙：《引导性制度变迁与农村市场发展——安徽小岗村的经验分析》，载《天津社会科学》2013 第 1 期，第 58 – 91 页。

较多学者对最具中国特色的农村发展模式——苏南模式、温州模式和珠江模式进行了剖析和比较。例如，施端宁、陈乃车分析了苏南模式和温州模式制度变迁方式的不同，探讨了两种模式制度变迁的前景。从苏南乡镇集体企业产权制度的民营化改革结果来看，依靠民间的市场力量推动区域经济发展的温州模式，更具一般意义。[①] 史晋川、朱康对同时从经济发展和制度变迁两条主线，回顾了近十几年来有关温州模式的进展和现状，并对温州模式中有关人文精神和海外学者的视角两个方面进行了系统阐述。[②] 谢健从区域经济国际化的背景，对珠江模式、苏南模式、温州模式三种模式进行了比较。[③] 赵伟认为，珠江模式、苏南模式、温州模式，除了制度层面上的差异之外，还表现在区域开放路径上的差异。[④]

部分专家从经济发展的视角讨论了农村发展模式。林坚认为，农村经济发展模式，作为一个理论范畴，是对农村经济发展过程中所形成的具有某种鲜明特征及相对稳定性和区域代表性的经济关系和经济运行机制的理论概括。党的十一届三中全会以后，农村经济发展模式出现了多样化的趋势。这种趋势，不仅是历史发展的必然结果，也是社会经济发展不平衡规律作用的必然结果。[⑤] 陈明丽以四川省彭州市通济镇黄村为例，对震后山区政府＋公司＋科技＋协会＋农民，或者政府＋科技专家＋农户＋协会的集约化新农村建设模式，或两者相结合的综合模式进行了探讨。[⑥] 冯逸、李冬梅、高蜀晋认为，在农村发展中，农业产业的形成不仅受资源禀赋、市场条件的影响，而且受政府发展战略的影响；其能否实现可持续发展主要取决于地方政府发展战略导致的产业所需要的资源禀赋、市场条件与本

[①] 施端宁、陈乃车：《制度创新与区域经济发展》，载《江西社会科学》2000 年第 9 期，第 88－90 页。

[②] 史晋川、朱康对：《温州模式研究：回顾与展望》，载《浙江社会科学》2002 年第 3 期，第 3－15 页。

[③] 谢健：《区域经济国际化：珠三角模式、苏南模式、温州模式的比较》，载《经济理论与经济管理》2006 年第 10 期，第 47－51 页。

[④] 赵伟：《从国际化到区域化抑或从区域化到国际化》，载《浙江社会科学》2002 年第 2 期，第 54－60 页。

[⑤] 林坚：《试论中国农村经济发展模式的研究》，载《经济研究》1987 年第 8 期，第 59－62 页。

[⑥] 陈明丽：《震后山区新农村经济发展模式与应用》，载《农村经济》2008 年第 10 期，第 32－34 页。

区域资源禀赋、市场条件是否相符。①

较多的学者提出,要积极借鉴其他国家或地区农村发展模式的经验。如李伟伟从介绍台湾三生农业以及台湾农村新故乡运动入手,在比较闽台两地农村经济的基础上,提出了借鉴台湾农村发展模式以促进福建新农村建设的对策。② 赵相弼、李东华指出,推动城市居民在农村逗留或定居需求变为现实,才是繁荣韩国农村应该做的工作,这也是我国农村发展值得借鉴的地方。③ 贾瑞芬、吕世辰认为,英国的农村发展道路走的是典型的内发变迁模式,即一种结合本国实际情况,主要依靠本国自身力量来实现农业现代化和城乡一体化的方式。英国农村发展模式的特征及经验,对我国新农村建设具有有益的借鉴启示。④

从文献梳理来看,国内外学者对农村发展模式的影响因素、国外经验借鉴进行了较为深入的研究。更多的成果集中在对苏南模式、温州模式和珠江模式等沿海发达地区农村发展模式的总结和提炼,而对富有特色的山区农村现代化的发展模式缺乏关注,对不同的农村发展道路的形成机理和绩效缺乏案例研究。

二、研究方法与样本点选择

(一) 研究方法

本文采用案例分析法,对比研究广东省两个村庄农村发展模式的差异、宏观政府政策、制度规范、资源禀赋、农村市场、农村组织对农村发展模式的作用,以及其对农村建设绩效的影响。试图解释两种模式之间的差异及其形成机理,从而归纳和概括不同模式的发展基础、经验和制度需要。涉及两个村的资源禀赋、制度规范、政府政策、农村市场的发展、农村组织的相关数据资料,主要来自实地调查和二手资料整理。

---

① 冯逸、李冬梅、高蜀晋:《农业产业形成及可持续发展的实证分析》,载《农业经济问题》2013年第7期,第56-61页。

② 李伟伟:《台湾农村发展模式对福建新农村建设的启示》,载《台湾农业探索》2006年第1期,第32-33页。

③ 赵相弼、李东华:《韩国农村发展模式新探索》,载《当代韩国》2007年第2期,第72-79页。

④ 贾瑞芬、吕世辰:《英国农村发展模式对中国新农村建设的启示》,载《山西高等学校社会科学学报》2008年第3期,第81-84页。

（二）样本点选择

目前农村改革发展模式是多种多样、因地制宜的，各地政府为推进农村经济发展，会依据当地现有的资源优势制定相应的政策制度，打造符合当地区域发展的新思路。广东省作为改革开放的前沿阵地，改革以来经济得到飞速发展，但是，区域之间发展不平衡的问题也相当明显。粤西粤北山区的发展与珠江三角洲不可同日而语。其中，东莞石龙坑村处于珠江三角洲地区，是粤东珠江三角洲农村的典型；肇庆德庆县万星村处于粤西地区，是广东省山区农村的代表。另外，这两个村落在地区、经济等方面的差异也符合本文研究的需要。

三、农村发展模式及其形成机理

（一）案例背景与农村发展模式

案例1：石龙坑村发展模式——外向型的珠江模式。

东莞市是广东省经济发达地区之一，其农业经济比重小，占地区经济总量不到1%。石龙坑村属珠三角地区农村，是东莞市寮步镇的一个行政村，经济居东莞中上发达水平，位于市区东部，傍依寮步镇中心，面积1.2平方公里，属珠三角低丘陵地区，土地平整，位置条件优越。改革开放初期，全村以农业经济为主，主要种植水稻、荔枝、龙眼等农作物。另外，每家每户圈养生猪获得副业收入。1985年，全村人口2960人，村经济总产值约20万元，村民人均收入1800元。随着改革开放的深入，石龙坑村迅速面临工业化、城镇化的浪潮。为了适应这样一种新形势，走好工业化、城镇化发展道路，村民们在制度设计和机制安排上，不断进行改革和创新。从1982年石龙坑村依靠"三来一补"投资创办了第一间毛纺织企业起至20世纪90年代，外商纷纷前来投资办厂，以毛纺织加工为主的外资企业和民营经济得到迅速发展。2013年，石龙坑村拥有工业企业350家，其中三资企业2家，全村经济总产值3670万元，基本为第二、第三产业收入，农民人均纯收入2.2万元，比全省农民人均纯收入11669元高出10331元。目前，石龙坑村已基本没有农业生产，经济收入主要靠办工厂，村中公共服务设施和居民生活方式与城镇无差别，其经济社会发展和农村居民生活方式水平已经达到城镇水平，不同的仅仅是没有城镇户口。

从石龙坑村发展模式来看，该村毗邻港澳，发挥紧靠海外的优势，发展外向型经济,大力引进外资企业,加快了农村工业化进程,是典型的珠江模式的缩影。

案例2:万星村发展模式——内生式的山区模式。

肇庆市德庆县地处广东省西北部,属山区县,农业经济比重较大,2011年农业总产值占地区经济总产值26.1%。万星村是肇庆市德庆县高良镇的一个行政村,地处德庆县中部的山沟中,离县城30公里,离高良镇6公里。1985年,全村户籍人口1245人,农业总产值57.31万元,占村经济总产值78%,村民人均纯收入520元。

万星村尽管没有毗邻港澳的地域优势,但依靠自己独特的山区优势,积极发展山区经济。同时,万星村根据农业现代化的需要,不断提高农业生产的社会化、组织化程度,大力发展农民专业经济合作组织,积极培育果蔬加工流通企业,走"协会+农户"和"公司+农户"的产业化路子,扎实推进效益农业的产业化经营。万星村成立了南药专业合作社,除30户人家加入外,还带动了全村巴戟、桂皮等药材的专业化生产,同时推动了全村30多户村民到邻近外村承包土地进行药材种植生产。由于产业化、专业化的带动,全村农民年收入大幅增长,2013年村民人均纯收入14752元,比全省农民人均纯收入11669元高出3083元,其中巴戟、玉桂等南药收入7709元,占村民人均纯收入的52%。

同时,万星村不断完善公共服务体系,如建立村、镇、县三级服务窗口,实行一站式网络服务;建立"三资"管理交易平台;创建网络办公系统、热线电话"12345"服务系统、行政电子监察系统三大服务系统,提高社会综合服务网络效能。但由于村庄坐落在山沟里,村的综合发展、居民生活方式和水平与城镇相比仍然有一定距离。

万星村依靠农业技术力量和山区特色闯出了一条山区乡村发展和农民致富之路,是山区农业现代化和工业化发展的范例之一。本文把这种模式总结为内生式的山区模式。

(二)两种发展模式的形成机理

石龙坑村和万星村的农村发展模式形成机理主要体现在以下几个方面。

首先,从资源禀赋来看,区域发展受到区域自然资源和生态环境的限制较大。石龙坑村是珠江三角洲沿海地区的农村代表,人多地少,倚靠广东省省会城市，毗邻沿海，是改革开放的前沿阵地。因此，从地理环境来看，发展农业不能使石龙坑村的资源得到最优化配置，而依靠港澳平台，引进外向资本，发挥土地优势，吸引外来劳动力资源，发展第二、第三产业则是较好的资源配置方案。

万星村的区域自然资源和生态环境与石龙坑村有着很大差异，它代表着广大粤西粤北山区的农村，这些地方往往地处县级中部的山沟中，距离中心城镇较远，交通不发达，无明显的区位优势，相对来说地多人少，不适合发展工商业。因此，万星村利用自身地理环境、资源条件、气候条件适合南药种植的优势，积极打造肇庆南药基地，发展本村特色农业现代化道路。

其次，受市场选择以及政府宏观政策的推动。在中国特色社会主义市场经济的环境下，农村发展是市场选择的结果，也是政府政策导向的结果。政府在改革开放初期采取了"三来一补"的企业政策。所谓"三来一补"是指由外商提供设备（包括由外商投资建厂房）、原材料、来样，并负责全部产品的外销，由中国企业提供土地、厂房、劳力。中外双方对各自不作价以提供条件组成一个新的"三来一补"企业。在这种政策环境下，石龙坑村以其有利的资源环境优势得到了企业市场的青睐，创办了第一家"三来一补"毛织企业，从而带动了石龙坑工商业的快速发展。从此之后，石龙坑村的招商引资力度逐渐加大，为工业企业发展创造了良好的政策环境，促进了工业产值的增长，成为该村主要的经济来源。在市场选择和政府政策的推动下，2000年，石龙坑村的4000亩地被"松山湖科技产业园"征去，村民以土地入股的方式，获取股份分红，同时，村民又可从原始农业生产中脱离出来，投入到经商和务工中，收入大幅度提高。

而万星村并不具备石龙坑村的区位优势，即使有同样的企业政策，也难以获得工业产业的市场选择。然而随着市场经济的发展、物流技术的进步、人们经济生活质量的提高，南药价值逐步得到体现，南药的市场份额也随之提高。受市场选择的导向，万星村充分利用种植优势，发展南药种植的特色农业，制定一系列惠农政策，并建立南药农业合作社等新型农业组织，鼓励村民种植南药，实现全村致富。

再次，市场选择促使政府不断进行制度创新，包括农村经济组织、税收绩效、户籍制度、土地产权制度等。对于石龙坑村来说，农村经济组织——企业的发展，以及对工业产业的税收政策的制度创新，促进了石龙坑村工业企业的发展；同时，允许户籍人口流动，吸引了大量外来劳动力，改善了外来人口的生活水平。在土地产权制度方面，实行土地股权证，实现石龙坑村的土地分红，保障村民土地权益，实现村民收入的可持续发展。

对于万星村来说，新型农村经济组织的成立，使得分散的农户得以集中起来，实现南药的规模化发展，降低生产成本，同步信息资源，减少交易成本，同时实现南药的产业化发展，提升万星村农业产业化发展的步伐，保障农业经济的增长。在新农村建设下，政府极其重视"三农"问题，多次提出农业税收减免政策，极大降低了农民种植成本，提高了收入水平。而农业承包经营权的转移政策，鼓励了万星村村民承包外村土地资源，扩大生产规模，从而实现经济增长。

最后，发展成两种不同的农村发展模式。基于结构—行为—绩效理论，我国外部整体的政治市场环境和村落内部的资源环境的结构，影响了农村当地政府决策人员和村民的行为，从而形成了不同的发展模式和绩效，如图1所示。

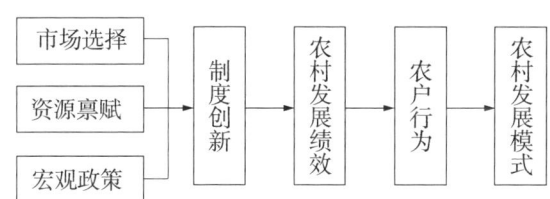

图1　农村发展模式形成机理

四、农村发展建设绩效差异

资源禀赋、宏观政策、制度规范、要素市场、农村组织对农村综合作用，形成不同的农村发展模式，进而对区域经济、社会产生不同的影响。经过数十年的发展，石龙坑村和万星村的确存在建设绩效差异。

（一）农村居民收入增长量的差异

两个村的农村居民收入都有大幅增长，但总体收入水平不同。石龙坑村农民的收入自20世纪80年代以来呈直线上升，全村人均纯收入从1985

年的1800元增长到2014年的2.2万元，增长了11.2倍。万星村1985年农村居民人均纯收入只有520元，2013年增长到14752元，增长了27.4倍。

（二）农村居民收入构成的不同

在农民收入构成方面，石龙坑村和万星村差别很大，石龙坑村基本没有农业生产，收入基本来自第二、第三产业。但万星村却不一样，其收入来源是多元化的，其中家庭经营收入占主要比重。

（三）农村集体经济总量增长的来源不同

1985年，石龙坑村经济总产值约20万元，主要来自传统农业生产，如种植水稻、荔枝、龙眼、甘蔗、花生等，另外每家每户通过圈养生猪获得副业收入。2013年石龙坑村经济总产值达到3670万元，主要来源于第二、第三产业，目前石龙坑村已基本没有农业生产。万星村依靠农业技术力量和山区特色闯出了一条山区乡村发展和农民致富之路，农村经济总产值大幅增长，1985年第一产业占经济总产值的78%，到2013年，第一产业依旧占经济总产值的73%。

（四）农村住房改善程度不同

在农村，生活条件的改善主要体现在住房的改善。农民手头有积蓄后，首先考虑的就是建房。看一个村子里的人富不富裕，也是首先看钢筋水泥楼的比例多不多。万星村农民人均居住面积从1984年的15.5平方米增加到2013年的29.5平方米。石龙坑村农民的人均居住面积从1984年15平方米增加到2013年的40平方米，现在每家都是钢筋水泥楼。

（五）村民受教育程度不同

20世纪80年代，石龙坑村村民的学历水平大多是小学、初中学历，只有小部分村民是高中学历，每年的教育费用支出为2万元左右。到了20世纪90年代，由于国家对教育的重视，村委会也增加了对教育的拨款。2001年以后，该村以寮步镇提出打造教育强镇为契机，每年教育投入不少于50万元，2003年更是达到115万元，全力支持全村的教育事业。2007年实现了义务教育全免费，村民的学历水平普遍提高，绝大多数村民普及了初中教育，部分村民已经达到高中以至大学学历。20世纪80年代，万星村村民大多是文盲、半文盲和小学水平，现在绝大多数村民普及了初中教育，具有高中及以上学历的劳动力由 1985 年的 7% 上升到 2011 年的 11.4%。

（六）农村劳动力转移就业情况不同

随着民营经济和外资经济的发展，石龙坑村劳动力纷纷向第二、第三产业转移，从农村劳动力转移的地域看，主要集中在当地转移就业。2000 年以后，随着经济的发展，石龙坑村的土地大多被征用，加速了农民就业的转型，从事农业生产的劳动力不断减少。万星村劳动力转移就业方式有两种，一种是外出打工、经商，一种是在本地打工、经商兼营农业。尽管万星村从事农业生产的劳动力也在减少，但仍然占绝对比重。

虽然万星村与石龙坑村在农民收入、受教育程度等各个方面存在建设绩效的差距，但从纵向比较来看，两个村庄都发生了翻天覆地的变化。也就是说，无论是外向型的珠江模式，还是内生式的山区模式，都实现了资源、政策、制度、市场和组织的有效配置。

五、结论与启示

本文通过万星村与石龙坑村两个农村发展模式的案例比较，分析了外向型珠江模式和内生式山区模式的形成机理和绩效差异。尽管万星村与石龙坑村在资源禀赋、宏观政策、制度规范、要素市场、农村组织等方面存在极大区别，但由此衍生出的两种农村发展模式均极大地促进了区域经济和社会的发展，这些都是值得借鉴的。但要注意的是，外向型珠江模式和内生式山区模式是在改革开放之初的特定经济社会环境下，经过数十年的演化逐步形成的。由此，在对上述两种模式进行总结的同时，需要在新形势下对其进行重新审视，不断完善和创新。

以石龙坑村为代表的外向型珠江模式主要为国家工业化和城市化提供了物质基础。在这种模式下，农业发展、农村富余劳动力转移、按低标准补偿征用的农民土地以及压抑农村金融发展而带来的农村资金外流，促进了国家工业化和城市化。但是，这种模式也促使城乡之间、农村地区之间和经济社会之间的不平衡和不协调。① 由此，这一模式未来的调整要注意以下四个方面：第一，要把保护农民权益、实现农民收入较快增长作为农

---

① 邹东涛：《中国经济发展和体制改革报告——中国改革开放 30 年》，社会科学文献出版社 2008 年版，第 10 页。

村经济发展的首要目标；第二，要注重农村生态环境的保护和可持续发展；第三，要协同城乡关系，积极推动城乡一体化；第四，要更加注重农村经济社会协调发展。

以万星村为代表的内生式的山区模式适用于广大山区和欠发达地区，是值得提倡和推广的道路。虽然石龙坑村发展更快、变化更大，但是，这种模式需要许多前提条件，不具有普遍性，而万星村的条件是更多农村所具备的。当然，依旧要对这种内生式的山区模式做以下完善：一是加快农村物流体系的优化，解决农业生产资料的安全下乡和农产品的快速进城、出口和在农村的内部循环；二是提高农产品流通体系的信息化水平，加大农产品网络交易平台建设力度，提高农产品网上交易的比重；三是推进农村家庭经营、集体经营、合作经营、企业经营等共同发展的多元化农业经营方式创新。

2015年，广东省委对农业农村工作提出了"转方式、调结构、稳增长"和"深化农业农村改革，加强法治建设，焕发农业农村发展新活力；深入推进社会主义新农村建设，提高农村社会事业发展水平"的目标要求。在新常态下，如何更好地加强农业农村工作，进一步开创农业农村工作的新局面，向着农业现代化、城乡一体化、美丽乡村和全面小康社会不断同步迈进，始终是我们的一项重要课题，关乎着我们两个百年目标的实现，乃至最终中国梦的实现。石龙坑村和万星村是广东省两个全国农村固定观察点村，它们的变化发展状况实际上也代表着广东省不同类型农村的发展变化。希望通过对这两个农村发展模式的比较分析，能够由点到面带来更多的启示。

（原文刊载于《广东第二师范学院学报》2015年第35卷第4期，有改动。）

新时代视域中的教育公平

陈　华　李红霞

中国共产党第十九次全国代表大会报告指出："中国特色社会主义进入新时代，我国社会主要矛盾已经转化为人民日益增长的美好生活需要和不平衡不充分的发展之间的矛盾。我国稳定解决了十几亿人的温饱问题，总体上实现小康，不久将全面建成小康社会，人民美好生活需要日益广泛，不仅对物质文化生活提出了更高要求，而且在民主、法治、公平、正义、安全、环境等方面的要求日益增长。"[①] 富起来主要解决了社会发展与国家进步的物质需求，初步完成了"物"的现代化；强起来就要解决社会发展与国家进步的精神需求，实现"人"的现代化。人们在民主、法治、公平、正义、安全、环境等方面的追求，实际上也内在地表现为人的精神层面的需求。要实现社会主义现代化强国的建设目标，"人"的现代化必不可少；要实现"人"的现代化，高质量、公平的教育必不可少。经过40年的高速发展，我国已经初步积累了实现教育公平的物质条件、制度条件和精神条件。随着教育资源的逐步均衡化，我们在促进教育公平的问题上将会有长足进步。

一、充足的教育资源是实现教育公平的物质基础

习近平总书记在联合国"教育第一"全球倡议行动一周年纪念活动上发表讲话时强调："中国将坚定实施科教兴国战略，始终把教育摆在优先发展的战略位置，不断扩大投入，努力发展全民教育、终身教育，建设学习型社会，努力让每个孩子享有受教育的机会，努力让13亿人民享有更好更公平的教育，获得发展自身、奉献社会、造福人民的能力。"[②] 这实

[①] 习近平：《决胜全面建成小康社会　夺取新时代中国特色社会主义伟大胜利——在中国共产党第十九次全国代表大会上的报告》，人民出版社2017年版，第11页。

[②] 习近平：《习近平谈治国理政》（第一卷），外文出版社2017年版，第191页。

际上既充分认识到了教育对于我国经济社会发展的重要意义,也指出了我国教育资源不足与不均的现状,仍然需要在扩大投入的基础上,努力发展更好更公平的教育。在相当长的一段历史时期内,教育资源严重不足是影响我国教育公平的重要原因。为了在社会主义制度优越性的基础上加快发展,国家不得不通过有侧重地配置教育资源,打造一小部分的优质教育资源,集中力量培养少数优秀人才,为社会进步和国家建设服务,目的就是"好钢用在刀刃上"。20世纪80年代以来,为了追求效率,我国教育系统有计划地建设了一批重点学校,有重点大学、重点中学、重点小学,其中还有国家级的重点、省重点、市重点、区重点等,同时也出现了示范性学校、高价生、择校生等多种名目以区分不同层次。重点学校在经费投入、办学条件、师资队伍、学生来源等方面受到优待。除了不同级别的各类重点学校,在一些学校内部还设有重点班。应该承认,在一定历史时期内,由于社会发展水平等原因,为了能够集中力量办大事,把有限的教育资源适当倾斜、集中使用是必要的,也为培养人才做出了重要贡献。但同时,各地层层举办重点学校和重点班,人为制造了教育资源的不均衡、不平等,也导致公共教育失衡。有"重点学校"就有"薄弱学校",现在许多地方,特别是偏远乡村实际存在的"薄弱学校",一定程度上也是政策倾斜的结果。

　　重点学校、重点班的做法是对教育公平的制度性损害,有违公共教育所要求的教育公平和机会均等原则。由公共财政投入的教育资源却只有部分人能够享用,这是教育政策与教育管理的"错位"和"越位"。首先是高等教育。大学教育存在不同的层次、不同的类型,国家可以有不同的导向性发展政策。但政府在财政投入上厚此薄彼,过于倚重若干所重点院校而忽视普通院校,这种偏颇最终会把压力传导到基础教育层面。所以我们看到升学的激烈竞争,从大学到高中、从高中到初中、从初中到小学、从小学到幼儿园,层层加码,层层下移。在一定程度上,这也是中小学长期以来片面追求升学率、升学竞争激烈的重要原因之一。虽然教育行政部门早已认识到问题所在,也不断出台政策倡导素质教育,要求义务教育阶段的中小学生就近入学,但择校、择班现象仍然难以遏制。当前的两种社会现象颇引人注目:一是各类校外教育培训机构蓬勃发展;二是陪娃做作业的年轻父母焦头烂额。之所以出现这样的现象,一方面是因为父母想尽到责任、督促孩子能够完成作业、完成学业;另一方面,父母也希望自己的孩子能够在激烈的升学竞争中不落人后,能够上一所好学校,不要输在起跑线上。人们对优质教育资源的激烈竞争,短时间内还难以消减。

总体而言,经过了近40年改革开放的高速发展,我国教育事业取得了令人瞩目的成绩。根据2014年全国教育事业发展统计公报,全国义务教育阶段学校已达25.4万所,比上年减少1.23万所;小学在校生9451.07万人,当年招生比上年减少36.93万人,小学学龄儿童净入学率达99.81%;初中在校生4384.63万人,比上年减少55.5万人,初中阶段毛入学率103.5%。与此同时,全国幼儿园20.99万所,比上年增加1.13万所,在园幼儿(包括附设班)4050.71万人,比上年增加156.02万人,毛入园率为70.5%;全国特殊教育学校2000所,比上年增加67所,在校生39.49万人,比上年增加2.68万人;高中阶段学校2.57万所,比上年减少548所,在校学生4170.65万人,比上年减少199.27万人。[①] 从以上小学、初中、高中阶段学校和学生数在减少而学前教育、特殊教育学校和学生数在增加的情况看,我国教育的问题已经不是教育资源不足,而是不同类型、不同阶段、不同区域的教育资源不均衡。

基础性教育资源的充分保障为解决教育公平问题提供了相应的物质条件。基础教育资源的充足已经不能满足人们对教育的需求,人们希望能够享受到更加优质的教育资源。优质教育资源的不足,从另一个角度看也是教育资源不均衡。但是,所谓"优质教育资源"总是一个相对的概念,而且"优质教育资源"实际上在任何时候都是有限的。因此,解决全社会范围内的教育公平问题,应当立足于基础教育资源状况,而不应着力、着眼于优质教育资源状况。目前,包括学前教育、基础教育和高等教育在内,我国教育事业正在从"注重规模"的外延式发展模式转向"注重质量"的内涵式发展模式。"均衡"则应该是教育质量内涵发展的应有之意,既包括让每一个学生在德、智、体、美、劳等方面都能得到全面发展,也包括教育资源在我国城乡间、区域间、学校间得到公平合理的配置。

二、社会治理的城乡"一体化"是实现教育公平的制度条件

教育公平既是一种促进社会公平而贯穿教育过程的理性观念,也是旨

---

① 《中国教育年鉴》编辑部:《中国教育年鉴》(2015),人民教育出版社2015年版,第93-94页。

在推动教育起点公平、过程公平和结果公平所采取的各种制度与举措。要做到教育公平，应当遵循补偿原则，在制度上保障对薄弱地区加大投入。习近平总书记强调："要优化教育资源配置，逐步缩小区域、城乡、校际差距，特别是要加大对革命老区、民族地区、边远地区、贫困地区基础教育的投入力度，保障贫困地区办学经费，健全家庭困难学生资助体系。要推进教育精准脱贫，重点帮助贫困人口子女接受教育，阻断贫困代际传递，让每一个孩子都对自己有信心、对未来有希望。"①

公平靠政府，效率靠市场。必须承认，就人类共同体的整体发展与进步而言，社会的确需要优质教育资源。但优质教育资源分配应该通过市场（私立学校、民办学校）来解决，政府首先应该保证的是公平，尤其应当从政策的源头保证资源配置的制度性、程序性公平。过去那种用公共财政重点扶持、重点投入一部分学校的做法，既有违教育公平，也很容易在分配资源和学生择校的时候，制造政策设租、权力寻租的腐败空间。当然，在过去几十年的快速发展中，国家在为追求效率而设置大量重点学校的同时，也并没有完全忽略教育公平。从20世纪80年代开始，我国政府先后出台了多项政策与法律法规，以推动中小学教育的普及与均衡发展。2005年，教育部发布了《关于进一步推进义务教育均衡发展的若干意见》，明确要求各级、各地教育行政部门遏制城乡之间、地区之间和学校之间的教育差距扩大的势头，采取有效措施干预畸形的教育市场，调整教育产业化政策，规范各级各类学校的办学行为，促进义务教育的均衡化。我们能够在全国范围内实现九年义务教育，也正是党和政府大力发展普惠性教育、推动教育公平的结果。总体看来，政府在教育公平的问题上已经做出成效，但在人们对公平有更多期待的新时代背景下还可以做得更多。

城乡教育资源的不均衡是教育公平中最为突出的问题。"建立城乡统一的公共服务体系是缩小城乡差距、实现城乡一体化的必然选择，更是实现社会健康发展的有效保障。"② 新时代的教育事业朝着更加公平的目标迈进，亟待解决的问题也是在社会治理层把"城乡二元"变为"城乡一体"，减小城乡间的差距和差异。党的十九大报告提出，要"推动城乡义

---

① 习近平：《在北京市八一学校考察时的讲话》，载《人民日报》2016年9月10日第1版。
② 薛晓娟：《我国城乡公共服务一体化存在的问题及其对策分析》，载《广西科技师范学院学报》2018年第4期，第143-145页。

务教育一体化发展，高度重视农村义务教育，办好学前教育、特殊教育和网络教育，普及高中阶段教育，努力让每个孩子都能享有公平而有质量的教育"[①]。传统社会以乡村为主要结构形式，而现代社会则以城市为主要结构形式。社会文化也是以城市文化为主体，乡村文化逐步被边缘化。表现在教育活动中，教师培养培训、课程设计、考试评价等都更多地站在城市视角，而忽略了农村。有很多在城市中看起来再平常不过的事物与现象，农村却没有，比如高楼大厦、公交地铁、博物馆、共享单车等，将之作为课程内容或者考试内容都存在不公平的可能性。师范生"农村定向培养""城镇教师支援农村""教师特岗计划"等政策的实施，是国家为消弭城乡教育资源差距所做的努力，但同时也恰恰让我们看到了城乡之间教育仍然存在巨大差距。从长远来看，要解决城乡差距、地区差距等问题，还是要靠发展。但解决公平问题还要依靠制度与观念，尤其不能以发展为借口而牺牲公平。

社会治理模式从"城乡二元"到"城乡一体"的转变，是从制度上解决教育公平问题的重要契机。我国目前阶段的教育公平，其核心在于义务教育资源的相对均衡，义务教育资源均衡的核心在于师资的相对均衡。优质教师资源的自然流动基本上是单向的，即从乡村到城镇，从小城市到大中城市，从偏远落后地区到发达先进地区，从弱校到名校。这样的流动是有序的，对于教师个人来说合情合理但有损教育公平。为了纠正优质教师资源分配的不均衡，引导合理流动，一些地区的教育行政部门出台措施，积极应对。比如将教师在偏远贫困地区工作的经历与职称评聘挂钩，如果教师没有在偏远贫困地区任教的经历就不能获得高级职称。这种做法"异化"了职称的意义与价值，也可能对教师权益造成损害。在其他教育资源存在明显不均衡的情况下，一味地强调优质教师资源的流动与均衡，会直接影响教师的工作热情和积极性，也难以发挥优质教师资源的社会效益和教师的个体价值。通过强制性地调动优质师资来达到均衡教育资源的做法应当慎重。城乡之间的教育差距是全方位的，仅仅靠提高教师待遇、给予特殊补贴等并不能真正留住优秀教师和解决师资不均衡的问题。农村

[①] 习近平：《决胜全面建成小康社会 夺取新时代中国特色社会主义伟大胜利——在中国共产党第十九次全国代表大会上的报告》，人民出版社2017年版，第45－46页。

留守儿童问题至今未能真正解决,其原因即在于此。① 乡村特别是贫困、偏远乡村与城市相比,在医疗、交通、社保、生活设施等方面存在巨大差距,是无法通过提高教师的薪酬来解决的。

三、"公平优先"的价值取向是实现教育公平的精神指引

以中国共产党的第十八次全国代表大会为标志,中国社会进入了新时代。这是中国社会发展的新的历史方位,必将成为从传统社会向现代社会转型的一个重要里程碑。"现代化是一场深刻而广泛的社会变迁运动,在现代化进程中,社会各方面肯定要发生巨大的变化。这种巨变必然要引起人们教育价值观的变化,使人们产生新的教育价值取向,并在实践中采取相应的教育措施以使教育与社会的发展趋势保持一致,从而推动教育现代化。"②

从"效率优先,兼顾公平"到"公平优先,兼顾效率"的价值转换,是实现教育公平的精神指引。如果我们在解决社会生产落后的矛盾的时期,采取"效率优先,兼顾公平"的价值取向带有合理性,那么在社会矛盾发生变化的新时代,"公平优先,兼顾效率"就应该成为我们解决新矛盾、完成新任务的新的价值取向。并且这种价值取向还需要尽快转化为可操作的制度措施。过去在资源稀缺的情况下求发展,只能优先追求效率,保证一部分地区和一部分人先发展起来。在社会矛盾发生根本变化的新时代,则需要更加注重公平,应当"公平优先,兼顾效率"。广泛存在制度性的不均衡、不平等,显然是不符合时代需要的。在宏观层面,要实现社会公平,首先需要的是对公平的价值追求这种理念,而不是靠以规模和效益为目标的发展。不应轻视所谓低水平的公平,公平在任何时候都值得追求。不是只有物质文化生活极大丰富的时候人们才能够去追求公平,而是即使规模很小、效益很差的时候也应该追求公平,而且能够很好地做到公平。在微观层面,新时代学校教育的目标会逐渐从过去被异化了的片面追求升学率,转而更加注重"人的全面发展"这一教育实践活动的本质上来。教育的内容也会从知识技能等表层形态,转而更加注重人的内在的精

---

① 於鸿:《农村小学留守儿童关爱教育问题及对策研究》,载《广西科技师范学院学报》2018年第2期,第78−80页。

② 王卫东:《现代化进程中的教育价值观》,中国社会科学出版社2002年版,第55页。

神世界。

教育公平与社会公平相辅相成。教育公平是社会公平的起点，也是实现社会公平的重要路径；社会公平则是教育公平的重要目标。"教育公平是社会公平的重要基础，要不断促进教育发展成果更多更公平惠及全体人民，以教育公平促进社会公平正义。"① 学校通过提供均等的教育机会来弥补家庭和社会环境带来的不平等，克服因个人、家庭原因造成的学习障碍；学校教育也通过培养人的公平意识来促进社会公平。教育公平了，将促使社会未来发展更加公平；社会公平的大环境优化了，教育公平的可能性也会大大增加。现代社会中，公平既是法律的价值目标也是道德的价值目标。世界上从来没有绝对的公平，但人们也从来没有放弃过对公平的追求。人们对公平的追求总是始于物质层面而终于精神层面，因此人们并不追求绝对的公平，而是追求道德上的对公平的认可与接纳。这也是公平所具有的道德性和相对性。

"教育平等""教育机会均等"和"教育公平"三个概念的先后出现，实际上也标志着人们对教育公平问题的认知程度。我们强调"平等"首先是、也主要是机会的平等，而不是收入的均等或者财富的均等。财富均等是不可能做到的，古今中外多少均贫富的社会实践都归于失败。收入差距的直接原因是经济发展，机会平等的背后原因是社会制度。因此，机会平等远比收入平等更值得关注。教育平等主要是指入学机会、接受教育的起点的公平；教育机会均等已经关注到了过程的平等和结果的平等；教育公平则已经注意到了个体差异性和社会文化的多样性，是对教育平等和教育机会均等的反思。"教育公平观念的核心应是在满足社会发展对个体成长要求的同时，让人人获得适合其个性并能实现其社会地位转换的发展。由于每个人的成长过程、个性特点等各不相同，因此在推进教育公平时一定要为不同的个体提供适宜的发展条件。"② 教育机会均等与教育公平密切联系：公平是最终的理想状态，教育机会均等实际上是为公平服务的。教育机会均等具有工具理性，教育公平具有价值理性。分开讨论教育机会均等和教育公平问题，都不具有合理性。

---

① 习近平：《全面贯彻落实党的教育方针努力把我国基础教育越办越好》，载《人民日报》2016年9月10日第1版。
② 储朝晖：《走出教育公平的观念误区》，载《中国教育学刊》2005年第7期，第9–11页。

共同的教育体系传递共同价值，共同价值塑造国家认同。"在一个社会中，人们需要确立一些共同的价值标准，这是普通教育应该包含的一项任务。"① 共同的教育体系传递共同的社会价值，塑造共同体公认的价值标准，公共价值形成共识，理性共识促成进步。共同的教育价值观也会产生共同的文化价值观，教育"公平"是在同一片蓝天下生活的民众所无法回避的必然要求。"国家统一实施的义务教育，首先应该让所有的青少年都能够享受同样的教育。"② 在相同的教育体制下，统一的教育塑造的是有着共同语言文字、共同文化习俗、共同价值观念的公民，这样的公民会构成有机的整体——民族、国家。公平的、普惠的公民教育是增强国家认同的基本方式之一，而教育资源的不均衡则有碍于国家认同的形成与强化。现代教育是国家举办的事业，国家应当主导教育政策，通过实施公民教育来实现国家认同。如果统一的教育体制有着不一样的教育资源，则将让学生和民众从差异中感受到不公平，这无助于增强学生和普通民众的认同感。

（原文刊载于《广西科技师范学院学报》2020年第35卷第1期，有改动。）

---

① ［英］弗里德利希·冯·哈耶克：《自由秩序原理（下）》，邓正来译，生活·读书·新知三联书店2000年版，第163-165页。

② 韩震：《全球化时代的公民教育与国家认同及文化认同》，载《社会科学战线》2010年第5期，第221-228页。

民生幸福意域下的政府善治

吕洪刚　张增船

在社会的转型过程中，必然伴随着利益格局的重新调整，权利与责任的重新划分，各种社会利益团体角色的重新定位，风险、代价与福利的重新分配。在上述"洗牌"过程中，民生幸福是关键。在过去很长一段时期内，政府主导的单纯追求以 GDP 为中心的经济总量快速增长的发展带来了许多明显的社会问题。其中最大的问题便是民生没有得到有效保障，经济增长只是明显增加了一小部分人和利益团体的福祉，这种结果使得社会改革发展的合法性受到猛烈质疑。"合法性"中的"法"，就是一把尺度，对于当今中国而言，这把尺度应是民生幸福。时至今日，"幸福"一词风靡全国，成为民众谈论最多的话题之一。而对于政府来讲，实现由对社会的"管制"到"善治"的转变，已成为时下的"中国问题"。

一、民生幸福与政府善治

幸福生活一直是古今中外思想家探讨的话题。我国古代就有对大同社会幸福生活的设想与描述："大道之行也，天下为公，选贤与能，讲信修睦。故人不独亲其亲，不独子其子，使老有所终，壮有所用，幼有所长，矜、寡、孤、独、废疾者皆有所养……是谓大同。"① 洪秀全领导的太平天国运动追求的是"有地同耕、有饭同食、有衣同穿、有钱同使，无处不均匀，无处不饱暖"② 的农民幸福生活图景。在西方，对于幸福生活的界定，有快乐主义、唯理主义、和谐说与禁欲主义。快乐主义认为，幸福生活就是感官享受，趋利避害；唯理主义认为按理性行动的生活就是幸福的；和谐说提出在理性指导下的生活就是幸福生活；禁欲主义指出感官享受都是不可靠的，唯有对真理的追求、信仰、理解以及接近上帝才是真正

---

① 朱贻庭：《中国传统伦理思想史》，华东师范大学出版社 2003 年版，第 175 页。
② 北京大学哲学系中国哲学教研室：《中国哲学史》，北京大学出版社 2003 年版，第 418 页。

的幸福生活。然而这些所谓的幸福生活观，要么是撇开生活主体的社会关系的抽象谈论，用阶级的幸福生活来替代所有社会成员的幸福生活；要么撇开社会经济关系和经济条件，把幸福生活建立在脱离世俗生活的彼岸世界；要么不顾社会发展规律将幸福生活建立在空想的基础上。马克思主义以唯物史观为指导，在科学揭示人类社会发展规律的基础上为人的幸福生活指明了前进的方向，即人的自由全面发展。马克思为我们勾画了这样一个幸福生活的图景："……任何人都没有特殊的活动范围，而是都可以在任何部门内发展，社会调节着整个生产，因而使我有可能随自己的兴趣今天干这事，明天干那事，上午打猎，下午捕鱼，傍晚从事畜牧，晚饭后从事批判。"①党的十七大报告提出"学有所教、劳有所得、病有所医、老有所养、住有所居"的和谐社会理念，并以此作为民生幸福的基本内容。幸福生活是具体的、历史的，随着社会的全面发展而不断演化；但需要指出的是，幸福生活绝不仅仅局限于满足人的物质、精神文化需求，还应该保障公民权利，凸显公民的社会主体地位，彰显公民的主人翁意义，维护和发展公民对社会治理的参与权、监督权、建议权；从最高意义上来讲，幸福生活应该使公民个体的人生价值得到充分实现、生命的意义得到充分延伸，促进每个人的自由全面发展。

政府治理，就是政府运用所掌握的权力资源对社会各个领域进行影响、控制、管制、引导，从而达到预期目标的行政行为。政府善治是政府与民众合作，追求社会公共利益最大化的社会治理理念和方式，"其本质特征就在于它是政府与公民对公共生活的合作管理，是政治国家与公民社会的一种新颖关系，是两者的最佳状态"②。

我国是一个人口众多的、拥有几千年集权政治传统的国家。我国传统社会是一种社会层级结构，"社会层级结构是一个与中国传统政治国家所代表的政治权力高度相关的概念……强调的是中国人基于权力大小而形成的不同的生存方式和生存状态"③。这种社会层级结构在维护社会秩序、保证社会安定、整合社会资源等方面发挥了重要的作用，但其消极影响也

---

① 《马克思恩格斯选集》（第1卷），人民出版社1995年版，第85页。
② 罗建文：《崇尚民生幸福是善治政府的价值准求》，载《中国行政管理》2008年第1期，第57-59页。
③ 王建国：《科学发展与政治伦理》，线装书局2009年版，第8页。

是极其深远的。马克思曾用亚细亚社会来形容印度的传统社会结构，中国也符合亚细亚社会结构的特征，他认为亚细亚社会千古未变，与现代性无缘。其中，这种社会层级结构就是阻碍亚细亚社会向现代化转型的主要障碍，"尤其是政治领域中的问题的一个'根'"①。集权政治的一个特点就是政治力量处于强势地位，并能左右、控制社会的经济资源、文化资源和人力资源。从民生的角度来讲，强势政府的公共权力过度挤压私人的生活资源和生活空间，私人生活领域从属于强势政府主导的公共生活领域。集权政治自上而下主导着社会的一切，决定着个人的生活境况和人生命运。正所谓"兴，百姓苦；亡，百姓苦"。由于历史的惯性，这种社会层级结构的负面影响至今仍顽固地存在于我国社会的各个领域。因此，要保障和改善民生、促进民生幸福，就必须改善政府治理，实现善治。政府善治的基本要求包括合法性、透明性、责任性、法治、回应性和有效性；其目的是还权于民、提高社会治理的效率、强化政府工作人员履行应尽义务和责任以及保障公民的自由、平等及其他基本政治权利。②这些要求和目的从根本上说都是为了大众的民生、民权和幸福。因此，民生幸福就是检验政府善治的最终尺度。总之，政府善治与民生幸福有着内在的贯通性：民生幸福、安居乐业，社会方能长治久安；政府善治是民生幸福的外部条件和手段，只有实现政府善治才能为民生幸福提供丰富的社会公共资源，从而保障民生幸福。

二、善治缺失与民生的困厄

目前，我国社会仍处在由传统向现代的转型期，即"从自给半自给的产品经济社会向社会主义市场经济社会转型；从农业社会向工业社会转型；从乡村社会向城镇社会转型；从封闭半封闭社会向开放社会转型；从同质的单一性社会向异质的多样性社会转型；从伦理社会向法理社会转型"③。在传统社会向现代社会转型的过程中，政府的社会角色出现错位和越位的现象。在传统型社会中，政府的权力合法性是先在的，"君权神授"无须受到拷问；而在现代型社会中则不然。按照现代性的观点，政府

---

① 王建国：《科学发展与政治伦理》，线装书局2009年版，第12页。
② 俞可平：《治理与善治》，社会科学文献出版社2000年版，第8-9页。
③ 陈创生：《市民社会与和谐社会构建》，载《岭南学刊》2005年第6期，第6-8页。

权力来自公民的部分让渡，公民委托政府代替自己行使公权，并维护公民的个体权利和自由。也就是说，公民是政府的衣食父母，政府必须对公民负责。那么，政府需要向人民承担哪些责任呢？从政府成立的宗旨来看，政府负有保护产权不受侵犯、维护市场秩序不被破坏、保护国家安全与社会稳定、促进社会公正等重要责任。在政府应当承担的多种职责中，一项重要职责就是提供公共产品和服务，只有为社会成员提供丰富的公共资源或产品才能保障民生幸福。这些公共资源和产品应包括公平的就业环境和发展机会、完善的社会保障制度、多样化的公民利益表达和诉求渠道、良好的社会治安环境、丰富的社会公德资源以及精神文化设施和产品等。

社会公共资源作为保障民生幸福的公共产品，其建设、供应、维护和公平分配主要应当由政府负责，但在我国，这种责任长期没有落实到位。这主要缘于以下四点：一是我国政府还没有从传统的"万能型"角色转变到现代的"有限型"角色。"有所为，有所不为"是现代型政府的特征。随着市场经济的发展，社会利益关系的复杂化，人们生活需求的多样化，政府不可能包揽一切，必须有进有退，有所为有所不为，把职能集中到提供公共服务方面。正是在这一方面，政府责任的缺失是导致当前我国民生困厄的一个重要原因。二是政府长期将注意力集中于创造GDP，无暇顾及社会公共资源和产品的建设。长期处于社会主义初级阶段是我国的基本国情，把经济建设作为党和国家的工作重心是初级阶段的必然抉择；然而，在过去很长一段时期内，政府把"以经济建设为中心"变成了"以GDP为中心"，GDP成了选拔任用干部的重要标准，甚至是唯一标准。为了干出"好的政绩"，好多地方干部坚持以GDP为本，片面追求经济总量的增长，甚至不惜造假账、玩数字游戏，搞低水平重复建设，搞所谓的"形象工程"，导致经济发展脱离追求民生幸福的目的，"有增长、无发展"，忽视民生建设。政府政绩评价制度与民生的内在矛盾是导致民生问题的关键所在。三是腐败行为对社会公共资源的侵蚀。在当前的各种社会组织中，政府的权威性、公信度理应是最高的，政府应是社会公平正义的模范践行者、忠实维护者和积极建设者，甚至其本身就是社会公平正义的象征。然而，由于政府行为中某些腐败现象（尽管是极少数）的存在，不仅使得政府的公信度、权威性减弱，而且对社会民生秩序产生了颠覆性的负面效应。腐败现象对社会公共资源的侵蚀，使得保障民生幸福的这种原本就稀缺的公共资源进一步减少。四是政府对幸福资源要素的分配显失公平。在以 GDP 挂帅的政策导向下，政府对社会资源的分配过于强调效率优先，而对于公平只是兼顾。所谓"兼顾"实质上是让"公平"服从于"效率"。当二者发生矛盾时，"公平"要服从于"效率"。而所谓的"效率"也只是保证 GDP 快速增长的效率，它的快速增长并不等于幸福资源的增长。从追求效率发展的结果来看，国家发展起来了，个人没有发展起来；一部分人发展起来了，大部分人没有发展起来；一部分行业发展起来了，有些行业还没有发展起来；东部地区发展起来了，中西部地区没有发展起来；城市发展起来，农村没有发展起来；物质性的东西发展起来了，人的素质和追求幸福生活的能力没有真正发展起来。政府在兼顾公平时，也只是简单地将有限的财富向贫困地区和弱势群体转移，但财富的转移并不等于幸福资源的转移。因此，真正的效率和公平应是能保障民生幸福的效率和公平，"效率从深层次讲是人的生命成本付出与人生幸福实现之比值。人们真正需要的效率是促进人生幸福而不只是财富最大化的效率。公平从深层次讲是立于'公'的视域而追求'平'的待遇和利益分配。人们真正需要的公平是能够促使最大多数人利益都能得到保障并因此提升幸福和尊严的公平。当代意义上的效率和公平都应当接受民生幸福的检测并以促进民生幸福和提升民生幸福为圭臬"①。

总之，政府对涉及民生幸福的资源、产品的建设责任缺失、非法侵占、分配不公是导致民生困厄的主要原因。因此，要改善和保障民生、促进民生幸福，关键在于改革政府职能、规范政府行为、强化政府执政为民的法定责任、加强对政府作为的监督和制约。

三、以民生幸福为出发点促进政府善治

政府对民生的影响是巨大的、具有决定性的，一个善治型的政府是生民之福。我国古代就有格物、致知、诚意、正心、修身、齐家、治国、平天下的善治理想。如今，我党提出的保障民生幸福的善治目标，对我国当前的政府治理提出了更高的要求。围绕民生幸福，政府治理应着力解决好如下五个问题。

---

① 王泽应、贺汉魂：《民生幸福视域下的效率、公平观探论》，载《湖南社会科学》2011年第1期，第3-8页。

(一) 坚持集体主义原则，构建公平、共享价值观体系

我们在理解"集体"概念时，应该区分中央、地方、地区、阶层、行业、强势群体和弱势群体等不同的集体。从目前发展的结果来看，相比之下国家发展起来了，个人没有发展起来；一部分人发展起来了，大部分人没有发展起来；一部分行业发展起来了，有些行业还没有发展起来；城市发展起来，但农村还没有发展起来。因此，我们必须正确区分不同的集体所具有的特殊利益、每一特定集体与其中的个人之间的利益、同一集体当中个人之间的利益以及从属于不同集体的个人之间的利益。反对用一个集体的利益来取代另一个集体的利益，或用一个集体的利益来侵犯其他集体的利益；反对"虚假的集体"，反对以维护集体利益为名来侵犯个人利益；反对个人侵犯集体的利益。只有正确区分不同的集体，统筹兼顾上述各种利益关系，才能形成和谐的利益格局，构建共享价值观体系，实现发展成果人民共享。

(二) 坚持权利与义务相统一、法治与德治相结合，建设法治型、责任型、服务型和伦理型政府

目前，民生问题难以解决的一个重要因素是政府尤其是地方政府治理不善：对民生问题的重视不够、政策乏力、责任落实不到位、缺乏有效监督和问责机制。解决问题的关键在于：第一，强化、落实行政问责制，对于不作为或作为不当的公职人员，应依法追究其行政责任。第二，探索大部制改革的有效路径，完善部门职责，强化社会服务职能。第三，对广大行政人员进行责任意识、服务意识的再教育，使外在的"他律"规范逐渐内化，达到"自律"的境界。第四，加强对政府工作的法律监督和社会舆论监督，进一步推进信息公开、"阳光行政"。第五，打造伦理型政府。所谓伦理型政府是指政府在道德担当中的实体和主体地位。社会公德是一种增进人民福祉的公共资源或公共产品，人人得以享用。但在社会转型期，这种特殊的公共产品因缺乏有效保护和生产而日益匮乏。各种社会组织是生产和发展它的实体，其中，作为最重要社会组织的政府，在提供这种特殊公共产品的过程中，应发挥主体和主导作用。政府的道德担当一方面要求政府及其公务人员应该成为弘扬优秀道德精神的表率，即成为践行社会公德的主体和实体；另一方面，政府应该把社会公德的维护和生产纳入职责范围内，成为保障民生幸福的主体和实体。

(三) 改革干部政绩考核制度，切实贯彻落实科学发展观

干部政绩考核制度是引领政府作为的指针。要切实贯彻落实科学发展观，把解决民生问题列为当前和今后一段时期内政府作为的重要内容，就必须改变以 GDP 为尺度的干部选拔制度，建立符合科学发展的干部选拔任用制度。这种选拔制度，应该将人民的幸福指数、对生活的相对满意度、对城市生活是否具有主人翁感等人文因素纳入考核范围。就民生幸福而言，应该扩大城乡居民的住房、教育、医疗、就业、养老等方面的保障范围，应该将城乡居民对住房、教育、医疗、就业、养老等问题的满意度，对日常生活是否具有安全感、生活压力感、幸福感等人文精神因素列为考察指标。以人为本，不能仅仅局限于满足人的物质需求，当然，物质生活是基础。人是自然属性、社会属性、主体性和精神属性的统一体。满足住房等基本的物质需求，只是满足了人们的自然需求；在此基础上，应进一步满足人们对归属感、主人翁感、幸福感和家园感的需求。唯有如此，才能全面落实以人为本的理念，才能促进人的全面发展，才能使人民的生活更美好。

(四) 在处理政治国家和公民个人的利益关系上，应更加突出个人的正当利益和发展利益

坚持以人为本，反对"以物为本""以 GDP 为本""以少数人的利益为本"，把促进每个人的全面发展作为衡量科学发展成果和社会全面进步的最高价值标准。改革开放 30 年的实践表明：个人为国家、社会、集体的发展做出了巨大贡献和必要牺牲，现在到了国家反哺个人、促进个人全面发展的阶段了。人是自然属性、社会属性和精神属性的统一体，其全面发展也就是三个属性的全面、协调、可持续的发展。人的自然属性的发展，也就是人的身体机能、身体素质、生命健康的发展。在这一方面，需要大力发展体育、卫生事业，不断满足人民群众生命有机体健康发展的需要；需要改革医疗卫生体制，坚持医疗改革的公益性质，解决人们"看病贵、看病难"的问题；需要大力改善生态环境、人居环境，为人体的健康发展提供良好的自然空间；需要引导人们树立科学的消费观念，倡导健康消费、绿色消费、低碳消费，保持人体的持续健康发展。人的社会属性的发展，也就是人的经济属性、政治属性、归属性和交往属性的发展。在这一方面，需要大力发展生产力，提高生产效率，把人从机械、简单的劳动

中解放出来，为其从事其他各项社会活动提供足够的自由时间和空间；需要改善经济结构，为人们提供充分的就业机会和发展平台，保障和改善民生；需要改善政治体制，保障人民当家作主的社会主体地位，不断扩大公民的有效政治参与，不断实现政治的社会化、民主化、大众化；需要改善社会结构，改变城乡二元对立的局面，改变区域差距扩大的局面，保持城乡、阶层、区域之间的协调发展；需要完善开放格局，促进人的全方位的社会交往关系、全球交往关系的发展。人的精神属性的发展，也就是人的精神因素，人的知、情、意的发展。在这一方面，需要大力发展文化教育事业，解放和发展文化生产力，不断提高教育水平和质量，满足人民群众日益增长的文化需要，促进人的素质的不断提高和精神力量的发展。个人的幸福和发展既是国家、社会发展的条件，又是国家、社会发展的价值目标；每个人的自由全面发展和幸福是一切人的自由全面发展和幸福的条件。在新的历史条件下，实现政府善治和民生幸福的目标就必须努力促进每个人的全面发展。

（五）发挥公民社会的建设性作用，促进政府善治

所谓公民社会，是指独立于社会政治领域之外的，由公民自愿结成的相对独立的民间组织的总和，其基本价值理念主要包括独立自主、主体性、平等观念、民主与契约意识、包容性和参与精神。"我国公民社会是自上而下的，带有明显的政府作为的色彩。我国公民社会的产生和发育呈现出以政府培育为主、以市场经济拉动和民间力量的自然生长为辅的总体特点。它不是以现存政治秩序与权威的颠覆力量的身份出场，而是作为一种建设性因素登台。"[①] 公民社会对于政府善治的意义主要体现为四点。第一，公民社会凭借公众的自主性、参与精神和舆论监督力量，发挥制约政府权力、完善政府决策和执行的作用。第二，公民社会可依靠公民主体意识的醒悟和不断提高参政、议政的能力来监督和制约政府权力，消解政府官员的特权，抑制公共权力腐败以及资本权力过分扩张的效果。第三，公民社会的发展可以弥补"市场失灵"和"政府失灵"的不足，实现对社会盲区的有效治理。第四，公民社会可以有效实现公众和政府之间的信息沟通，防止因信息不对称而导致的恶治。因此，要保障民生幸福，实现

---

① 陈创生：《市民社会与和谐社会构建》，载《岭南学刊》2005年第6期，第6-8页。

政府善治，应积极鼓励、支持、引导和培育公民社会的发展，形成一种由市场经济、公共政府和公民社会三者相互作用、相互影响、相互补充的良性互动的社会治理结构。

综上所述，民生幸福离不开政府善治。在社会转型期要实现政府善治，关键在于保障民生幸福；民生幸福是政府治理的出发点和落脚点，是衡量政府治理善与恶、合法与否的标准和尺度，也是政府实现由传统向现代转型的"稳定器"和"关节点"。保障民生幸福、促进政府善治，必须构建公平、共享价值观体系，转变政府职能和角色，改革干部政绩考核制度，努力促进人的全面发展以及发挥公民社会的建设性作用。

（原文刊载于《广东第二师范学院学报》2011年第31卷第6期，有改动。）

论可持续发展的三个维度

陈水勇

2020年全面建成小康社会,以"绿色发展"为统领,倡导绿色富国、绿色惠民,最终实现可持续发展,彰显中国道路自信。可持续发展是全人类共同理想,也是全面建成小康社会的必然选择和内在驱动力。建成可持续发展的全面小康社会,并非必然客观存在,而是实践的产物。历史唯物主义认为,实践属于人类基本属性,它是人类与自然发生联系的纽带。从近代开始,实践不断去魅,日益工具化和异化,引发了严重的全球性生态危机。为走出生态和资源困境,全面建成小康社会,实现生产发展、生态良好及人民幸福三者统一,需立足马克思主义实践观的视角,倡导三种哲学尺度,坚守可持续的目的之维、规律之维和境界之维,科学认识世界、改造世界及人文关切世界,促进人与自然、社会、人的和谐相融。

一、可持续的目的之维:合宜主体尺度

合宜主体尺度是指以人的合理需要为核心要素的主体尺度。它是进行质和量相统一的实践活动的内在依据,也是全面建成小康社会的可持续目的之维的内在依据。主体尺度的首位确立者是古希腊哲学家普罗泰戈拉,他断定:"人是万物的尺度,是存在的事物存在的尺度,也是不存在的事物不存在的尺度。"① 后来康德提出人的理性能为自然和自我立法,把主体尺度发展到顶峰。在主体尺度取代神的尺度和自然尺度的历史演变过程中,出现了两种主流观点:一是旧唯物主义直观反应论,它抹杀了主体尺度的相对独立性;二是唯心主义先验论,它片面夸大了主体尺度的绝对独立性。这些观点都无法正确理解和发挥主体尺度的能动作用,不利于可持续发展。

马克思实现了主体尺度研究视角的根本性转变,使研究不再局限于认

---

① 北京大学哲学系外国哲学史教研室:《古希腊罗马哲学》,商务印书馆1983年版,第27页。

识论角度，而是拓展到实践领域。他说："动物的生产是片面的，而人的生产是全面的；动物只是在直接的肉体需要的支配下生产，而人甚至不受肉体需要的影响也进行生产，并且只有不受这种需要的影响才进行真正的生产；动物只生产自身，而人再生产整个自然界；动物的产品直接属于它的肉体，而人则自由地面对自己的产品。动物只是按照它所属的那个种的尺度和需要来构造，而人懂得按照任何一个种的尺度来进行生产，并且懂得处处都把内在的尺度运用于对象。"① 马克思强调的"内在的尺度"即主体尺度。主体尺度高扬人的主体能动性和自由创造性。动物是无意识的，只能被动地适应自然。人是有意识的，也是未确定的，具有不断自我生成性，他必须创造属人的对象世界。

主体尺度是"人关照世界的尺度，是客体世界的主体之镜"②。它不仅是人通过实践活动确证本质力量的必然结果，也是满足自身需要的主观要求。人的需要是主体能动性的最深刻根源。离开人的需要，一切实践和社会发展都不可能存在。"人以其需要的无限性和广泛性区别于其他一切动物。"③ 既有的自然界不能现成地满足人无限性、广泛性的需要。为获取生存和发展的物质资料及精神产品，人不能简单反映自然界，而要在认识其客观必然性的前提下，自觉利用客观规律，在自然中体现主体尺度，按自己的意志和目的认识、改造、保护自然，赋予它新的价值形式，把自在自然变成人化自然。但并非人的任何需要都是合理的。合理需要必然与全人类生存和发展的整体利益并行不悖，它有层次性、真实性的要求。合宜主体尺度的核心要素是人的合理需要，该尺度具有和谐共生特征，是全面建成小康社会的可持续目的之维。

在工业文明进程中，资本主义私有制条件下以物为依赖的不合理需要一路凯歌，催生赤裸裸的物欲主义。这些不合理需要日益成为延续过度生产、刺激高消费、服务于资本增殖的手段。"每个人都指望使别人产生某种新的需要，以便迫使他做出新的牺牲，以便使他处于一种新的依赖地位并且诱使他追求一种新的享受，从而陷入一种新的经济破产。每个人都试图创造出一种支配他人的、异己的本质力量，以便从这里面找到他自己的

---

① 马克思：《1844年经济学哲学手稿》，人民出版社2000年版，第58页。
② 陈新夏：《人的尺度——主体尺度研究》，湖南出版社1995年版，第39页。
③ 《马克思恩格斯全集》（第49卷），人民出版社1982年版，第130页。

利己需要的满足。因此，随着对象的数量的增长，奴役人的异己存在物王国也在扩展，而每一个新产品都是产生相互欺骗和相互掠夺的新的潜在力量。"① 贪婪物欲主义，一方面诱使主体自觉能动性肆意妄为，野蛮掠夺自然，强迫自然、社会、他人、自我都沦为满足征服欲和物质欲的工具，引发生态危机和人类生存危机。另一方面，它导致发达资本主义国家严重违背合宜主体尺度，不仅开辟先污染后治理的现代化之路，还利用全球化和不公正的国际政治经济秩序巧取豪夺发展中国家的资源，并把污染性产业集群转移到发展中国家，剥夺发展中国家平等的环境权和发展权，最终牺牲了各国和各代际间的整体利益。

中国作为发展中国家，要全面建成小康社会，必须以合宜主体尺度为可持续的目的之维，充分发挥自觉能动性，告别工业文明的独断，立足于生态文明高度，树立生态红线观念，主动担当维护全球生态安全的义务和责任，倡导低碳生活和绿色消费，远离物欲主义，实现共生共荣。全面建成小康社会，更加重视人均居民收入倍增，各项指标均着眼于增进人民幸福，除了不断提高人民生存型物质需要的满足程度，还注重丰富人民发展型精神需要：教育文化水平的提升、民主权利的保障、生活环境的改善等。正如习近平主席所说，"我们的人民热爱生活，期盼有更好的教育、更稳定的工作、更满意的收入、更可靠的社会保障、更高水平的医疗卫生服务、更舒适的居住条件、更优美的环境，期盼着孩子们能成长得更好、工作得更好、生活得更好"②。基本物质需要具有优先性，它的满足既不必然促进需要从低层次自觉向高层次跃进，也不必然带来幸福。建成全面小康社会，不仅要保障人们需要的量的提升，更要实现质的跨越，用精神需要引导其基本物质需要，并兼顾物质财富和精神价值、眼前局部利益和长远整体利益、代内需求和代际需求的可持续平衡，消解人与自然、人与人的矛盾冲突，才能最大限度满足广大人民群众过上更美好生活的新期盼。

---

① 马克思：《1844 年经济学哲学手稿》，人民出版社 2000 年版，第 120 页。
② 习近平：《人民对美好生活的向往就是我们的奋斗目标》，载《人民日报》2012 年 11 月 16 日第 4 版。

二、可持续的规律之维：客体尺度

人类通过实践满足非自足性的需要，这是一个以主体尺度为中心，赋予自然客体属人性质，并促使自然客体主体化的过程。客体主体化不能把主体尺度简单强加在客体身上，而必须满足两个条件：一是客体规律成为人类实践活动指涉的对象，它能限制或促进需要的满足；二是主体把握客体尺度，实现主体尺度与客体尺度的互动统一。所谓客体尺度"是指与主体尺度相对立的作为主体尺度把握和规范对象的客体自身的规定性，是客体各方面状况的总和"①，包括客体及客体存在的环境和条件。客体尺度不是僵化停滞的，而是历史生成和动态发展的。

客体尺度具有先在性和自在性，能制约主体尺度对象化，直接影响全面建成小康社会的进程。客体尺度不是与生俱来的，它在实践中产生并不断发展。一旦某事物成为实践活动指涉的对象后，该事物从客观万物中脱颖而出，转化成客体，客体与其本身规定性才构成客体尺度。但该事物成为客体尺度之前，其本质和规律先于实践而存在，且不以人的主观意志为转移。马克思表示："人作为自然的、肉体的、感性的、对象性的存在物，同动植物一样，是受动的、受制约和受限制的存在物，就是说，他的欲望的对象是作为不依赖于他的对象而存在于他之外的。"② 任何客体尺度，包括原生态自然界、人化自然界、主体之外的精神现象等，都不依赖于主体和主体尺度而存在，且按照自身内在规律变化和发展。因此，"自然界，就它自身不是人的身体而言，是人的无机的身体。人靠自然界生活。这就是说，自然界是人为了不致死亡而必须与之处于持续不断的相互作用过程的、人的身体"③。自然与人构成一个有机整体，离开客体尺度，主体尺度无法确立，人的本质力量无从体现，全面建成小康社会就会成为空中楼阁。

客体尺度的先在性和自在性属于一种客观力量，该力量不会主动迎合主体尺度的需求。它制约主体尺度的运用和一切实践的开展。主体尺度对客体尺度进行控制和支配的作用力越强，客体尺度抗拒改造和变革的反作

---

① 陈新夏：《人的尺度——主体尺度研究》，湖南出版社1995年版，第70页。
② 马克思：《1844年经济学哲学手稿》，人民出版社2000年版，第105页。
③ 马克思：《1844年经济学哲学手稿》，人民出版社2000年版，第57页。

用力就越大。恩格斯曾警醒世人："我们不要过分陶醉于我们人类对自然界的胜利。对于每一次这样的胜利，自然界都对我们进行报复。每一次胜利，起初确实取得了我们预期的结果，但是往后和再往后却发生完全不同的、出乎预料的影响，常常把最初的结果又消除了。"① 否认客体尺度独立性，无视或违背客体尺度制约性，都会导致极端主体尺度和人类沙文主义，带来资源枯竭、环境恶化、生态失衡等一系列全球问题，严重威胁人类可持续发展，即"并未如人们所期待的那样同时带来人的全面自由和人的解放，而是使人由于受制于自己的造物和丧失了超越的维度而陷入深刻的异化之中"②。要全面建成小康社会，必须科学、全面反映和把握客体尺度，方能有效利用、改造、保护自然，达成预期目的。

不同客体尺度错综复杂，相互联系，交互作用，形成客观存在且动态发展的规律之网——全球大生态系统。这决定人类不能动物本能式地对待客体尺度。恩格斯强调："我们对自然界的全部统治力量，就在于我们比其他一切生物强，能够认识和正确运用自然规律。"③ 人之所以为人之处在于：人能意识到和恰当把握客体尺度的客观必然性，并有效发挥自然规律的积极作用；人也会一味追求经济增长和物质利益，工具理性地利用自然规律，疯狂掠夺资源，并污染环境。西方发达国家 200 多年的飞速发展就是建立在大肆挥霍资源和无止境破坏生态的基础上。

中国现代化建设也付出了沉重的资源和环境代价，一些省份的土壤、地下水及个别重点流域、海域污染严重，部分城市大气灰霾现象突出，部分地区生态系统比较脆弱。全面建成小康社会，需要以全球生态系统这一客体尺度为可持续的规律之维，借助"后发优势"，避免重蹈"先污染，后治理"的错误发展老路，遵照《中国制造 2025》共识，积极开辟绿色发展的生态文明现代化新路。习近平主席指出："绿水青山就是金山银山。"④ 保护和修复生态环境是保护和发展生产力。生态环境保护已成为全球可持续发展的大趋势及国际竞争的重要手段。全面小康社会不应只是温饱社会，而是环保型社会。永续发展的生态环境是最公平的公共产品和

---

① 《马克思恩格斯选集》（第4卷），人民出版社 1995 年版，第 383 页。
② 王炳书：《论实践理性的历史形态及现代趋向》，载《人文杂志》2002 年第 5 期，第 16 – 21 页。
③ 《马克思恩格斯选集》（第4卷），人民出版社 1995 年版，第 383 – 384 页。
④ 中共中央宣传部：《习近平总书记系列重要讲话读本》，人民出版社 2014 年版，第 120 页。

最普惠的民生福祉。全面建成小康社会必须遵循和深刻内化自然资源与经济社会的可持续发展规律、环境保护规律，从生态政治高度去加强和完善生态文明制度顶层设计，改变粗放型增长模式，自觉推动绿色发展和绿色制造，构建资源节约型、环境友好型社会，"促进生产空间集约高效、生活空间宜居适度、生态空间山清水秀，给自然留下更多修复空间，给农业留下更多良田，给子孙后代留下天蓝、地绿、水净的美好家园"①，保障人民群众喝上干净水、呼吸上清新空气、吃上安全放心食品，实现人与生态环境的和谐之美。

三、可持续的境界之维：扬弃尺度

全面建成小康社会，依赖于人与自然、人与社会、人与人三种关系在实践活动中走向历史的统一。这种统一不是抽象，无法毕其功于一役，而受具体实践活动制约。具备合目的性与合规律性相融合品质的实践活动，带来人与自然、人与社会、人与人三种关系的和谐；异化实践活动必然导致三种关系相互对抗。在资本主义私有制和资本处于绝对垄断地位的全球化浪潮中，实践严重工具化。这些实践异化不可避免地引发全球性生态危机。要最大限度消除实践异化，不仅要坚守合宜主体尺度、客体尺度，更要自觉遵循扬弃尺度。扬弃尺度主张超越私有制，否定以物为本，肯定以人为本，实现生态环境优美宜居、经济发展、社会和谐的可持续性。

历史唯物主义实践观属于扬弃异化实践的理论成果，它是马克思进一步继承和革新古希腊实践哲学、德国古典实践哲学等西方传统哲学而创建的。马克思在《关于费尔巴哈的提纲》中指出，包括费尔巴哈在内的一切旧唯物主义的最大缺点是，只从客体或直观的形式去理解对象、现实和感性，"而不是把它们当作感性的人的活动，当作实践去理解"②。他视实践为一个总体概念，与人类一切社会生活或人类活动同义。③他把西方传统哲学曾鄙视的物质生产劳动提升到实践范畴的核心地位，且强调其决定性作用，但并不意味着他仅将实践界定为物质生产劳动。在马克思看来，生

---

① 胡锦涛：《坚定不移沿着中国特色社会主义道路前进　为全面建成小康社会而奋斗——在中国共产党第十八次全国代表大会上的报告》，人民出版社2012年版，第39页。
② 《马克思恩格斯文集》（第1卷），人民出版社2009年版，第499页。
③ 王南湜：《追寻哲学的精神——走向实践哲学之路》，北京师范大学出版社2006年版，第387页。

产实践是基础性和主导性的实践样态，其根本旨趣不是仅追求物质财富增长和动物欲望需求满足，而是揭示私有制社会中无产阶级的劳动异化状态，为社会变革奠定物质力量，使维系人与人、人与社会、人与自然关系的各种制度更加合理化，促进每个人自由全面发展。

资本主义私有制和资本拜物教导致生产实践严重异化，具体表现为劳动本身、劳动者同劳动产品、人的类本质、人与人的关系均发生了物化。在异化生产实践中，"工人创造的商品越多，他就越变成廉价的商品。物的世界的增值同人的世界的贬值成正比"①。私有制使资本具备无限增殖、疯狂扩张的本性，人、社会、自然都沦为资本生产剩余价值和赚取利润的奴隶。"如果说以资本为基础的生产，一方面创造出普遍的产业劳动，即剩余劳动，创造价值的劳动，那么，另一方面也创造出一个普遍利用自然属性和人的属性的体系，创造出一个普遍有用性的体系，甚至科学也同一切物质的和精神的属性一样，表现为这个普遍有用性体系的体现者，而在这个社会生产和交换的范围之外，再也没有什么东西表现为自在的更高的东西，表现为自为的合理的东西。……由此产生了资本的伟大的文明作用；它创造了这样一个社会阶级，与这个社会阶级相比，一切以前的社会阶级都只表现为人类的地方性发展和对自然的崇拜。只有在资本主义制度下的自然界才真正是人的对象，真正是有用物；它不再被认为是自为的力量；而对自然界的独立规律的理论认识本身不过表现为狡猾，其目的是使自然界（不管是作为消费品，还是作为生产资料）服从人的需要。"②

资本主义条件下的资本不是纯粹的货币，而是一种以获取剩余价值最大化为最高目的的生产关系和一种以物为依赖的社会关系。为追求无止境的剩余价值，必须无限制地扩大生产和再生产，制造交换价值而不是使用价值，满足无穷的虚假需要而不是有限的基本需要。资本无限增殖的贪婪孕育了掠夺式的生产方式、技术发展模式、生活方式、消费方式，必然加剧对生态环境的破坏。

伴随全球化，资本缔造的生态危机迅速渗透世界每一角落。全球生态危机产生的根本原因是私有制和资本对自然和社会的野蛮占有。私有制和资本导致生产实践工具化、社会关系物化，必定会加剧人与人、人与自然

---

① 马克思：《1844年经济学哲学手稿》，人民出版社2000年版，第51页。
② 《马克思恩格斯文集》（第8卷），人民出版社2009年版，第90-91页。

关系的恶化。历史唯物主义认为真正解决生态危机的路径在于消灭私有制和资本，建立共产主义社会。马克思说："共产主义是私有财产即人的自我异化的积极的扬弃，因而是通过人并且为了人而对人的本质的真正占有；因此，它是人向自身、向社会的（即人的）人的复归，这种复归是完全的、自觉的和在以往发展的全部财富的范围内生成的。这种共产主义，作为完成了的自然主义＝人道主义，而作为完成了的人道主义＝自然主义，它是人和自然界之间、人和人之间的矛盾的真正解决，是存在和本质、对象化和自我确证、自由和必然、个体和类之间的斗争的真正解决。"① 消灭私有制、资本及实现共产主义，是一个艰巨且长期的历史过程。在生产力未高度发达、物质财富未充分涌流的情况下，私有制、资本的积极作用和极限都没充分显现，不能人为地消灭它们，但亦不能袖手旁观，让其为所欲为。

资本属于历史范畴，也属于社会范畴。它与不同社会制度和生产方式相结合，能产生不同效用。资本主义私有制放任资本的贪婪本性，使其无限增殖的冲动破坏了人与自然的内在统一，最终危及人类生存和永续发展。

"资本不可遏止地追求的普遍性，在资本本身的性质上遇到了界限，这些界限在资本发展到一定阶段时，会使人们认识到资本本身就是这种趋势的最大限制，因而驱使人们利用资本本身来消灭资本。"② 马克思表明，为了利用资本来消灭资本，"在限制与发挥资本逻辑之间保持合理的张力"③，要坚持超越私有制和资本的全面扬弃尺度，减缓生产实践工具化、物化的速度，真正实现生产实践对消除生态危机的革命性意义，方能跨越资本主义的生态"卡夫丁峡谷"。

社会主义和资本主义不同的地方，不是借助资本来获得更高剩余价值和生产力，而是能限定资本发挥作用的范围，有效借助其力量，实现从"人的依赖关系"的社会形态向"人的自由全面发展"社会形态的跃进。④全面建成小康社会，需要以扬弃尺度为可持续的境界之维，发挥社会主义

---

① 马克思：《1844年经济学哲学手稿》，人民出版社2000年版，第81页。
② 《马克思恩格斯全集》（第30卷），人民出版社1995年版，第390页。
③ 陈学明：《资本逻辑与生态危机》，载《中国社会科学》2012年第11期，第4－23页。
④ 陈水勇：《从消极自由到积极自由》，载《社会科学辑刊》2011年第3期，第21－24页。

优越性,通过顶层制度设计,推进生态文明建设,彰显"社会主义对私有制下生态恶化起到制度纠偏的功能"[①]。公有制与绿色发展为导向的新型生产模式有机结合,可促使资本既能增加物质财富、提高生产力,又能节制工业文明对自然资源的挥霍和生态系统的破坏。中国特色社会主义始终坚持以人为本的"绿色"发展理念,把人民利益置于第一位,高效利用资本促进中国经济持续高速增长,着力改善民生,建立和健全一切社会成员共享的现代社会福利体制,不断迈向社会公平正义和共同富裕目标的实现,增进人民福祉。党的十八大报告明确提出:"保障人民各项权益,不断在实现发展成果由人民共享、促进人的全面发展上取得新成效。"[②] 全面建成小康社会,要实现经济持续健康发展,且发展依靠人民,发展为了人民,发展成果由人民共享。民众所共享的经济发展成果和社会福利不断增加,其幸福感、自由度、集体安全感等亦日益增强,从而促使人们的价值观由拜物主义转向与生态环境保护相亲和的后物质主义,最终实现富民为本和人的全面发展。

[原文刊载于《广西师范大学学报(哲学社会科学版)》2018年第54卷第5期,有改动。]

[①] 夏文斌:《生态文明与人的全面发展》,载《中国特色社会主义研究》2013年第5期,第50-54页。

[②] 胡锦涛:《坚定不移沿着中国特色社会主义道路前进　为全面建成小康社会而奋斗——在中国共产党第十八次全国代表大会上的报告》,人民出版社2012年版,第8-9页。

新时代文化自信的主要特征和逻辑理路探析

蔡英谦

文化自信并非一个简单的口号,其生成演进过程体现了弘扬与包容、坚守与创新、建构与解构的辩证关系,反映了历史与现实的交汇贯通、民族与世界的交融并蓄、理论与实践的融合发展。文化自信一词,是习近平总书记在十九大报告中发出的时代最强音,彰显了他对中华民族主体性的无比自豪以及对中华民族精神标识的高度自信。

当今中国缘何亟须文化自信?究其缘由,是中国特色社会主义伟大实践发展的必然要求,是建设当代中国文化新体系的必然结果,是新时代中国全面迈向全球化的精神支撑。当代中国缘何足以自信?是源自对马克思主义真理性的认识及其中国化的理论创新,是基于中国传统、革命(红色)和当代(社会主义)的"三大文化"的延续与升华,是来自中国特色社会主义伟大成就奠定的实践基础。这样的自信底蕴,来自500多年社会主义发展史,来自中国共产党人近百年不忘初心的价值追求,体现了历史逻辑、理论逻辑、价值逻辑和实践逻辑的有机统一与创新发展。

一、新时代文化自信的基本内涵与主要特征

一般来说,文化自信是指个体或群体对本国本民族历史的深度认知、身份的强烈认同、信念的无比坚定,并体现为实践的高度自觉。新时代文化自信的"文化"是中华文明5000多年历史孕养而成的优秀传统文化、坚定顽强的伟大革命文化和以习近平新时代中国特色社会主义思想为核心的当代先进文化。新时代文化自信的"自信",是根植于厚实的历史文化土壤的自信,是源于马克思主义中国化与时俱进的理论创新与时代转化的自信,是基于全体中国人团结奋进的勇气与自信的力量。党的十八大以来,从"中国革命历史是最好的营养剂""从中华优秀传统文化中汲取营养和智慧",到"建设文化强国,实现中华民族伟大复兴需要以中华文化发展繁荣为条件""文化自信是更基础、更广泛、更深厚的自信",再到

十九大报告强调"坚定文化自信",新时代文化自信集中反映了新时代中国最独特的精神标识,体现了以习近平同志为核心的当代中国共产党人思想文化优秀而独特的理论特性,彰显了马克思主义真理性的时代价值。

(一)强调文化自信的主体性

文化是民族身份的重要标识,是民族传承的精神纽带,是民族发展壮大的动力源泉。纵观人类社会发展,"一个不属于任何文明的、缺少一个文化核心的国家""不可能作为一个具有内聚力的社会而长期存在"[①]。历史早已表明,"中华优秀传统文化已经成为中华民族的基因,植根在中国人内心,潜移默化影响着中国人的思想方式和行为方式"[②]。文化基因一词,彰显了习近平同志对中华民族主体性的无比自豪、对中华民族精神标识的高度自信。的确,无论从世界文明古国的兴衰成败,还是从新兴国家发展的跌宕起伏过程来看,只有不断强化对本民族文化的认同感和自觉自信意识,才能确保民族繁衍生息和文化薪火相传。正如习近平同志指出的,"无论哪一个国家、哪一个民族,如果不珍惜自己的思想文化,丢掉了思想文化这个灵魂,这个国家、这个民族是立不起来的"[③]。一方水土养一方人。"中国人民的特质、禀赋,不仅铸就了绵延几千年发展至今的中华文明,而且深刻影响着当代中国发展进步,深刻影响着当代中国人的精神世界。"[④] 大到一国一民族,小至渺小的个体,任何时候都应该清楚地知道"我是谁?我从哪里来?我要往哪里去?"。想明白了,搞清楚了,路自然就选对了。正是基于对自身优秀文化基因的高度自信,中国人民在共产党的领导下,遵循实事求是的思想路线,发扬伟大创造精神,先后找到了一条解决"独立与解放"的革命道路、一条科学发展的中国特色社会主义现代化建设之路、一条新时代实现中华民族伟大复兴的康庄大道,缔造出一个个人间奇迹,确保中华文明绵延繁荣。历史早已告诉世界,"中国人民相信,山再高,往上攀,总能登顶;路再长,走下去,定能到达"。

---

① [美] S. 亨廷顿:《文明的冲突与世界秩序的重建》,周琪等译,新华出版社 1999 年版,第 353-354 页。
② 《习近平谈治国理政》(第 2 卷),外文出版社 2017 年版,第 170 页。
③ 习近平:《在纪念孔子诞辰 2565 周年国际学术研讨会暨国际儒学联合会第五届会员大会开幕会上的讲话》,载《人民日报》2014 年 9 月 25 日第 1 版。
④ 习近平:《在第十三届全国人民代表大会第一次会议上的讲话》,载《人民日报》2018 年 3 月 21 日第 1 版。

今日中国，坚定文化自信，就是坚守传统文化优秀基因，弘扬革命文化红色品质，创新社会主义先进文化精神，用文化自信和实践自觉锻造出新时代中国特色社会主义思想，用行动证明中华民族实现伟大复兴的巨大决心和勇气。

（二）强调文化自信的传承性

历史血脉的传承和思想沉淀的滋养是文化自信的生成土壤。马克思和恩格斯认为，"人们自己创造自己的历史，但是他们并不是随心所欲地创造，并不是在他们自己选定的条件下创造，而是在直接碰到的、既定的、从过去承继下来的条件下创造"①，"当代中国是历史中国的延续和发展，当代中国思想文化也是中国传统思想文化的传承和升华"，"坚定文化自信，离不开对中华民族历史的认知和运用"②。5000多年来始终未曾中断的中华文明为中华民族提供了强大的思想宝库。礼义廉耻、孝悌忠信的中华文化基因，为一代代中华儿女注入了家国情怀和责任担当。尽管我们也曾"遇到了无数艰难困苦，但我们都挺过来、走过来了，其中一个很重要的原因就是世世代代的中华儿女培育和发展了独具特色、博大精深的中华文化"③。"问渠那得清如许，为有源头活水来。"保持中国传统文化滚滚前流的机制，就是习近平同志提出的以马克思主义为指导的创造性转化和创新性发展。④

步入新时代，实现中华民族伟大复兴，建设美丽中国，要求我们用科学态度来承继和转化好"三大文化"，培育和践行文化自信。习近平同志指出，要用马克思主义唯物辩证法和求真务实的科学态度来延承革命红色文化精髓和基因，辨识传统文化精华与糟粕，创新社会主义文化内容和表达形态。优秀传统文化是中华民族文化自信的根基，"不忘本来才能开辟未来，善于继承才能更好创新"⑤。红色革命文化为近现代中国人民实现自信提供精神动力，要发扬好红色传统、利用好红色资源，来补足我们精神上的"钙"，进而实现铸魂育人。以社会主义核心价值观为内核的先进

---

① 《马克思恩格斯全集》（第1卷），人民出版社1972年版，第603页。
② 《习近平谈治国理政》（第2卷），外文出版社2017年版，第313页。
③ 中共中央文献研究室：《十八大以来重要文献选编》（中），中央文献出版社2016年版，第119页。
④ 陈先达：《文化自信中的传统与当代》，北京师范大学出版社2017年版，第193页。
⑤ 《习近平谈治国理政》（第2卷），外文出版社2017年版，第351页。

文化是当代文化自信的集中表达，"要使核心价值观的影响像空气一样无所不在、无时不有"①；要用社会主义核心价值观来滋养人民群众的文化自信与价值认同，保持民族本色，共筑文化强国梦。

（三）强调文化自信的包容性

有容乃大是中华文化包容特性的集中体现。"中华民族是一个兼容并蓄、海纳百川的民族，在漫长的历史进程中，不断学习他人的好东西，把他人的好东西化成我们自己的东西，这才形成我们的民族特色。"② 纵观中华文明发展史，正因为中华民族固守着自身的优良传统，才能无数次地使外来文化"中国化"，才能融汇缔造出 56 个民族的大家庭。"和合为贵"的思想理念，吸引了各族文化在中华大地的"大杂聚"，铸就了中华民族崇德尚合的优秀品质；家国天下的理想情怀，汇聚成中华儿女自强不息、奋斗不止的民族精神；兼收并蓄的开放姿态，塑造出中华文化与时俱进的创新活力。从睦邻友好到贯通中西，从"丝绸之路"到"一带一路"，中华民族一直自愿甘当文化交流与思想传播的倡导者、践行者。回望过去，中华文明之所以自信了 5000 多年，源自对我们文化的守护与创新；俯视当下，中华民族之所以自信于当代，源自我们文化的无限生机与活力，根植于现代化的伟大创造。

站在人类社会发展新时代，一个民族、一个政党不忘初心、不忘本来、牢记使命，才能行稳致远，方能自信屹立。古今中外，先人的智慧和人类共同的诉求是世界各族人民交流往来、化解分歧、求同存异的纽带和载体。当前，面对经济、文化全球化发展与西方资本主义对我国的各种"恶意中伤"，习近平同志常常引用"己所不欲，勿施于人"和"凡益之道，与时偕行"，"一点又一点，小鸟筑成巢"和"合抱之木，生于毫末；九层之台，起于累土"，"兄弟同心，其利断金"和"你我篮子在一起，大家生活更美好"，"一棵树挡不住寒风"和"大河有水小河满，小河有水大河满"等彼此共通的"文化故事"来阐释合作、互利、共赢的新理念；频频引用"智者求同，愚者求异""计利当计天下利""一花独放不

---

① 中共中央宣传部：《习近平总书记系列重要讲话读本》，学习出版社、人民出版社 2016 年版，第 192 页。

② 习近平：《完善和发展中国特色社会主义制度　推进国家治理体系和治理能力现代化》，见人民网（http://cpc.people.com.cn/n/2014/0218/c64094-24387048.html）。

是春,百花齐放春满园"① 等经典词句释解中国的诚意与善意,凸显开放包容的精神。历史早已表明,中华优秀文化既是中华儿女的,也是世界人民的。实践早已证明,中国人民热爱和平、崇尚和睦的理念和行动是不以时间推移而改变的。习近平"引经用典"的时代表达,正是新时代中华文化包容开放气派和独特思想魅力的美丽绽放。

(四) 重视文化自信的发展性

发展性观点是马克思主义文化观的基本立场。"思想解放—理论创新—文化发展"是人类文化前行的基本轨迹。解放思想、理论创新是文化发展的必要前提,文化发展是思想解放和理论创新的最终目的。这就要求我们既要遵循文化发展规律以把握主动权,也要弃糟取精以保证文化与时俱进。过去,"传统文化在其形成发展过程中,不可避免会受到当时人们的认识水平、时代条件、社会制度的局限性的制约和影响,因而也不可避免会存在陈旧过时或已成为糟粕性的东西"②。这就要求我们一定要学会科学扬弃,善于融和,推陈出新。对于中国的发展而言,"一是中国本身的文化传统,二是中国找到了符合自己文化传统的发展道路、理论体系和社会制度"③。踏入新时代,中国人民坚持马克思主义的基本原理和立场方法,立足现实国情和时代需要,不断增强中国特色社会主义道路、理论、制度和文化"四个自信",不断推进中国化马克思主义的思想飞跃和实践创新。这是当代中华儿女得以自信的思想保证和动力源泉,也是培育和践行文化自信的必由之路。

文化的发展创新,就是结合时代进步和实践演进,对文化本体进行创造性的补充、丰富和完善。习近平同志指出,"在每一个历史时期,中华民族都留下了无数不朽作品……我们应该为此感到无比自豪,也应该为此感到无比自信"④,"我们要及时总结党领导人民创造的新鲜经验,不断开辟马克思主义中国化新境界,让当代中国马克思主义放射出更加灿烂的真理光芒"⑤。当代中国,传统文化、红色革命文化和中国特色社会主义先

---

① 《人民日报》评论部:《习近平用典》,人民日报出版社 2015 年版,第 177 - 193 页。
② 《习近平谈治国理政》(第 2 卷),外文出版社 2017 年版,第 33 页。
③ 韩震:《论中华民族文化自信的三种根基》,载《北京日报》2017 年 2 月 13 日第 1 版。
④ 《人民日报》评论部:《习近平用典》,人民日报出版社 2015 年版,第 181 页。
⑤ 习近平:《在纪念毛泽东同志诞辰 120 周年座谈会上的讲话》,人民出版社 2013 年版,第 17 页。

进文化在融合中发展,在发展中融合。站在实现民族伟大复兴的重要节点上,我们在推进现代化事业和全球化进程中,必须学会用典、讲好中国故事;必须学会掌握传统与当代、思想与行动的转化方法,将前辈的智慧广泛应用于今日实践,培育与践行好文化自信。这是今日中国实现文化发展的时代使然,更是实现文化自信的价值路径所在。

二、新时代文化自信生成发展的逻辑理路

新时代文化自信是在传承和弘扬中国特色社会主义文化的历史背景下,在应对全球化时代所面临的新格局、新挑战过程中,在解决民族复兴过程中出现的新矛盾、新问题的进程中形成并发展起来的。这样的自信,来自500多年社会主义发展史,来自中国共产党人近百年不忘初心的价值追求,体现了历史逻辑、理论逻辑、价值逻辑和实践逻辑的有机统一与创新发展。

(一)历史逻辑:薪火相传的中华文化为文化自信提供历史底蕴和基因密码

文化自信往往源自历史的沉淀。中华民族的历史从哪儿书写,中华文化就从哪儿开启。起于春秋、历经秦汉、发展于隋唐、成熟于宋明清的中国传统文化,在交流中实现融合,在发展中不断创新,形成了完整且生生不息的独特中华文化体系。"在中华民族开化史上,有素称发达的农业和手工业,有许多伟大思想家、科学家、发明家、政治家、军事家、文学家和艺术家,丰富的文化典籍。"[①] 在这些厚实的思想土壤的滋养下,中华民族始终朝着"大一统""大融合"的方向前行,不断积累着物质文明、政治文明、精神文明、社会文明和生态文明的丰硕成果,不断缔造着一个又一个辉煌成就。历史早已证明,"博大精深的中华文化,为人类文明进步作出了不可磨灭的贡献"[②]。求木之长者,必固其根本。中华民族之所以能薪火相传,不仅在于自身独特的文化基因,更在于由这些优秀基因滋养的历史实践,贯通古今、融会中西,熔铸成中国社会更基本、更深层、更持久的精神力量,为自信的中华文化奠定了强大的历史底蕴。

---

① 《毛泽东选集》(第2卷),人民出版社1991年版,第622页。
② 中共中央文献研究室:《十八大以来重要文献选编》(上),中央文献出版社2014年版,第234页。

"历史是前人的实践和智慧之书。"① "中华民族有着强大的文化创造力。每到重大历史关头,文化都能感国运之变化、立时代之潮头、发时代之先声,为亿万人民、为伟大祖国鼓与呼。"② 20世纪初,中国人民掌握马克思主义理论后,就运用一种全新的世界观和方法论在中国大地上不断推进独创性实践,推动中国一个全新的马克思主义政党——中国共产党的诞生。中国共产党人接过了近代"争取民族独立和人民解放""实现国家富强和人民幸福"这两大历史重任,经过新民主主义革命、社会主义革命和建设的艰辛探索,实现了中国人民从"站起来"到"富起来"的两次伟大飞跃,并先后创造出红色革命文化、社会主义先进文化。这些新思想、新理论、新实践,不仅消解了近代以来"技不如人、制度不如人、文化不如人"的自卑心态,更充分验证了马克思主义的科学性和真理性,凸显了社会主义制度的优越性,为中国特色社会主义文化自信建构了独特的基因密码。

站在时代新起点,习近平同志带领全体人民高举马克思主义这一有力的思想武器,高举以爱国主义为内核的民族精神旗帜,高扬以改革创新为核心的时代精神,凝聚成新时代更富正能量、更具向心力和聚能力的中国精神。这些精神是习近平文化自信的高度集中。它滋养着中国人民的理想信念和价值追求,重塑了传统文化的义利观和价值追求,超越了西方功利主义为主导的思想观念,融合了新时代社会发展的主流思潮,夯实了中国特色社会主义文化主体地位,提出了当代世界文化价值观发展新导向。

当代中国发展面临着世界经济持续低迷、国际政治斗争日益白热化、西方文化渗透与压迫加剧等严峻挑战,面临着国内发展转型关键期和社会矛盾问题交错等现实困难。解决这些困难的关键在于始终保持思想解放、实事求是的原则立场,始终确保马克思主义在意识形态的指导地位,始终推动中国现代化实践的创新发展。

(二)理论逻辑:不断升华的中国化马克思主义为文化自信提供思想源泉与精神动力

文化自信思想的生成,源自全体中国人民对马克思主义的传承坚守和

---

① 习近平:《领导干部要读点历史》,载《学习时报》2011年9月5日第1版。
② 中共中央文献研究室:《十八大以来重要文献选编》(中),中央文献出版社2016年版,第121页。

中国社会与时俱进的时代转化。众所周知，19世纪中叶，马克思和恩格斯在深入剖析资本主义生产方式和人类社会发展规律的基础上，吸收并超越了西方合理的主流价值思想，提出了科学社会主义理论，对"未来社会"（共产主义）发展做出科学的理论判断。俄国十月革命一声炮响，为中国送来了科学社会主义，改变了近代中国历史进程，引领中国社会的发展方向。近200年来，科学社会主义由理论转化为成功实践，由一国到多国实践，由"摸着石头过河"到各国独创性发展，当代马克思主义正在成为人类文明进步的方向标。可以说，当代中国特色社会主义的蓬勃发展和无限生机正是马克思主义强大生命力的最亮丽写照。所以说，马克思主义学说为新时代文化自信提供了思想宝库和发展动力。

文化自信思想的形成发展，直接反映在对中国化马克思主义理论与实践的一脉相承、不断升华中。新时代中国特色社会主义思想，是新时代文化自信的集中呈现。它源起于马克思主义思想，根植于世界无产阶级运动大时代，发展于中国特色社会主义新时代。20世纪90年代以来，世界科学社会主义发展出现了许多新情况、新特点。世界各国都在关注社会主义的发展问题，社会主义国家也在苦苦探索。习近平同志基于国内外形势，果断做出中国特色社会主义进入了新时代这一新的历史方位判断，强调"为把我国建设成为富强民主文明和谐美丽的社会主义现代化强国而奋斗"[①]。他还提出"在全面建成小康社会的基础上，分两步走，在本世纪中叶建成富强民主文明和谐美丽的社会主义现代化强国"[②]的目标。这不仅仅是21世纪中华民族实现复兴的"时间表"，更是深化了马克思主义社会发展阶段说的重大认识。新时代的中国人民高举社会主义伟大旗帜，用行动回答了科学社会主义发展的种种疑惑，用行动诠释了中国人民的高度自信和强大能力。

习近平同志继承并升华了马克思主义关于人的全面发展观和坚持以人民为中心的基本价值导向。发展究竟是为了谁？需要依靠谁？这是科学社会主义理论与实践发展必须回答的首要问题。全心全意为人民服务也是中国共产党的根本立场和唯一宗旨。毛泽东、邓小平、江泽民、胡锦涛等同志曾就此提出"全心全意为人民服务，一刻也不脱离群众；一切从人民的

---

① 《党的十九大文件汇编》，党建读物出版社2017年版，第7页。
② 《党的十九大文件汇编》，党建读物出版社2017年版，第9页。

利益出发""一切以人民利益作为每一个党员的最高准绳""立党为公、执政为民""必须始终把人民利益放在第一位"等重要观点。党的十八大以来,习近平同志多次强调"必须始终坚持人民立场和人民主体地位""人民对美好生活的向往就是我们的奋斗目标"。概括而言,从"坚持以人民为中心"到"把人民利益始终摆在至高无上的地位",再到"时代是出卷人,我们是答卷人,人民是阅卷人"的基本观点,彰显了中国共产党人始终牢记"以民为本"的初心与使命,体现了习近平新时代中国特色社会主义思想的精神实质与价值自信。正是在全体中国人民的共同努力下,今天"我们前所未有地靠近世界舞台中心,前所未有地接近中华民族伟大复兴的目标,前所未有地具有实现这个目标的能力和信心"①。

(三)价值逻辑:不断创新的中国化马克思主义思想为文化自信提供理论导向和时代引领

文化自信的实质是一种价值自信,体现在对本民族优秀文化的自信,是在文化层面对本民族自我价值、自我能力和自我发展前景的自觉持守和淡定心态。从人类社会发展实践来看,核心价值观是文化的最核心元素,也是维系文化繁荣强盛的精神支撑。在当代中国,"中国特色社会主义"这一核心理念早已被广大人民认同并一直践行着,早已牢牢扎根在中华大地肥沃的土壤中。社会主义核心价值观反映了中华民族的共同价值诉求,体现出新时代中国精神实质,彰显出中华儿女的文化自信与民族自豪感。

新时代文化自信表明实事求是思想路线指引下马克思主义中国化的理论创新和时代发展。对马克思主义真理性的认识是当代中国文化自信的前提。习近平同志强调,"中国特色社会主义理论体系归根到底是以马克思主义基本理论为指导的,是把这些基本理论同中国具体实际相结合的结果"②。为此,我们要"认识真理,掌握真理,信仰真理,捍卫真理"③,并将这些伟大的真理性认识贯穿中国特色社会主义伟大实践。自马克思主义传入中国以来,中国无产阶级继承并弘扬了马克思主义的优秀理论品

---

① 习近平:《高举中国特色社会主义伟大旗帜 为决胜全面小康社会实现中国梦而奋斗》,载《人民日报》2017年7月28日第1版。
② 中共中央宣传部:《习近平总书记系列重要讲话读本》,学习出版社、人民出版社2016年版,第34页。
③ 《习近平谈治国理政》(第2卷),外文出版社2017年版,第30页。

质，遵循实事求是解决中国问题和提出中国方案的理路，实现了马克思主义中国化的两次理论飞跃，加速推进了独具中国特色的科学社会主义发展。可见，新时代文化自信是对马克思主义真理性认识的伟大时代价值的验证。

时代是思想之母，问题意识是动力之源。问题导向是马克思主义的鲜明特质。马克思指出："问题是时代的口号，是它表现自己精神状态的最实际的呼声。"① 就中国发展来看，问题意识是思想解放的起点，也是推动理论创新的动力。唯有认真聆听并回应好时代强音，研究并落实现实重大问题的解决，我们的事业方能找到历史发展脉络、找准理论创新规律。习近平新时代中国特色社会主义思想，就是我们遵循思想解放撬动理论创新，进而推进实践发展的时代产物。学习和践行习近平新时代中国特色社会主义思想，就是要在新时代社会主义伟大实践中坚持"意识形态决定文化前进方向和发展道路"，就是要"建设具有强大凝聚力和引领力的社会主义意识形态，使全体人民在理想信念、价值理念、道德观念上紧紧团结在一起"②，重塑中华文化新形态，重建新时代文化自信。

（四）实践逻辑：不断创造的新时代伟大实践为文化自信提供转化平台和践行动力

马克思主义是一门实践的科学，认识世界、解释世界、改造世界是马克思主义的鲜明写照。从一定意义上而言，这是马克思主义永葆生机活力的根本所在。也就是说，马克思主义的产生既是时代发展的产物，也是人的实践活动结晶。实质上，文化自信也是一种实践活动，是人们在长期的劳动过程中，对其所创造成果的价值认同和高度自觉。就内在关系而言，实践劳动是塑造文化自信的来源和活力。正是人对劳动成果的不懈追求，推动了文化创造的进程，深化了对自身文化的自觉自信。可见，文化自信是实践发展的动力和结果。中国特色社会主义文化生发于新中国成立以来社会主义道路的艰辛探索，形成于改革开放的经验总结，发展于新时代中国特色社会主义现代化建设的伟大实践。这样的文化超越了过往无产阶级的探索与认知，反映了当代中国人的价值诉求，彰显了自信的时代强音。

---

① 《马克思恩格斯全集》（第40卷），人民出版社1982年版，第290页。
② 《党的十九大文件汇编》，党建读物出版社2017年版，第28页。

实践既是理论之源,也是检验真理的唯一客观标准。实践检验真理本身就是一个不断求真务实、与时俱进的发展过程。在深化中国特色社会主义发展进程中,培育和践行文化自信,不仅是个理论问题,也是个实践问题。我国60多年的社会主义建设探索,40多年的改革开放经验,尤其是近5年来的建设成就,反映出人民大众共同的价值追求,唱响了新时代中国声音,塑造了新时代中国形象。可以说,人民立足于追求美好生活愿景,形成对中国特色社会主义共同理想的坚定信念,为文化自信提供了源源不断的思想力量;同时,不断创造、不断丰富的中国特色社会主义又为文化自信提供了实践保障。正如习近平同志指出的,"坚定中国特色社会主义道路自信、理论自信、制度自信,说到底是要坚定文化自信","有了'自信人生二百年,会当水击三千里'的勇气,我们就能毫无畏惧面对一切困难和挑战,就能坚定不移开辟新天地、创造新奇迹"。① 实践证明,正是人民在经济、政治、社会、生态等各领域持续创造出的辉煌成果,不断验证了马克思主义理论的科学性与真理性,增强了新时代中华民族的文化自信,为新时代文化自信提供了实践逻辑与现实依据。

三、新时代文化自信的时代意义和现实价值

沧海横流显砥柱,万山磅礴看主峰。对于新时代中国发展来说,"没有高度的文化自信,没有文化的繁荣兴盛,就没有中华民族伟大复兴"②。文化自信对于新时代中国特色社会主义具有重要的现实价值和方法论意义。第一,文化自信为新时代中国特色社会主义提供了强大的现实支撑。新时代文化自信,是坚定马克思主义理论不断创新的自信,是坚定塑造中国特色社会主义文化的自信。它解决了当代中国在实现马克思主义中国化理论飞跃进程中所面临的各种艰难挑战、各种担忧,甚至怀疑。第二,文化自信为新时代中国特色社会主义践行主体提供了重要的理论支撑。人民有自信,社会有力量,民族有未来,国家有希望。坚定文化自信,就是中华儿女坚定中国特色社会主义伟大创造的自信,坚定民族复兴必然实现的自信。所以说,新时代文化自信是全体人民满怀自信迈向美好生活的行动指南。第三,文化自信对于深化发展中国特色社会主义具有重要的方法论

---

① 《习近平谈治国理政》(第2卷),外文出版社2017年版,第36页。
② 《党的十九大文件汇编》,党建读物出版社2017年版,第13页。

意义。新时代文化自信遵循马克思主义"实践—认识—实践"的认知方法，直视社会矛盾，立足现实国情，回应时代诉求，对于有效解决社会发展进程中的矛盾问题具有普遍性价值和方法论意义。

新时代文化自信具有重要的世界性意义和实践价值。首先，文化自信是新时代"中国智慧"的集中表达，为世界人民立足现实、把握当下、放眼未来提供了新窗口、新方向。思想的价值是无穷的。中华民族曾经创造出璀璨的古代文明，也曾因落后而备受压迫，现在又因为坚守创新而奋发有为、再现辉煌。文化自信下的实践创新，让中华民族的自豪感、荣誉感回归，逐梦的信心十足。这对于大多数和我们有类似经历，而今仍挣扎在解决自身问题困境中的民族国家来说，是充满集体智慧和创新思维的新窗口、新指向。其次，文化自信是新时代"中国经验"的具体反映，为各国各民族迈向成功提供了经验借鉴和示范效应。榜样的引领力量是无穷的，先驱的示范作用是巨大的。"建设持久和平、普遍安全、共同繁荣、开放包容、清洁美丽的世界"[①]，是中国共产党人的永恒追求，也是世界爱好和平的国家和民族共同的美好夙愿。中国特色社会主义"五位一体"的总体布局，"构建人类命运共同体"的宏伟蓝图，为解决人类问题贡献出"中国智慧"，为当代世界追求独立且快速发展的国家民族提供"示范效应"。最后，文化自信是新时代"中国方案"的高度凝聚，为世界人民解决发展性问题开辟新航程，指引新道路。在人类社会现代化的探索进程中，曾经成功实践的"西方模式"一度被认为是"唯一可行"的模式，但诸多主动或被动践行这一模式的发展中国家纷纷"倒"在效仿、照抄照搬的道路上。中国特色社会主义凝聚而成的"中国方案"，为世界发展和文明进步解开了"魔咒"，提供了重要的思想启迪和践行模本，开辟出一条新的光明大道。可见，新时代文化自信既是富有中国特色的时代思想成果，也是人类文化思想发展体系中的一个闪亮的组成部分。

新时代文化自信是实现中国特色社会主义理论创新性发展的精神支撑，是中国现代化实践创造性发展的科学指南，是当代全体中国人更坚定、更持久、更有力的思想力量。站在发展的新起点上，当代中国坚持和弘扬新时代文化自信思想，要以践行好中国特色社会主义现代化事业为出发点和落脚点，要以全面推进马克思主义中国化时代化大众化为目标任

[①] 《党的十九大文件汇编》，党建读物出版社2017年版，第40页。

务。唯有如此,中国特色社会主义先进文化的独特魅力方能得以充分展现,马克思主义理论的真理性方能得以延承,中华民族伟大复兴的时代梦想方能早日实现。

(原文刊载于《理论导刊》2019年第3期,有改动。)

继承与批判：威廉斯文化社会主义思想生成的理论资源探析

赵传珍　王　晶

雷蒙德·威廉斯（Raymond Williams）的文化社会主义思想，不仅具有关注经济基础与上层建筑之间矛盾运动的社会结构方面的宏观维度，而且有通过文化来强调普通大众主体性的微观维度。这种把社会结构的宏观描述与强调个人主体性的微观分析相结合的研究方法，不仅丰富和发展了马克思主义的文化理论，还拓展了"大众文化"和"社会主义"理论研究的新思路和新视角，是对马克思资本主义批判理论的"片面但深刻"的发展，是对法兰克福学派的文化批判理论和马克思的社会批判理论的融合。威廉斯文化社会主义思想的理论资源，除了来自他对英国传统社会主义思想和英国精英主义文化思想的吸收和反思，还深受卢卡奇、葛兰西、戈德曼等思想家理论的影响。威廉斯批判性地继承了他们的"总体性"思想、"霸权"理论及"发生学结构主义"学说，提出"意图观念"说、"文化霸权"说以及"情感结构"说等内容，形成了自己独具特色的文化社会主义思想。本文探究威廉斯文化社会主义思想的理论资源，旨在挖掘和发展文化社会主义思想的资本主义批判理论，加强对威廉斯文化社会主义思想的理解和认识，拓展对文化社会主义思想和西方马克思主义的研究，在新的历史时期进一步丰富和拓展马克思主义的内涵和研究场域。

一、"意图观念"扬弃"总体性"

在威廉斯看来，卢卡奇的总体性范畴是解决经济基础与上层建筑命题困境的一个重要方法。正是因为经济基础与上层建筑关系之间存在诸多困境，以此为契机才产生了卢卡奇关于社会"总体"的思想。卢卡奇主张用社会总体性范畴批驳把经济基础与上层建筑拆分为不同层次的这种思想。社会存在决定社会意识的观念与社会总体性范畴之间相互渗透，然而并非一定要遵照一方面是经济基础，另一方面是上层建筑。在总体性范畴与经济基础和上层建筑命题的对比中,总体性范畴确实相对容易理解。① 可见,威廉斯认为卢卡奇的总体性范畴反对把经济基础与上层建筑这个完整的命题拆分为不同层次来理解,从而在根本上颠覆了"经济基础"的决定性和"上层建筑"的被决定性地位,由总体性范畴来统领社会历史的发展。与经济基础和上层建筑命题相比,总体性与社会存在决定社会意识的观念更加契合,因为总体性是一种实践的、具体的、现实的总体,这也是总体性作为一个普遍性概念能被人们普遍接受的原因所在。威廉斯在吸收卢卡奇总体性思想合理因子的同时,还看到文化作为上层建筑所具有的整体性特质,这对他重新思考和定义马克思主义文化概念具有推动意义。

威廉斯并不完全赞同卢卡奇的总体性思想,他批评指出,"整体观念非常容易排空它的主要内容:原有的马克思主义命题。因为假使我们说社会是由组成一个具体的社会全体的大量社会实践组成,如果我们给予每一个实践以某种特定的认识,只要它们以一种非常复杂的方式互相作用、联系、结合,那么我们一方面明显地谈论现实,但另一方面从现实中有决定的过程中撤离"②。作为一名马克思主义者,威廉斯强调要坚持马克思主义的基本原理。而总体性观念模糊了社会结构具有的复杂的不同层次,在"总体性"观念下的社会全部现实都是相互平行的作用和联系,这样的视域下认识的社会实践实质上是不同于甚至偏离了马克思主义基本观点。因为马克思主义关于经济基础的决定性作用正不断地被总体性所替代。可见,威廉斯在认同卢卡奇总体性思想中的合理性因素的同时,也看到了总体性思想理论上的限度。对于威廉斯而言,他密切关注的是总体性的观念是否包含意图或者目的的观念,这是关于整体性理论的本质问题。如果把总体性局限在对各种具体的丰富多样的实践的认识之中,就会导致马克思主义的基本观点被摒弃。为什么威廉斯强调关键问题是意图及意图观念的恢复?因为,假如把社会看作一个复杂的总体,它是由具体实践所组成的,同时它具备具体的形态,那么这些社会形态所遵循的准则一定代表了这个社会的阶级意志与意图。威廉斯认为,意图已经成为对社会本质进行

---

① [英]雷蒙德·威廉斯:《马克思主义文化理论中的基础与上层建筑》,胡普忠译,载《外国文学》1999年第5期,第70-79页。
② [英]雷蒙德·威廉斯:《马克思主义文化理论中的基础与上层建筑》,胡普忠译,载《外国文学》1999年第5期,第70-79页。

界定的准则，作为某些阶级遵守的原则。最初的经济基础与上层建筑的结构就会产生意料之外的模型即总体性模型，同时也摒除了阶级意志与意图的事实等。威廉斯批判了总体性思想对实践的过度强调，造成对上层建筑，尤其是对社会意识和阶级意识的忽略。威廉斯强调的是上层建筑的重要性。在他看来，如果我们放弃对上层建筑的强调，或者看不到上层建筑因素在社会形态结构中的作用，我们的损失会很大，因为离开了上层建筑，我们就不可能很好地认识现实和实践。那么，怎样看待上层建筑才是正确的呢？那些拥有普遍效用与价值意义闻名的法律机构、理论以及意识形态，事实上必须被看成是对某些阶级统治的阐释与认定。如果他们没有解释或达成彼此认同一致的关系，如果他们关于普遍效用与价值意义的观点并未被反对或质疑，那么特定阶级的社会特征就不会被看到。

可见，威廉斯强调上层建筑中的社会阶级特质，也就是上层建筑和意识形态中的"物质"载体。在他看来，社会主义只有成功地介入工人阶级共同文化变革的总体性中，才有实现其重构共同价值和意义目标的可能性，文化总体性观念包括物质实践和意义价值两个方面。这其中彰显了威廉斯文化社会主义思想的萌芽。为了进一步深度揭示"总体性观念"，威廉斯强调，把总体性观念同马克思的"霸权"概念紧密联系，才能合理正确地使用总体性观念。那么，威廉斯所讨论的霸权是什么意义上的霸权？与葛兰西的霸权理论又有着怎样的关联？

二、威廉斯的"霸权"思想对葛兰西"霸权"思想的扬弃

威廉斯对葛兰西的霸权（hegemony）理论做了阐释，他认为，葛兰西对霸权理论的发展做出了重要的理论贡献。威廉斯对葛兰西的霸权理论有某种程度的认同。在他看来，葛兰西的"霸权"不仅超越了文化本身的被决定性、上层建筑性和意识形态化，还根植于社会现实中，具有社会实践的特征。所以，威廉斯认为霸权观念比一般的总体性观念更加具有优越性。霸权无疑是一个极具复杂性的概念。威廉斯看到了葛兰西霸权概念具有的"实践"和"社会"因子，提出葛兰西的霸权概念"比任何源于经济基础和上层建筑公式的观念清晰得多地对应于社会经验的现实"[①]。威

---

① ［英］雷蒙德·威廉斯：《马克思主义文化理论中的基础与上层建筑》，胡普忠译，载《外国文学》1999年第5期，第70-79页。

廉斯发现意识形态不仅仅是传统意义上所指的抽象的、强制性的思想观念，因为实践中的社会政治和文化的观念以及人们的风俗习惯都是不能轻易控制和训练的，在实践中运行的社会不断运动着并发生变化。他因此强调，在对社会构成本质探讨之前，需要对霸权进行多方面的解释。首先需要给予一个对霸权多种要素本质的解释。与此同时，必须强调霸权内在结构高度复杂，具有非单一性，特别是霸权的内部结构也面临挑战，并在很多层面得到修改和更正。因此，威廉斯建议的霸权观，不是简单适用于"一种霸权"或"这种霸权"。威廉斯提出的复杂、运动、变化的霸权观，是批判当时人们讨论霸权时倾向于把这个概念放置在"上层建筑"范畴内单一、简单、机械、规范的做法。毋庸置疑，威廉斯对霸权概念的重新思考和定位具有重要的理论价值。对霸权复杂性质的强调，需要从历史主义和经验主义的方法论来分析文化霸权在不同社会和特定的历史阶段的价值和意义，并用历史主义和经验主义方法超越历史分析现实的主导文化。可以说，在葛兰西霸权理论的启迪下，威廉斯重新思考和审视了霸权概念，并由此进入了关于主导文化方面的思考，这为他的文化社会主义理论奠定了理论基础。

威廉斯对社会霸权系统做了进一步的探讨，他强调任何的社会或特定的人类历史阶段，都有着具有实践价值和意义的核心系统，并把它称之为组合系统（corporate system），而非葛兰西对"组合"的解释。威廉斯首先澄清了他对社会看法的一个基本观点，即无论在何种社会和哪一个人类历史阶段，一定都存在一个核心的价值体系，威廉斯把这个核心价值体系称之为组合系统，他强调自己的"组合"概念与葛兰西的"组合"概念有着本质意义上的差别。葛兰西的"组合"表现的是一种对强权的"同意"和"服从"，而威廉斯的"组合"表达的则是自主的、主导的现行核心价值。威廉斯通过这样的"组合"来表达"霸权"具有的社会核心价值体系的蕴意。威廉斯还进一步揭示了自己关于"霸权"概念的理解，霸权不仅是人们对人类社会和宇宙世界的理解，是一套价值意义体系，更是人们在社会生活实践中行动和体验的总和。他强调，能够真正体验到价值意义体系（既具有构成设定性又处在构成设定中）的霸权，是人们彼此确认的结果，成为人们共同搭建起的一种现实感。因为一旦人们走出经验现实，就很难在社会具体实践中行动。换句话说，霸权在本质上即表现为一种"文化"①。可见，在威廉斯那里，"组合系统""霸权""文化"三个概念之间有着本质的相通之意，尤其是他认为某一种文化就是某一种霸权，两者在本质上是同一类性质。威廉斯的"霸权"更加注重强调社会过程和生活同权力结构的相生关系。②

威廉斯更进一步探讨了与霸权紧密相关联的现行主导文化。现行主导文化只有建立在对产生主导文化的社会理解过程中才能实现，而产生主导文化的社会过程被威廉斯称为"并入"（incorporation）过程，而且并入模式具有至关重要的价值意义。教育机构早已成为现行主导文化传播交流的主要平台，现在教育机构成了一个文化活动和经济活动的场所。事实上，文化活动与经济活动同时发生。与并入过程相关的是选择性传统（selective tradition）的过程。一个社会总是存在着各种不同的意义与价值，哪一种意义与价值最终能够成为现行主导的文化，选择性（selectivity）是关键。因为在现存的意义与价值中通过某种方式关注某些意义与价值，与此同时摒弃某些意义与价值，以及哪些意义、价值又需要受到重新阐释等，都是选择的结果。威廉斯认为，做选择的过程有益于我们摆脱统治阶级的凌驾和控制。而现行主导文化的塑造和重新再塑造是"教育的过程，即家庭式机构内部更为宽泛的社会训练的过程，以及工作的实用性限定与组织构成，在知识与理论性层面上的选择性传统"③ 等各种力量参与塑造的过程。当以上各种力量都被我们亲自体验过并走进我们的生活，当我们也参与到现行的主导文化塑造的过程中时，我们便可以轻易摆脱意识形态的控制和束缚。威廉斯一直以来都对霸权的复杂性具有深刻的认识。他强调，我们不得不辨别认识那些受到特定的现行主导文化所汲取和包容的不同态度、不同价值意义，甚至不同的价值观与世界观。这些都没有在上层建筑观念甚至霸权观念中得到重视。可见，威廉斯认为现行主导文化作为一种霸权必须具有开放性和包容性，强调实践中存在的霸权是一个动态的不断主动积极塑造的过程，而不是一个静止的、稳固的结构或体系，它总是在

---

① ［英］雷蒙德·威廉斯：《马克思主义与文学》，王尔勃、周莉译，河南大学出版社2008年版，第118页。

② 刘娟：《作为"具体"的总体——论雷蒙德·威廉斯对霸权概念的重新解读》，载《教学与研究》2019年第3期，第105-112页。

③ ［英］雷蒙德·威廉斯：《马克思主义文化理论中的基础与上层建筑》，胡普忠译，载《外国文学》1999年第5期，第70-79页。

各种力量参与过程中不断地被塑造,被更新,又被再塑造,再更新。不应误解的是,对文化霸权的批判并不意味着毫无节制地认同形形色色的非霸权文化。① 由此看来,威廉斯把霸权阐释为一个自始至终能动的过程,然而它并不仅仅代表各种主导性质以及因素的融合。与之相反,它不同程度地由各种相互分开的,甚至意义、价值和实践大不相同的合理的组织构成;基于此,文化意义和有效的社会秩序得以通过霸权具体地构建起来。

葛兰西的霸权理论不仅影响了威廉斯的社会主义文化观,而且促成了其社会主义新革命观的生发。威廉斯认为,"革命一方面强调政治与经济权力的调整,另一方面也强调对某些特殊霸权的推翻,对某种完整的阶级统治形式的推翻;这种形式不单涉及政治和经济的制度关系,同时也存在于经验以及意识形态中。只有靠着造就出其他霸权即一种崭新、优势的实践与意识——革命才得以成功"②。下文将进一步讨论与霸权概念密不可分的情感结构概念,主要探讨戈德曼的发生学结构主义的主要内容,以及其与威廉斯情感结构概念的联系与区别。

三、以"情感结构"扬弃"发生学结构主义"和"霸权"

情感结构(structures of feeling)无疑是威廉斯文化社会主义思想中的核心概念之一。它不仅是建构威廉斯文化理论不可缺少的一个概念,而且与意识形态概念存在某种关联,这种关联性体现在威廉斯所阐述的情感结构的术语不易被理解和认识,但是选择"情感"(feeling)这个词汇是为了强调"世界观"或"意识形态"两个概念的区别。这样一来,不仅仅表明我们必须正确地把握方式和体系性的信仰,与此同时,这样做也表明我们参与了意义与价值,然而这些意义与价值和传统正规的或体系性的信仰之间的关系事实上是处于变化之中的(包括历史变化)。③ 威廉斯试图用"情感结构"概念来替代或超越"意识形态"概念,虽然这两个概念都包含"意义与价值"的共同内涵,但"情感结构"则直接在传播与共

---

① 王伟:《汲取、批判与延展——论伊格尔顿对雷蒙·威廉斯文化观的批评》,载《北京科技大学学报》(社会科学版)2019年第5期,第106-111页。
② [英]雷蒙德·威廉斯:《关键词:文化与社会的词汇》,刘建基译,生活·读书·新知三联书店2005年版,第202页。
③ [英]雷蒙德·威廉斯:《马克思主义与文学》,王尔勃、周莉译,河南大学出版社2008年版,第141页。

同文化之间搭建了可能的桥梁。① 我们需要思考和回答的问题是：为什么威廉斯要用"情感结构"替换"意识形态"？"情感结构"又是什么？

"戈德曼的发生学结构主义，就是要研究文学作品与不同类型的世界观、文学作品与社会集团的意识形态以及它同整个社会经济、政治状态之间的对应关系，并分析他们之间是如何发生关系的。"② 发生学结构主义要解决的问题是，文学作品与作品所表现出来的一定社会集团的集体意识之间的关系。发生学结构主义所运用的是一种有别于理性主义和经验主义的方法——部分和整体之间关系的方法。戈德曼强调的理性主义是从观念或天赋观念出发，经验主义则是从认识的主观感知感觉出发，二者都在研究中时刻承认一整套已经得到的认识，科学思想便从这一整套认识开始，沿着或多或少的确信直线前进，而无须正常地和必然地重新提起已经解决了的问题。相反，辩证思想则断定未曾出现肯定的出发点，也从未彻底对问题进行分析解决，同时思想的发展也不是直线上升的，因为部分真理只有通过发挥其在整体中的作用才具有真正的意义。由此可见，只有在认识部分真理方面取得进步，整体才能进一步被理解和接受。这样看来，认识的发展进度就像是在部分与整体之间的永恒摆动。戈德曼通过对理性主义和经验主义方法论的批判，提出了他认可的部分与整体之间关系的方法。在他看来，这是一种辩证动态的方法。当他运用这种方法来分析文学与社会的关系时，他强调一部著作并不是对作者个人思想和意识的反映，而是作者所处的社会机体、阶级的思想和意识——世界观的反映；换句话说，要将一部作品融入它所处的集体或社会阶级的政治、经济思想的整体中去，要将一部作品与整个社会生活和社会历史演变的整体过程联系起来，才能认识其客观实在意义。可见，他阐明了文艺作品作为社会的组成部分，必须与体现社会阶级的集体意识的社会生活整体联系起来，构成一种同构性的辩证关系，这样人们才能更好地认识作品的价值和意义。在戈德曼看来，每一部文艺作品与作者所置身的社会阶级的内部结构是相对应的同构关系，这种同构的关系是通过共同的世界观形成的。一个阶级为什么

---

① 赵传珍：《文化反对资本主义：威廉斯文化社会主义思想探析》，载《科学社会主义》2015年第3期，第150–153页。

② 王晓升、陈燕、苏平富：《西方马克思主义意识形态理论》，社会科学文献出版社2009年版，第37页。

会形成共同的世界观呢？这是因为人们之间的关系不仅包括个体之间的关系，还存在集体关系。在现实社会的实践活动中，人们很容易被卷入多种多样的共同行动中，人们在共同实践过程中多多少少都会对个人的意识造成影响，同时在共同实践的过程中，不同的群体逐渐产生了与之相对应的世界观。由此，戈德曼认为，"世界观是群体成员聚集起来的感情意愿与思想"①。换句话说，戈德曼所认识的世界观不是个体的自我意识，而是一种群体意识的反映，是某一个特定社会阶级所共同拥有的集体意识。文艺作品和世界观是同构关系，因为作者的写作意识受到他所属阶级的集体意识（或者称为世界观）的影响，所以作者的作品自然成为他所属阶级世界观的表达载体。在某种意义上可以说，文学作品是一定社会阶级世界观和集体意识的产物，而一部文艺作品质量的高低，也取决于作品与其所处阶级世界观距离的远近。为此，戈德曼再次强调，"杰出的作者恰好是这种特殊的个体，在某些方面，如文学作品里，杰出的作家完美地塑造了严谨美好的虚拟世界，其思维结构与集体所追求的框架结构相对应，而对于作品来说，随着框架结构远离或接近这种严谨更为重要"②。

威廉斯的"情感结构"概念来源于对文化与社会之间关系问题的思考。在文化研究中，人们发现面对远古文化或者不同时代民族国家的文化研究时总是感到困难重重，即使穷尽"浩海如烟"的资料，也仍难以再现研究对象当时的真实文化形态和性质。正如威廉斯的评价所说，"几乎所有的形式描写都过于粗糙，无法表现对一种特殊和与生俱来方式的独特感知"③。就是说，对于一种文化的完整认识和理解，个人在社会中的实际参与和身临其境的情感体验是不可或缺的。反之，一个好的文学作品总能体现出一定时代的人民心理、生活状态及当时的社会价值和社会状况。威廉斯为此创造了"情感结构"这个术语，旨在以情感结构为中介来链接文化与社会，使文化走进社会物质生活，也使社会生活进入文学作品描述的对象领域。

威廉斯在《漫长的革命》中提到情感结构这个术语如同"结构"这

---

① ［法］吕西安·戈德曼：《隐蔽的上帝》，蔡鸿滨译，百花文艺出版社1998年版，第3－21页。
② ［法］吕西安·戈德曼：《论小说的社会学》，吴岳添译，中国社会科学出版社1988年版，第230页。
③ Raymond Williams. *The Long Revolution*. London：Chatto and Windus，1961，p.46.

个概念所表达的一样明确,但情感结构在我们的实践活动中处于最难以把握的状态。从某种价值上来看,这种情感结构是一个社会历史发展时期的文化。如果我们了解威廉斯把文化看成整体生活方式的思想,就不难解读他把情感结构看成一个时期的文化之义。威廉斯用情感结构来表达某一特定时期内人们所体验到的全部生活方式。作为"一个时期的文化"的情感结构,超越了"意识形态"和"世界观"这些缺少主体实践体验的形式化概念,它内在地包含了把人们的生活感受和现实体验渗透到文化理论和实践中的理论诉求。保罗·琼斯(Paul Jones)这样评价威廉斯的情感结构,认为情感结构尽管常常与"社会特征"相复合,但是情感结构不仅包括社会公共理想,还包含它们所未涉及的内容及其后果。威廉斯正是在这些矛盾重重的不同方面对文化进行了考量。琼斯的评价说明,情感结构是一个动态的、不断变化和发展的经验结构。在某种意义上,"经验结构"可以替代"情感结构"。这里的"经验"强调的是个体在当下活生生的社会实践的经验,这种经验同时具有个别性和社会性双重属性。在个人的经验里蕴含了人类社会整体的经验,个人通过社会经验可以理解和把握社会,社会通过每一个具体的个人的经验可以把握整个人类社会和文化。

威廉斯在研究了葛兰西的"霸权"概念之后,重新对"情感结构"概念进行了思考,他认为把社会的主导文化看成文化霸权,把情感结构看成反对霸权的工具则更为合理。因此,有学者提出威廉斯已经用"情感结构"概念替代了"霸权",情感结构在"霸权"的形式外衣下进入了新的发展阶段。这一点更加证明了"情感结构"概念所具有的流动变化发展的属性。

通过对威廉斯情感结构概念的剖析和反思,我们看到"情感结构"概念的内涵经历了一个从强调"活文化"的直接经验、强调摆脱固定的文化分析模式,超越"官方的精英意识",关注普通民众的当下生活,到强调一个时代的人们共同拥有的意义和价值,到最后转向对资本主义文化霸权的批判的漫长的发展过程。通过这个过程,我们看到的是威廉斯通过"情感结构"这一概念,企图把个人与社会、文化与社会、主观与客观融合到一起的一种"总体性"生活方式的文化社会主义思想萌芽的生长。

综上,我们可以看到这些最能体现威廉斯社会主义文化批判的理论,不但汲取了卢卡奇"总体性"范畴中的理论精华,而且吸收了葛兰西的"霸权"思想和戈德曼的发生学结构主义思想中的积极因素,以此为理论基石对马克思主义相关理论主题进行了新的思考,在新的时代背景下进一步深化和发展了其文化唯物主义的整体性观念、情感结构概念和文化霸权等方面的重要内容。

总之,通过对威廉斯思想生成的西方马克思主义理论资源的考察,我们得到一个资源丰富、内涵深刻的"威廉斯文化社会主义思想渊源图绘"。这些考察,为我们进一步探究威廉斯的文化社会主义思想奠定了必要的认识论基础,对于进一步拓展西方马克思主义以及马克思主义文化理论研究无疑具有重要的意义。

(原文刊载于《广东第二师范学院学报》2020年第40卷第2期,有改动。)

当代对坚持和发展马克思劳动价值论的思考

房慧玲

马克思主义的劳动价值论，是马克思在政治经济学领域实现科学革命的最辉煌成果之一，围绕它的争论一直伴随着自它问世以来的整个过程。2008年国际金融危机发生后，西方社会中又出现了马克思热，学者们试图从马克思政治经济学中找到引起这次危机的原因，以便对症下药。实践证明，马克思劳动价值论历经时代洗礼，始终是人类社会无法忽视的思想宝典，它所揭示的马克思主义基本原理并没有失去真理的光芒。今天，我们研究马克思劳动价值论的当代价值，必然要对它的当代境遇进行全面审视，联系全球化时代的国际环境和社会转型期的时代背景进行分析，使马克思劳动价值论与时俱进、开拓创新，更好地指导我国社会主义各项事业的建设和发展。

一、马克思劳动价值论的基本内容

马克思在他创立的劳动二重性学说的基础上，构建了科学的劳动价值理论。它应该包括哪些内容，学术界一直存在较大的分歧。综观《资本论》三卷，广义的劳动价值论主要包括以下八点内容。

第一，价值实体理论。在政治经济学史上，马克思是将"作为一切社会存在条件"的劳动和"创造价值"的劳动区别开的第一人。他指出，人类抽象劳动形成价值实体，这个抽象劳动，不是个别私人劳动，而是共同的社会劳动，是"作为它们共有的这个社会实体的结晶"[①]。形成价值实体的人类抽象劳动是凝结状态或结晶状态的劳动，"使用价值或财物具有价值，只是因为有抽象人类劳动体现或物化在里面"[②]。

第二，价值量理论。马克思认为社会必要劳动时间决定商品的价值

[①]《资本论》（第3卷），人民出版社1975年版，第51页。
[②]《资本论》（第3卷），人民出版社1975年版，第51页。

量。"社会必要劳动时间是在现有的社会正常的生产条件下,在社会平均的劳动熟练程度和劳动强度下制造某种使用价值所需要的劳动时间。"① 单位商品的价值量与体现于商品中的劳动量成正比,与劳动生产率成反比。马克思强调此种分析是完全撇开市场竞争与供求关系的"抽象地叙述"。他在《资本论》第三卷中针对社会供求不一致的情况,指出了"另一种意义"的社会必要劳动时间同商品价值量的关系:"价值不是由某个生产者个人生产一定量商品或某个商品所必要的劳动时间来决定,而是由社会必要的劳动时间,由当时社会平均生产条件下生产市场上这种商品的社会必需总量所必要的劳动时间决定。"② 可见,马克思实际上认为商品价值量是由两种意义上的社会必要劳动时间共同决定的。

第三,价值形式理论。价值形式即交换价值,是商品价值的表现形式,表现为一种使用价值与另一种使用价值相互交换的比例关系。马克思通过分析价值形式的发展过程,科学地揭示出货币的起源和本质。货币出现后,价值通过价格形式表现出来。

第四,价值本质理论。马克思指出,价值是社会历史范畴,不是永恒的范畴。抽象劳动形成商品价值是社会发展到一定的历史阶段才产生的。价值的本质是商品生产者之间互相交换劳动的关系的体现。然而,产品成为商品后,生产者之间互相交换劳动的社会关系则通过商品的物与物的关系表现出来,"劳动的那些社会规定借以实现的生产者的关系,取得了劳动产品的社会关系的形式"③。现象遮掩了本质,产生了神秘性,掩盖了商品价值的本质。

第五,价值规律理论。价值规律包括价值决定和价值交换两个方面,是商品经济的基本规律。价值具有相对稳定性,而价格则受供求关系影响,在多次交换中呈现波动性,它等于价值是偶然的,高于或低于价值则带有经常性。价格围绕价值上下波动,是价值规律作用的表现形式。平均利润形成后,价值规律在分配过程中进一步转化为生产价格规律,这时商品的市场价格围绕生产价格而不是围绕商品的价值上下波动。

第六,劳动力价值理论。马克思把劳动与劳动力区分开来,把必要劳

---

① 《资本论》(第3卷),人民出版社1975年版,第51页。
② 《资本论》(第3卷),人民出版社1975年版,第722页。
③ 《资本论》(第3卷),人民出版社1975年版,第88页。

动和剩余劳动区分开来，指出与资本相交换的不是劳动而是劳动力，认为工资是工人必要劳动创造的，其本质是劳动力的价值或价格，而不是劳动的价值或者价格。马克思认为劳动力成为商品是剩余价值生产的前提，劳动力的使用价值就是劳动，它可以创造出比其自身价值更大的价值，是价值的源泉。这就解决了李嘉图未能解决的第一个难题——"资本与劳动平等交换而资本也同时增殖"。

第七，价值转形理论。马克思揭示了从价值到生产价格的历史过程。他指出，由于等量资本获取等量利润的要求产生了平均利润，商品价值转化为生产价格。马克思通过对生产价格总额等于商品价值总额、平均利润总额等于剩余价值总额的证明，对价值向生产价格的转化做了全面的解释，建立了生产价格学说，即价值转形理论，解决了最终导致李嘉图学派破产的第二个难题。

第八，虚假的社会价值理论。虚假的社会价值为价值规律发生作用的结果，指提供级差地租的那部分价值。由于土地有限，产生了对优等土地的经营垄断，农产品的市场生产价格就由最劣等地方的个别生产价格决定。因此，农产品市场生产价格的总和，总是大于农产品个别生产价格的总和，这个超过额，作为提供级差地租实体的超额利润，实际上是一个虚假的社会价值，它通过产品出售使社会过多支付而实现。

二、马克思劳动价值论的当代境遇

马克思劳动价值论在现代社会遇到了前所未有的挑战，这是一个不容回避的事实。马克思劳动价值论自19世纪60年代诞生，到现在已有150多年，资本主义生产方式已经发生了巨大的变化，世界经济结构进入了一个崭新的历史时期，科学技术的进步对现代经济的作用充分凸显，对社会生活的各个方面产生了深刻的影响。

第一，与马克思提出劳动价值论的时代相比，现时代生产力发展水平有了质的飞跃，知识经济或科技经济正迅速发展为现代社会的主要经济形态。马克思生活的19世纪是资本主义工业化初期的蒸汽机时代，工人的劳动主要是以体力支出为主的简单劳动，脑力劳动者的劳动还被局限在狭小的范围内。随着以现代科技为特征的现代生产力的发展，劳动结构发生了变化，科技劳动与管理劳动等脑力劳动已取代传统体力劳动的中心地位，社会劳动日趋智能化，致使整个社会生产和创造社会财富的劳动类型、劳动方式、劳动效率、劳动组织形式、产业部门以及衡量劳动的尺度等，都发生了巨大而深刻的变化。①

第二，与马克思提出劳动价值论的时代相比，现时代世界主题和衡量社会优越性的主要指标发生了深刻变化。马克思所处的时代，单纯的经济增长是衡量社会优越性的主要指标，世界主题主要体现为战争与革命。马克思为了革命的需要以及对国际工人运动的正确发展进行理论指导，在创立劳动价值论之时，抓住主要矛盾与矛盾的主要方面，而舍弃当时的一些次要矛盾和矛盾的次要方面。马克思指出从事以体力劳动为主的工人阶级是价值创造的主体，而涵盖科技人员在内的知识分子则处于价值创造的次要位置。但是，现时代世界主题发生了复杂而重大的转换，和平与发展成为当今时代的主题，人类社会已从无产阶级革命的时代发展到社会主义与资本主义两种社会制度并存的时代，社会主义同资本主义斗争的方式已经由军事优势的竞争转变成综合国力的较量，特别是科学技术的竞争，衡量社会优越性的主要指标由过去单纯的经济增长转变为经济增长和社会全面发展。在现代这种社会境遇当中，应当把马克思在他那个时代"忽略掉""简化掉"以及"被放在次要位置上"的因素凸现出来，不但要研讨以简单的体力支出为主的劳动同价值创造之间的关系，还要研究以复杂的脑力支出为主的劳动同价值创造之间的关系。②

第三，同马克思提出劳动价值论的时代相比，现时代社会的生产关系发生了深刻变化。资本主义基本矛盾的发展与激化导致的资本主义对生产关系的自觉或不自觉的调整，使资本主义生产关系不仅没有灭亡，反而延续了生存的空间。中国社会主义经济制度的建立与马克思、恩格斯所设想的那种从发达资本主义国家脱胎而来的理论预期相比存在巨大的差别，它是从生产力极不发达的半殖民地半封建社会的旧中国脱胎而来，经过社会主义建设道路的初步探索，经过30多年的改革开放，在社会主义的实现形式上我们摸索出了一条具有中国特色的社会主义道路。

第四，同马克思提出劳动价值论的时代相比，现阶段的阶级结构发生

---

① 杨红：《深化对马克思劳动价值论认识的若干思考》，载《河南社会科学》2012年第7期，第31-34页。

② 刘冠军、邢润川：《马克思劳动价值论的现实解读》，载《山东社会科学》2005年第5期，第10-15页。

了深刻变化。马克思曾大胆预言资产阶级时代存在一个特点,"它使阶级对立简单化了。整个社会日益分裂为两大敌对的阵营,分裂为两大相互直接对立的阶级:无产阶级和资产阶级"①。但是,科学技术的发展和大规模股份公司的出现并占主导地位,以及技术和管理在生产过程中的特殊作用和突出贡献,使得当代资本主义国家的阶级结构并没有出现简单化、两极化发展的倾向,而是呈现出多元化发展的趋势,并且变动性越来越大,阶级界限变得越来越模糊,两大阶级并没有出现非常激烈的对抗,阶级之间的对话与合作反而成为普遍的现象。在中国实施社会主义市场经济体制的过程中,阶级结构也发生了重大变化,民营科技企业的创业人员和技术人员、受聘于外资企业的管理技术人员、个体户、私营企业主、中介组织从业人员、自由职业人员等新的社会阶层已经成为中国特色社会主义事业的重要参与者。

以上出现的新变化,无疑给马克思劳动价值理论及其研究,提出了新的任务与挑战。

三、对坚持和发展马克思劳动价值论的思考

(一)要完整地、准确地学习和掌握马克思劳动价值论的基本原理

现实中,一些学者并没有真正全面理解和准确把握马克思劳动价值理论的内容,误解和曲解的东西比较多。例如,把本来不是马克思的东西,凭主观臆断强加给马克思。有学者认为,马克思劳动价值论只是将价值生产限定在"物质生产领域",认为只有物质生产部门的劳动才是生产劳动,才能创造价值,而否认非物质生产部门的劳动是生产劳动,那么,这无疑就是认为非物质生产劳动不重要。确实,由于马克思劳动价值论诞生于物质生产占主导地位的资本主义工业化前期阶段,为了科学研究的需要,为了突出重点和抓主要矛盾,同时为了适应当时革命的需要,将从事以体力劳动为主的工人阶级主要界定为价值创造的主体,侧重于分析工人阶级的生产劳动同价值创造之间的关系,把价值生产仅限定于"物质生产领域",而对科技劳动、商业劳动、服务性劳动等关注得不充分,这是事实。然

---

① 《马克思恩格斯选集》(第1卷),人民出版社1995年版,第273页。

而，在马克思的著作中从来没有否认过非物质生产部门的生产性劳动，也从来没有论证过非物质生产劳动不重要。相反，马克思认为只要参与资本主义生产过程，只要能够带来剩余价值，即使不直接从事物质生产，也属于生产劳动。

再如，有些学者混淆了马克思劳动价值论的某些概念。他们将价值、交换价值与使用价值相混淆，认为经典劳动价值理论不能解释现实社会当中存在的诸多经济问题，自始至终就没有解释清楚自然资源也是巨大价值的来源，诸如未经开垦的土地、森林、草原、湿地等，各种没有发掘的矿产，人的生存须臾不能离开的水、阳光、空气等。① 稍具政治经济学常识的人都可以看出，这里所说的"价值"其实是马克思所说的使用价值。

马克思劳动价值理论是马克思经济理论大厦的基石。研究马克思劳动价值理论，不能曲解马克思著述的本意。不然，以此探讨并试图发展劳动价值理论，势必危及整个大厦的根基，导致思想和理论的混乱。在当代境遇下，坚持与发展马克思劳动价值论，应当力求完整地而不是零碎地、准确地而不是随意地、实际地而不是空洞地掌握马克思劳动价值论的基本原理。一方面，要防止教条主义。坚决反对死记马克思劳动价值论的教条，忽视客观实际，生搬硬套马克思劳动价值论的概念、原理解释。另一方面，要防止实用主义。坚决反对打着坚持和发展马克思劳动价值论的旗号，断章取义，附加给马克思劳动价值论一些不正确的认识，从而肢解劳动价值论。

因此，必须认真钻研马克思劳动价值论的经典著作，要从理论体系上把握马克思劳动价值论的精神实质，要把经典作家的论断放到当时的历史环境中来认识。中国正在进行的中国特色社会主义事业是一项前无古人的实践活动，在前进的道路上出现的许多新情况、新问题是马克思主义经典作家所处时代不曾遇见过的，他们没有也不可能给出具体答案，这就需要马克思主义理论的后来人根据马克思主义的基本原理、基本方法并结合现实做应答，以不断推进马克思劳动价值论的发展。

（二）要坚定地坚持马克思劳动价值论科学的合理内核

由于新科技革命、全球化和信息化的推动和发展，现时代的中国和世

---

① 乌杰：《用马列主义系统观构建劳动价值论》，载《内蒙古社会科学》2002年第4期，第88-92页。

界经济发展中出现了新情况、新问题和新特点，但绝不能以此为借口改造甚至否定马克思劳动价值论，认为马克思劳动价值论已经过时，这显然违背了马克思主义实事求是的基本原则。马克思劳动价值论是人类文明的重要成果，突破了历史的局限，即便在网络经济、知识经济迅猛发展的当下，仍不失为颠扑不破的伟大真理。

坚持马克思劳动价值理论的科学性，首要的是坚持马克思研究经济理论的科学方法。马克思研究经济理论的基本方法是唯物辩证法。它首先是唯物主义的研究方法，然后在这个基础上再运用辩证逻辑的叙述方法。研究方法是从实际出发，从感性认识上升到理性认识，这个思维的行程是从现象到本质、从具体到抽象、从复杂到简单。运用这一研究方法，马克思往往将现实生活中作为研究对象的许多非本质的规定性和特征加以抽象，只留下少数简单的能够反映研究对象本质特征的规定性加以研究，完整的表象蒸发为抽象的规定，以便深入研究和把握研究对象的本质特征。叙述方法是根据研究的结果，把它所认识的客观事物在理论上表述出来，它的思维行程和研究方法正好相反，抽象的规定在思维行程中导致具体的再现。

坚持马克思劳动价值论的科学性，还应坚持劳动价值论中反映商品经济共性的一般原理。例如，马克思关于价值实体、价值量、价值形式、价值规律、价值本质、价值转形、虚假的社会价值等方面的论述，构成了一个完整的科学体系，是对商品经济一般的研究，同样适用于社会主义经济，对于发展社会主义经济有重大的指导意义，是我们必须坚持的马克思劳动价值论的重要内容。

（三）研究马克思劳动价值论应树立正确的理论发展观

马克思劳动价值论与其他任何科学理论一样，绝非终极真理，而是绝对真理和相对真理的统一，它必须立足于当代境遇，解决现实变化与理论发展之间的矛盾，通过多形式和多途径不断丰富和发展。

要在研究和指导经济活动中坚持发展马克思劳动价值理论。马克思劳动价值理论产生的基本源泉和发展动力，来自人类经济活动。运用劳动价值理论去能动地指导经济活动，也是我们经济理论研究的宗旨。在中国社会经济发展过程中，不断涌现出新问题、新情况，我们需要对马克思劳动价值论进行新的概括与总结。例如，结合当代知识经济和经济全球化进程的加快和迅速发展，有必要对"劳动"的内涵和外延进行重新界定，发展马克思劳动价值理论中关于生产劳动的概念，肯定科技劳动、服务劳动、管理劳动在价值创造中的作用，并在分配领域中体现科技、知识、信息等生产要素的价值，才能解决好马克思劳动价值理论与我国现行分配制度之间的矛盾。

要在继承和突破中坚持发展马克思劳动价值理论。发展马克思劳动价值论不能无中生有，一方面要继承劳动价值理论的许多基本范畴、规律、原理，另一方面又不能照搬一切，必须面对当今社会经济实践的挑战，在一些论断上有所突破。因此，发展马克思劳动价值理论应该在原有理论体系中已经存在的生长点上加以催化培育，从而生成新理论和新观点。比如，关于国际价值问题的分析，已经散见在马克思的众多著述中，但是由于马克思所处时代的经济国际化程度很低，因此他对商品价值的分析主要停留在国别价值上。但是在当今世界经济全球化条件下，国际贸易频繁，商品交换已经成为世界范围的普遍现象，商品交换的基础已不是国别价值而是国际价值，这就需要从国际范围去界定社会必要劳动时间，也要相应地对价值规律的作用范围进行扩充，以适应国际商品交换市场的发展。

要在争鸣和斗争中坚持发展马克思劳动价值理论。马克思劳动价值理论本身是在同形形色色的经济学说的斗争中产生的，自它诞生以来一直面临多方面的责难与挑战。在国外，围绕劳动价值论的"转形问题"、劳动价值论的适用性等，西方学者进行了一个多世纪的论战，特别是当代西方价值理论，如熊彼特的创新价值论、约翰·奈斯比特的知识价值论、托夫勒的信息价值论等更是对劳动价值论提出了挑战。在国内，针对生产劳动与非生产劳动的划分、价值的源泉问题、活劳动的界定等问题，也展开过多次大讨论。在这些争鸣和斗争中，面对来自非马克思主义学者的责难，马克思主义者应该用宽广的胸怀吸纳人类文明的一切优秀成果，秉持批判继承与批判借鉴的态度，汲取他人新的研究方法、新的研究观点，不断推动马克思劳动价值理论向前发展，丰富和完善马克思劳动价值论。

[原文刊载于《韶关学院学报（社会科学版）》2015年第36卷第5期，有改动。]

论传统社会精神交往的觉醒

陈水勇

精神交往是指具体历史条件下的主体为满足精神需求,在整体把握客观世界和自身的理论生活、道德生活及艺术生活的过程中,创造精神文化和消费精神产品的一切交互活动。在漫长的原始社会,人类征服和改造自然的能力较弱,满足简单日常生计需要的物质交往占绝对支配地位。进入传统社会后,即奴隶社会和封建社会,生产力水平和分工程度不断提高,脑体劳动逐渐分离,一部分人摆脱体力劳动束缚,专门从事思想研究、理论创造等精神生产,相对独立的精神交往得以确立和发展。黑格尔(Hegel)曾强调:"人类是'精神的东西'……'精神'在本质上就是人类,因为除掉人类的形态以外,更没有其它形态可以代表精神出现。"① 精神交往逐渐成为人的一种特定存在方式,人们不再满足于低层次的物质需要,而是希冀思想交流、艺术文化、名誉地位等高层次需要。

一、传统社会精神交往觉醒的典型表现

传统社会轴心期出现全方位精神交往觉醒,确立了世界几大文明体系的基本精神风貌,为此后人类社会变迁提供了精神原动力。德国著名历史哲学家卡尔·雅斯贝斯(Karl Jaspers)在《历史的起源与目标》中提出"轴心期"(Axial Age)的概念,他把人类发展历程划分为四个阶段:史前、古代文明、轴心期和科学技术时代。他认为史前和古代文明这两个时期属于前轴心期,该时期人的思维能力不完善,主体地位未确立,普遍缺乏一种自觉精神活动。从公元前800年到公元前200年,人类进入理性的、伦理的反思时代,即轴心期,"这个轴心要位于对于人性的形成最卓

---

① [德]黑格尔:《历史哲学》,王造时译,上海书店出版社2006年版,第232-233页。

有成效的历史之点。自它以后，历史产生了人类所能达到的一切"①。西方、中国等地区同时而又独立地进入了人类自我意识和精神生活觉醒的新纪元，出现了汹涌澎湃的思想创造和精神交流、冲突，产生了希腊哲学、中国诸子百家思想等。

（一）希腊文化造就欧洲精神家园

希腊凭借先天地理优势成为地中海地区的贸易中心和文化交流中心。希腊文化是欧洲文明的源脉，正如黑格尔所论："到了希腊人那里，我们马上便感觉到仿佛置身于自己的家里一样，因为我们已经到了'精神'的园地。"② 希腊靠近最早的东方文明中心，积极吸纳埃及和美索不达米亚等文明成果，充分发挥保持数世纪的城邦民主自由，将理性主义和现实主义相结合，探讨宇宙万物源头和规律、社会正义、人生价值和意义，对传统社会精神交往觉醒影响深远。

希腊文化精华源于思辨哲学。思辨哲学孕育了众多哲学流派，如米利都学派、毕达哥拉斯学派、原子唯物论学派、智者学派；养育了闻名于世的哲学圣贤，如泰勒斯（Thales）、赫拉克利特（Heraclitus）、巴门尼德（Parmenides of Elea）等。在轴心期，连绵不断的战争导致希腊社会严重失序，苏格拉底（Socrates）、柏拉图（Plato）等哲学家从天上转向人间，围绕人生目的和理想社会秩序进行哲学理论创造。

苏格拉底批判自然哲学和相对主义，主张研究现实世界和认识人自身，追求有德性生活，教育青年人以爱真理和过正当生活为己任。黑格尔认为："苏格拉底是有名的'道德教师'，但是我们应当称他为道德的发明者，希腊人有的是道德；但是苏格拉底想教他们知道什么叫作道德的行为、道德的义务等等。有道德的人并不是那种仅思想、行为正直的人——并不是天真的人——而是那种意识到自己所作所为的人。"③ 苏格拉底一生述而不作，他的思想通过其学生的著作流传于世。柏拉图是苏格拉底最著名的学生之一，他继承和发展了苏格拉底的伦理思想和治国观念。柏拉图创立了理念论，论证获得绝对知识和至善人生的可能性。他在理念论基

---

① ［德］卡尔·雅斯贝斯：《历史的起源与目标》，魏楚雄等译，华夏出版社1989年版，第7页。
② ［德］黑格尔：《历史哲学》，王造时译，上海书店出版社2006年版，第209页。
③ ［德］黑格尔：《历史哲学》，王造时译，上海书店出版社2006年版，第251页。

础上,构建了一种由哲学王国领导的理想社会制度。在这个理想国,统治者、保卫者、劳动者三个等级各守本分、各司其职,实现社会正义。柏拉图曾四处游历,到各地推行他设计的理想政治制度,还创办了阿加德米学园,免费广招学生,宣传自己的思想和理念,后来形成柏拉图学派,培养了亚里士多德等英才。

在轴心期,希腊哲人以觉醒的自我意识,进行崇高哲学思考,在精神和知识两方面显示出无与伦比的创造力。他们自由设计幸福人生和理想社会秩序,在哲学、史诗、戏剧、艺术、体育等领域开创了辉煌,"不仅奠定了一切后来的西方思想体系的基础,而且几乎提出和提供了两千年来欧洲文明所探究的所有的问题和答案"[①]。罗马人进一步把希腊文化发扬光大,发挥武力和纪律优势,全盘继承希腊文化;还在对外征服进程中,将希腊文化传遍罗马帝国统治的欧、亚、非三大洲。罗马文化带有兼收并蓄和东西交融的特色,是沟通希腊文化与中世纪文化的桥梁。在文艺复兴运动中,轴心期的希腊人本主义理性精神和民主法治精神成为批判基督教神学和封建意识形态的锐利武器,它为欧洲结束黑暗中世纪、唤醒主体意识、谋求思想解放、迎来现代文明曙光立下了汗马功劳。

(二)百家争鸣奠定中华文化基石

轴心期的中国与希腊一样,诞生了一批精神觉醒开拓者,哲学理论实现突破,思想文化空前繁荣。在该时期,中国经历了春秋战国、秦、西汉三个历史阶段。春秋战国时代,周王室衰微,政权分裂,诸侯混战,社会礼崩乐坏,士阶层迅速崛起。士作为知识分子,属于贵族最底层,文武兼备,不耕作,也不经商,终身依附于卿大夫。他们的命运和社会地位被战乱时世改写,一方面,封建宗法等级制遭到破坏,士摆脱依附枷锁,虽丢掉铁饭碗,却获得了人身自由;另一方面,各诸侯为了成就争霸伟业,千方百计以优厚条件招揽士或者蓄养士。士阶层急剧膨胀,其知识才学潜能被激活,纷纷为稳定社会和安抚民心出谋划策,并积极探索各种贤明政治模式,导致学派并起,精神交锋激烈,百家争鸣盛况空前。"百家"中的儒家、道家和墨家最具代表性,孔子、老子、墨子是这些思想团体的主要灵魂人物,他们互相竞争,互相补充,对社会和人生的睿智思考和而不

---

① [美]梯利:《西方哲学史》,葛力译,商务印书馆1995年版,第3页。

同，为中华文化的聚合和绵延不绝提供了最基本的精神元素。

儒家创始人孔子的价值追求和教育思想，对精神交往觉醒和中华文化产生了其他学派领导人物无法比拟的巨大影响。孔子以积极入世的态度，为动荡不安和急剧变化的社会开出拯救良方——"克己复礼"①。"克己"是达到"复礼"的手段，"复礼"是根本目标，他认为重建周礼是平息春秋时期战乱的唯一有效途径。所谓"周礼"，即周初确定和流行的，反映和维系古代社会血缘氏族交往的一整套社会行为规范，包括各种社交礼仪、"君君、臣臣、父父、子子"②等级秩序、严格社会名分等。在周礼的约束下，从天子到庶人，都根据各自社会等级地位享有固定的基本权利，承担相应的社会责任和义务，"不在其位，不谋其政"③，实现社会和谐稳定。孔子生活的年代处于周王室衰落阶段，以血缘关系为基础的周礼统治秩序必然走向彻底崩溃，然而他留恋原始社会的温和民主，力图恢复周礼。尽管他不辞劳苦，用十四年时间周游列国，四处寻找机会实践"克己复礼"的社会改革理想，但他违背了历史潮流，始终未能如愿。

孔子虽是社会变革的失意者，却成为教育领域的至圣先师。他和苏格拉底、柏拉图一样，笃信知识是达至德性和幸福的关键，喜欢专注于传道、授业、解惑。孔子是中国历史上第一位私人教师，他认为每个人"性相近也，习相远也"④，应该有教无类，平等的受教育机会有利于安社稷和促民生。他一方面推动"学而优则仕"⑤，为社会造就贤能之才；另一方面提升立身处世之道，倡导通过学习获得道德自觉，达至修身齐家和治国平天下的目标。孔子有教无类的思想影响了三千弟子，其中有七十二人成为社会栋梁，极大地推动了春秋战国时期的精神交往。

中国其他各家与儒家一样，表现出了主体性的精神觉醒。他们针对春秋战国时代动乱不安和激烈变革的时局，进行了关于社会前途和人类命运的哲学思考，展开了多渠道和多形式的思想争鸣，对中国人的精神交往产生了巨大影响。作为春秋战国时代的著名学派，道家坚持用消极出世的"无为"原则医治纷争和罪恶尘世；墨家的社会伦理思想以兼爱为核心并

---

① 陈戍国：《四书五经》（上册），岳麓书社1991年版，第39页。
② 陈戍国：《四书五经》（上册），岳麓书社1991年版，第40页。
③ 陈戍国：《四书五经》（上册），岳麓书社1991年版，第32页。
④ 陈戍国：《四书五经》（上册），岳麓书社1991年版，第53页。
⑤ 陈戍国：《四书五经》（上册），岳麓书社1991年版，第58页。

以尚贤、尚同、节用、节葬作为治国方法；法家倡导以反映君主一人意志的酷刑苟法治国；等等。诸子百家的哲学理念和政治理想既对立，也互补。儒家以乐观进取的态度融汇道、墨、法等各派理念，最后成长为中华文化的主流。它"在长久的中国传统社会中，已无孔不入地渗透在广大人们的观念、行为、信仰、思维方式、情感状态之中，自觉或不自觉地成为人们处理各种事务、关系和生活的指导原则和基本方针，亦即构成了这个民族的某种共同的心理状态和性格特征"[①]。儒家作为一种历史文化积淀，源远流长，化育中国人的思维方式，规约中国人的行为模式，形塑中国人的世界观和人生观，繁荣中国传统文化。

二、传统社会精神交往觉醒的地域性

传统社会形成了独立的精神交往，这种独立性不是绝对的，是由当时的物质生产和物质交往决定的。正如马克思、恩格斯所说，"思想、观念、意识的生产最初是直接与人们的物质活动，与人们的物质交往，与现实生活的语言交织在一起的。人们的想象、思维、精神交往在这里还是人们物质行动的直接产物"[②]。传统社会的物质生产和物质交往突破了古代社会的血缘和家庭的限制，却仍然无法消除空间狭隘性。封闭的物质生产和物质交往制约了传统社会精神交往存在的范围和方式，使其带有浓厚的地域性。在传统社会，无论是农业文明初期，还是中世纪，精神交往的覆盖范围都不大，一般只限于毗邻地区，如一个民族与邻近一个或多个民族的有限接触和沟通。由于生产力水平较低，交通和交往的技术手段落后，高原、山脉、河流、海洋等自然地理环境成为精神交往无法逾越的天然屏障，导致不同地域的精神生活和思想文化的发展面临两大困境：难以实现跨地域的世界性大交流和大融合；难以维系发展的连续性。

（一）农业文明初期局限于近距离精神交往

约公元前 3500 年至公元前 1500 年，全球大部分地区还重复着古代社会未开化的精神生活模式，欧亚大陆却相继出现了五大文明中心：古巴比伦、古埃及、古印度、中国、爱琴海。这五大文明发源地被限制在各自所在的大河流域或海岸边，如底格里斯河和幼发拉底河流域、尼罗河流域、

[①] 李泽厚：《中国思想史论》（下），安徽文艺出版社 1999 年版，第 39 页。
[②] 《马克思恩格斯文集》（第 1 卷），人民出版社 2009 年版，第 524 页。

印度河流域和恒河流域、黄河流域和长江流域、爱琴海海岸,它们独立而缓慢地创造出风格独特的城市、社会制度、文字、历法等。此五大文明中心之间的精神交往是极其偶然的,只有古巴比伦、古埃及、古印度存在少量、零星的文化往来,它们未能实现思想文化的相互交流和相互促进,也无法主动向其他地区传播它们的文明成果。它们只和各自周边野蛮地区保持时断时续的联系,并且这种联系一般由战争引发。

在远距离精神交往缺乏的情况下,各地区和民族的文化发展完全依赖自力更生,导致每个地区的发展程度极其不平衡。五大文明中心缔造先进思想文化、享受农业文明成果时,其周边民族十分落后,仍过着游牧生活。"欧亚大陆边缘地区那些古老的文明中心对周围的游牧民族来说,有如一块块有着不可抗拒的吸引力的磁铁。丰富的农作物、堆满谷物的粮仓、城市里令人眼花缭乱的各种奢侈品,所有这一切都吸引着大草原和沙漠地区饥饿的游牧民。"① 几个文明中心经常遭受游牧部落的侵略,这些游牧部落有"来自南部沙漠地带的闪米特部落民、欧亚大草原西部的印欧人和大草原东部的蒙古——突厥各族"②。约公元前 2000 年,各文明古国的生产力发展开始停滞不前,内部陷入虚弱和腐朽的泥潭,其辉煌和骄傲被游牧部落凭借铁制武器和择优驯养的马匹迅速摧毁。在游牧民族向四面八方展开征服的过程中,战争成为强有力的交往手段。游牧民族在入侵过程中,本身容易被文明中心的文化同化,自觉或不自觉地演变为被入侵国文明的继承人和传播者。征服者与被征服者、征服者与征服者、被征服者与被征服者之间的物质交往和精神交往空前活跃。蛮族发动战争,增进的只是地区间的精神交往,未能带来世界性文化对话。这些文明程度较低的蛮族对文明中心文化成果的传承也是有选择性的,其急功近利和愚昧无知的心态往往会扼杀和中断文明中心精神文化发展的连续性。马克思、恩格斯曾说过:"某一个地域创造出来的生产力,特别是发明,在往后的发展是否会失传,完全取决于交往扩展的情况。当交往只限于毗邻地区的时候,每一种发明在每一个地域必须单独进行;一些纯粹偶然的事件,例如

---

① [美] 斯塔夫里阿诺斯:《全球通史:从史前史到 21 世纪》(上),吴象婴等译,北京大学出版社 2006 年版,第 74 页。
② [美] 斯塔夫里阿诺斯:《全球通史:从史前史到 21 世纪》(上),吴象婴等译,北京大学出版社 2006 年版,第 73 页。

蛮族的入侵,甚至是通常的战争,都足以使一个具有发达生产力和有高度需求的国家处于一切都必须从头开始的境地。在历史发展的最初阶段,每天都在重新发明,而且每个地域都是独立进行的。发达的生产力,即使是通商相当广泛的情况下,也难免遭受彻底的毁灭。"① 文明中心精神交往和物质交往无法超越地域制约,频繁战争最终毁灭了古巴比伦、古埃及、古印度、爱琴海的文明,只有中国凭借统一的政治、文字及比较与世隔绝的地理位置,抵挡住了更多野蛮入侵,其文明得以不间断地延续下来。

(二) 轴心期跨地域精神交往不可持续

传统社会进入轴心期,借助农业文明初期幸存的有限文化遗产,希腊、中国、印度这三个地区共同聚焦理想政府合理性、社会制度功能、生命价值三个时代主题,以全面意识觉醒和高超理性智慧冲破动荡和黑暗,同步且相互独立地创造了令人叹为观止的巨大精神财富。此后,世界各国生产技术进一步提高,农业、制造业、商业的发展速度和规模远超过去,欧亚大陆崛起了一批经济和军事实力雄厚的帝国,如波斯帝国、亚历山大帝国、罗马帝国、贵霜帝国、汉帝国等,这些地区性帝国或者疆域跨亚、非、欧三大洲,或者对外贸易和交流十分活跃,它们是精神交往的汇集中心和辐射中心,构成了相互影响的欧亚大陆文明带,为希腊、中国、印度三者的互相联系和精神交往提供了便利条件。地区性帝国为了有效治理版图不断扩大的领土,修建了很多举世闻名的陆路和海路干线。如波斯帝国修建了从波斯湾的苏撒城到爱琴海沿岸的驿道,全程长 1677 英里②,驿道向西南能到达埃及,向东南可通往印度河流域;汉帝国内部有南北畅通的运河和驿道,还精心修筑了从中国西北部出发,经中亚,直抵中东的丝绸之路;亚历山大帝国广修港口,连接红海沿岸、尼罗河、亚历山大港。③这些道路网络不仅是商品流通走廊,更是文化交流走廊。便捷的交通、良好的社会治安秩序促进了欧亚的地区商业、长途贸易及文化交流。伴随着兴旺的贸易交换及大帝国扩张的欲望,希腊文化在中东和欧洲广泛传播,中东和欧洲的大部分城市都实现了希腊化,高卢人、日耳曼人、不列颠

---

① 《马克思恩格斯文集》(第 1 卷),人民出版社 2009 年版,第 559 - 560 页。
② 1 英里≈1.6 千米。
③ [美] 斯塔夫里阿诺斯:《全球通史:从史前史到 21 世纪》(上),吴象婴等译,北京大学出版社 2006 年版,第 86 - 89 页。

人、伊比利人等都充分感受到希腊的哲学、文学、建筑、市民社会等魅力。希腊化打破了东西方各自为政的文化发展模式,实现了双方精神交往融合。

分别发源于中东和印度的基督教、佛教产生了比希腊文化影响更持久的精神交往效应。这两大宗教迅速成为世界性宗教,它们分别在欧洲和亚洲各个角落生根发芽,不仅给这两大洲和其他洲的民族带去了两套宗教教义和道德标准,还带去了灿烂的希腊－罗马文化、印度文化、中国文化。基督教、佛教"使欧亚大陆的文化整体化达到了空前绝后的程度"①。欧亚大陆实现的这种精神交往整体化还处于不成熟的初级阶段,它无力挣脱地域性束缚,"欧亚东端的中国和欧亚西端的罗马帝国仍不能建立直接的、正式的联系,仍未能相互掌握有关对方的具体、可靠的知识"②。另外,其盛衰在很大程度上取决于各地区性帝国的强弱。当各帝国处于如日中天的时期,欧亚大陆各地区精神交往就繁荣昌盛;若各帝国处于分裂混乱或被蛮族入侵灭亡的阶段,这些地区的精神交往就萎靡不振。

(三) 中世纪缺乏稳定的世界性精神交往

在中世纪,欧亚大陆精神交往整体化告别初始阶段,迈进高级阶段。这一时期,横亘欧亚大部分陆地的两个庞大帝国——伊斯兰帝国和蒙古帝国相继出现,其疆土空前广阔,消除了历史由来已久的地区隔绝,使欧亚大陆各地区产生更密切和更多样化的直接联系,包括再度兴盛且规模更大的陆路和海路商业贸易,更广泛和频繁的技术、文化、宗教交流等。伊斯兰帝国领土扩张与宗教传播是同步的,来自阿拉伯半岛的伊斯兰教,逐渐在欧洲、印度、东南亚、非洲扎根并影响至今,后来发展成为第二大世界性宗教。阿拉伯人在输出他们的宗教信仰和文化时,还大量吸纳和传播前犹太教文明、美索不达米亚文明、希腊－罗马文明、印度文明等。他们的翻译家收集、释译和保存了大量古希腊哲学和科学的学术文献。当学者们无法在希腊本土找到亚里士多德的著作时,却可以从阿拉伯国家找到阿拉伯语版本。伊斯兰帝国推动的精神交往使希腊哲人的学术智慧再次绽放光

---

① [美] 斯塔夫里阿诺斯:《全球通史:从史前史到21世纪》(上),吴象婴等译,北京大学出版社2006年版,第97页。
② [美] 斯塔夫里阿诺斯:《全球通史:从史前史到21世纪》(上),吴象婴等译,北京大学出版社2006年版,第83页。

彩，继续为欧洲近代文化繁荣做贡献，不因希腊被罗马灭亡而消失。

蒙古帝国对欧亚大陆精神交往一体化做出的贡献也毫不逊色。它实现了"历史上第一次，也是唯一一次，一个政权横跨欧亚大陆——从波罗的海到太平洋，从西伯利亚到波斯湾"①。这个疆域辽阔的政权积极扩大对外和平交往，并主动向欧洲打开自己的国门。中国的印刷术、造纸、火药、指南针等发明传遍欧洲和中东，为欧洲新文明的创造和资本主义的诞生准备了思想和物质条件。马克思指出："火药把骑士阶层炸得粉碎，指南针打开了世界市场并建立了殖民地，而印刷术则变成新的工具，总的来说变成科学复兴的手段，变成精神发展创造必要前提的最强大的杠杆。"②此外，欧洲各国商人云集中国，其中最杰出的代表是威尼斯的马可·波罗（Marco Polo）。他给后人留下了《东方见闻录》一书，让中国、中东和西方等国家和地区相互知晓，还为西方新航路的开辟和扩张提供了详细指引。

伊斯兰帝国和蒙古帝国极大地促进了欧亚大陆各地区之间的整体化精神交往，但此时的欧亚大陆与非欧亚大陆之间还停留在彼此孤立的状态。传统社会精神交往无法逃脱地域藩篱，缺乏稳定持久的世界性交汇和碰撞，在很大程度上挫伤了人类精神生产能力。

三、传统社会精神交往觉醒的阶级性

传统社会的长治久安，需要物质交往和物质生产为其奠定物质资料基础，也需要精神交往为其提供理论范导和价值支撑。经济基础及与经济基础相适应的政治交往决定和制约了精神交往的性质和发展方向。在阶级对立的传统社会，少数统治阶级为了发挥精神交往的功能，必然以阶级利益为出发点，推动精神交往制度化和规范化。

（一）传统社会统治阶级钳制精神交往自由

传统社会统治阶级是精神交往的支配者，它掌握了至高无上的权力，控制了国家暴力机关，"是社会上占统治地位的物质力量，同时也是社会

---

① [美]斯塔夫里阿诺斯：《全球通史：从史前史到21世纪》（上），吴象婴等译，北京大学出版社2006年版，第202页。

② [德]马克思：《机器、自然力和科学的应用》，中央编译局编译，人民出版社1978年版，第67页。

上占统治地位的精神力量。支配着物质生产资料的阶级，同时也支配着精神生产资料"①。统治阶级凭借权力、军事和经济优势，自然而然地拥有支配精神交往的特权，且长期垄断和享有接受正规、系统教育的特权，可优先学习和传承精神文明成果，普遍具有较高知识文化水平。马克思、恩格斯表示，"统治阶级的思想在每一时代都是占统治地位的思想"②。统治阶级掌握了先天优势，可直接控制思想文化的创造和分配，主导社会精神交往，它善于掩盖精神交往的阶级本质，把自己打扮成全社会利益的代言人，"赋予自己的思想以普遍性的形式，把它们描绘成唯一合乎理性的、有普遍意义的思想"③。因此，凡是与统治阶级思想不一致的文化和言论都会被扼杀。

中国秦朝统治者采用"焚书坑儒"的政策以统一思想和巩固统治，春秋战国诸子百家争鸣的现象无法再延续。"非博士官所职，天下敢有藏《诗》《书》、百家语者，悉诣守、尉杂烧之。有敢偶语《诗》《书》者弃市。以古非今者族。吏见知不举者与同罪。令下三十日不烧，黥为城旦。所不去者，医药卜筮种树之书。若欲有学法令，以吏为师。"④ 秦朝统治者严禁私学，规定官学为法家思想，除博士官保管的各类著作和非意识形态技术用书外，其他诸子百家著作都由政府烧毁。除了焚书，嬴政大帝不允许知识分子非议或嘲讽皇帝、朝廷，下令把首都咸阳四百六十余名道家方士和儒家学者全部坑杀。汉朝统治者和秦朝一样，非常重视国家思想的统一，推行独尊儒术政策；另外，还根据统治者的意志不断改造儒学，使其经学化，将教育、考试、选拔官员三者相结合，进一步使儒学脱离实际，丧失学术批判价值。

欧洲中世纪封建社会统治阶级也长期垄断精神交往，实行思想专制，钳制文化创造、传播和发展。封建主为了维护专制统治，对基督教进行封建主义改造，确立基督教的神学统治地位。恩格斯认为，"中世纪的历史只知道一种形式的意识形态，即宗教和神学"⑤。社会上层建筑必须为论证基督教神学服务，科学、哲学、艺术等全部成为神学的"婢女"和附

---

① 《马克思恩格斯文集》（第1卷），人民出版社2009年版，第550页。
② 《马克思恩格斯文集》（第1卷），人民出版社2009年版，第550页。
③ 李泽厚：《中国思想史论》（下），安徽文艺出版社1999年版，第552页。
④ 司马迁：《史记》（第1册），中华书局1959年版，第255页。
⑤ 《马克思恩格斯文集》（第4卷），人民出版社2009年版，第289页。

庸。与基督教神学无关的文明遗产,如数学、天文学、古代建筑学等,都被禁止,大量珍贵古典学术著作被焚毁或散佚失传。基督教会成立大批教会学校,教授、学习和研究经院哲学,培养专门神职人员和神学人才,还遍设异端裁判所,使用暴力摧残肉体,达到消灭异端思想的目的。

中世纪基督教会把一切与正统经院哲学、正统神学家、正统基督教会相异的学说、教徒、教派视为异端。宗教裁判运用极其残酷的审讯条例对异端进行审判,如严刑逼供、不经审判执行死刑等。不计其数的追求自由思想的人被异端裁判所秘密逮捕和审讯,遭受严刑拷打,被囚禁牢狱,甚至被处死。1600 年,坚持泛神论唯物主义自然观的思想家——布鲁诺(Giordano Bruno),教会视其为异端,把他活活烧死在罗马鲜花广场。传统社会的中国和西方统治者都曾不惜一切手段,蔑视真理和进步,把统治阶级思想限定为精神交往的主要内容,牢牢掌控精神交往的支配权。大一统精神交往维护了统治者的专制统治,也限定了人们的思想视野,导致传统社会缺乏变革的精神文化动力。

(二) 传统社会知识阶层服务于大一统精神交往

传统社会知识阶层也为统治阶级建构了理论体系以达到为统治提供合法性论证的目的。传统社会造就了大量专门从事脑力劳动的知识分子阶层,该阶层是精神交往的中坚力量。他们属于先知先觉群体,拥有丰富的学识,不但继承和传播前代文明成果,还致力于创造新精神财富。其理论和言行既能启发民智,也能针砭时弊、匡时救世。传统社会知识分子阶层的精神意识和文化创造是特定物质生产和物质关系的产物,他们自觉不自觉地成为当时社会秩序的维护者,为阶级国家繁荣昌盛创建共同的价值信念和思维方式,直接或间接论证了阶级统治的合理性和合法性。

古希腊亚里士多德(Aristotle)是一位百科全书式的思想家,他既探寻幸福生活和正义城邦的真谛,也用自然目的论来论证希腊奴隶制的正当性和必然性。所谓自然目的论,即"各种人类关系的目的,形成一套目的阶层。自然的模式是由从属关系构成的模式,否则不会有一种统治形式会是自然的,人也不会本于自然而统治动物"①。正如人统治动物一样,城

---

① [英] 约翰·麦克里兰:《西方政治思想史》,彭淮栋译,海南出版社 2003 年版,第 79 页。

邦社会各种统治关系——统治者与被统治者、灵魂与肉体、男人与女人、主人与奴隶等，都源于这种自然目的的序列规定。亚里士多德认为，"有些人天生即是自由的，有些人天生就是奴隶，对于后者来说，被奴役不仅有益而且公正"①。自然赋予了主人和奴隶不同的身体构造，奴隶没有理性，仅能感应主人的理智，他理应听命于主人，为主人服役。"如果所有工具，都能够完成自己的工作，服从并预见到他人意志……倘若织梭能自动织布，琴拨能自动拨弦，那么工匠就不需要帮手了，主人也就不需要奴隶了。"② 亚里士多德在担任亚历山大（Alexander）大帝的家庭教师时，亚历山大给他配备了上千名奴隶供其研究。他强调，幸福生活和正义城邦的前提条件是享有闲暇，有了闲暇才能进行沉思、追求美德，奴隶是生产财富和创造闲暇的最好工具。传统社会千千万万知识分子，都和亚里士多德一样，很难超越自身的阶级立场。

四、结语

传统社会精神交往的典型代表是希腊、中国等地区在轴心期的精神觉醒。该时期出现了井喷式的思想文化高峰，产生了深刻的哲学反思、博大精深的价值体系、超越的宗教信仰，为日后精神交往提供了最高的精神尺度。雅斯贝斯断言："人类一直靠轴心时代所产生、思考和创造的一切而生存，每一次新的飞跃都回顾这一时期，并被它重燃火焰。自那以后，情况就是这样。轴心期潜力的苏醒和对轴心期潜力的回忆，或曰复兴，总是提供了精神动力。"③ 轴心期造就了人类精神文化的内核，为日后世界精神财富的积累奠定了厚实的基础。

精神交往的发展取决于具体历史语境中社会生产力和理性能力的水平。传统社会的生产力和理性认知水平有了较大提升，但人类改造自然和征服自然的能力仍然有限，对人、自然和社会的认识停留于神学或伦理信仰层面的理解，缺乏科学规律的指引。传统社会基础产业为落后农业，生产率低下、产品数量和质量不高。在生活资料和生产资料都不充沛的条件

---

① ［希腊］亚里士多德：《政治学》，颜一等译，中国人民大学出版社2003年版，第10页。
② ［希腊］亚里士多德：《政治学》，颜一等译，中国人民大学出版社2003年版，第7页。
③ ［德］卡尔·雅斯贝斯：《历史的起源与目标》，魏楚雄等译，华夏出版社1989年版，第14页。

下，经济活动要以政治生活为准绳，一心一意服务于阶级统治的需要。统治阶级残酷剥削和大量占有人们的劳动成果，沉迷穷奢极欲的生活，供养庞大的国家机器和军队。千千万万的奴隶、农奴、农民、工商业者，都是统治者的附属物。这些普通平民的生活极度拮据，却不得不耗尽毕生精力从事无尊严的艰苦劳动为统治阶级做嫁衣。

在传统社会，大多数平民物质生活匮乏，直接压制了精神交往的生机和活力。统治阶级占据经济、政治、军事的绝对优势，垄断精神生产资料，将一切精神交往和文化成果高度意识形态化，扼杀思想自由。统治者将自身的阶级利益凌驾于社会之上，把阶级需要变成社会整体需要，泯灭民众个体性物质追求和精神追求。"如果个人为了整体利益而自觉地牺牲自己，那是一种高尚，如果社会必须付出这种代价，那这是一种无奈，无论怎样，牺牲一定的个人是难以避免的，但不能因此就认为社会需要是个人需要合理与否的最终标准和根据，更不能因此就无视个人作为主体的权利，片面地要求个人需要应该无条件地服从整体需要。"[1] 传统社会如铁板一块，强制性和依附性关系无处不在。广大平民无法拥有平等的教育权利，享有极其有限的精神生活资源，只能任凭自身的文化个性淹没于文化共性或文化政治性中。人们缺乏个性、自由，精神需求处于压抑状态，很难发挥主观能动性以创造丰富多样的思想文化产品，导致精神交往失去了相应的广度和深度。

传统社会精神交往无法逃脱地域藩篱，缺乏稳定持久的世界性交汇和碰撞，很大限度地削弱了人类精神交往能力。另外，传统社会精神交往的狭隘阶级性，导致精神产品生产、精神文化交流等高度政治化，广大平民被剥夺了平等的精神交往权利，只能想统治阶级所想、乐统治阶级所乐。传统社会统治阶级善于运用暴力和专制缔造万马齐喑的一元价值和一元文化，直接或间接扼杀思想自由、文化自觉和文化创新，无法实现多元精神生活与精神文明成果的"各美其美，美人之美，美美与共，天下大同"[2]，

---

[1] 李德顺、马俊峰：《价值论原理》，陕西人民出版社2002年版，第94页。
[2] 费孝通：《费孝通文集》（第14卷），群言出版社1999年版，第196页。

不利于精神交往的发展和传统社会的变迁。伴随着人类物质生产水平和交往能力的提升，缺乏包容性和开放性的传统社会精神交往觉醒，必然逐步被现代社会和而不同的世界性精神交往所扬弃。

（原文刊载于《广东第二师范学院学报》2019 年第 39 卷第 4 期，有改动。）

马克思人本思想与弗洛姆人本思想比较研究

林俊风

马克思是一位对人类文明进程有重大影响的思想家,其著作对人、人性、人的本质、人的解放、自由、平等有着丰富、深刻的论述,其阐发的社会主义、共产主义思想更是吸引了无数人为之奋斗终生。法兰克福学派的弗洛姆深受马克思人本思想的影响,追随着马克思的脚步,致力于探索马克思人本思想的相对薄弱之处——心理分析,提出其独特的社会主义人本思想,在此基础上对社会主义理论加以补充和细化。将二人的人本思想加以比较,可清晰地看出源和流的关系,体会时代的变迁以及思想不断丰富和细化的过程,对于我们构建社会主义和谐社会有极大的价值。

一、马克思人本思想与弗洛姆人本思想的相通之处

马克思和弗洛姆都运用了辩证法,非常有洞察力地看到西方社会在繁华、富裕和政治权力背后,有一个去人性化的过程。他们都始终坚持社会主义立场。同为社会主义思想家,马克思和弗洛姆两人的人本思想中的共同之处是显而易见的。

(一)针砭时弊,关注人的生存境遇和体验

针对19世纪的资本主义工厂制度,马克思评价道:"在现代制度下,如果弯腰驼背,四肢畸形,某些肌肉的片面发展和加强等,使你更有生产能力(劳动能力),那么你的弯腰驼背,你的四肢畸形,你的片面的肌肉运动,就是一种生产力。如果你精神空虚比你充沛的精神活动更富有生产能力,那么你的精神空虚就是一种生产力。"[1] 马克思从工人的生存境遇和体验出发,敏锐地看到当时资产者制定的制度不利于工人的全面发展,不利于工人"像人一样从事活动因而同时发展人的本性"[2]。弗洛姆针对

---

[1] 《马克思恩格斯全集》(第42卷),人民出版社1979年版,第261页。
[2] 《马克思恩格斯全集》(第42卷),人民出版社1979年版,第262页。

"二战"后民主、和平、繁荣的西方国家中自杀、他杀和酒精中毒的人数令人震惊的事实,提出发人深省的问题:"这些资料是否表明,现代文明并没有满足人们内心深处的需要?如果真是这样,那么,这些需要是什么呢?"① 马克思和弗洛姆都把此时此地具体的人而不是抽象的人作为自己研究的历史基础,这是他们的共同出发点。

(二)对人的自由、人性、人的需求、人的发展的理解基本一致

深受西方自由主义传统的影响,马克思对人的自由是相当肯定的。"自由确实是人所固有的东西,连自由的反对者在反对实现自由的同时也实现着自由","没有一个人反对自由,如果有的话,最多也只是反对别人的自由。可见各种自由向来就是存在的,不过有时表现为特权,有时表现为普遍权利而已"②。弗洛姆对自由也非常看重,他认为,如果一个人无法获得自由,没有自发性,无法真正表达自己的思想,那他可能被视为有严重缺陷,如果一个社会多数成员这样,那这就是社会造成的缺陷现象。他们都认为人是一个既有肉体又有意识的存在,人之所以异于动物,在于人的理性和自由。马克思和弗洛姆对人性都没有特定的解释和限定,马克思批判资本主义社会诸多违反人性的现象,弗洛姆则认为人性的要求和社会的要求会相互冲突,因而整个社会是病态的。他们都指出人的需求非常丰富复杂,并随时代、处境的变化而变化。个人的自由、独创、全面的发展是他们理论的最终准则。总之,他们都深受启蒙思想的影响,在社会中探寻人的自由,并期盼社会能满足人性和人的需求、人的发展。

(三)借用"异化"概念,剖析人的遭遇,指出当前社会的局限之处

"异化"在文艺复兴以来已被确定为一种损害个人权利的否定活动,指个人权利的放弃或转让,个人不再是主人。在马克思的理论中,"异化"是指,人本身的活动对人来说成为一种异己的力量,这种力量压迫着人,而不是人驾驭着这种力量。在详细剖析了宗教异化、政治异化后,马克思深刻地指出:"以劳动为原则的国民经济学,在承认人的假象下,无宁说

---

① [德]艾里希·弗洛姆:《健全的社会》,孙恺祥译,上海译文出版社2011年版,第7页。
② 《马克思恩格斯全集》(第1卷),人民出版社1979年版,第63页。

不过是彻底实现对人的否定而已。"① 他提出了著名的"劳动异化",即工人与自己的劳动产品相异化,与自己的劳动相异化,与自己的类本质相异化,人与人相异化。在此基础之上,马克思还详细剖析了货币异化、商品异化、资本异化和科学、机器异化等。弗洛姆的"异化"是一种经验方式,在这种经验中,他不觉得自己是创造者,是中心,他的行为及其后果反倒成了他的主人,他服从于这些主人,甚至会对它们顶礼膜拜。② 弗洛姆的"异化"概念与马克思的"异化"概念大同小异,实质相同,即人的活动反过来控制了人,人失去了自由。不同之处在于,弗洛姆明确指出这是一种经验方式,人们服从控制甚至对之顶礼膜拜。从弗洛姆对资本主义社会异化的剖析和批判中,我们可以看到马克思的影子,如宗教中"偶像崇拜"的异己形式、劳动异化、市场规律的异化、金钱利润的异化、科学技术的异化、极权主义和权威的异化等。

二、马克思与弗洛姆人本思想的区别

马克思和弗洛姆作为不同时代的人本主义思想家,其著作的具体内容和侧重点的不同也是极为明显的。

(一)作品所反映的时代背景不同,面对的社会问题不同

马克思的作品主要反映的是 19 世纪欧洲资本主义发展时期,那时商业和生产成为社会的主导,资本所有者在追求利润的过程中最大限度地剥削雇工,弱肉强食是社会最大的法则,雇工的工资微薄,劳动时间很长,还有很多雇用童工的现象。马克思这样写道:"在我们这个时代,每一种事物好像都包含自己的反面。我们看到,机器具有减少人类劳动和使劳动更有成效的神奇力量,然而却引起了饥饿和过度的疲劳。新发现的财富的源泉,由于某种奇怪的、不可思议的魔力而变成贫困的根源。技术的胜利,似乎是以道德的败坏为代价换来的。随着人类愈益控制自然,个人却似乎愈益成为别人的奴隶或自身的卑劣行为的奴隶。"③ 马克思面对的社会问题主要是饥饿、贫困、过度疲劳、阶级剥削和奴役。弗洛姆作品主要反映的是 20 世纪"二战"后的西方国家,那个时代与马克思的时代有一

---

① 《马克思恩格斯全集》(第42卷),人民出版社1979年版,第112页。
② [德] 艾里希·弗洛姆:《健全的社会》,孙恺祥译,上海译文出版社2011年版,第97页。
③ 《马克思恩格斯全集》(第12卷),人民出版社1962年版,第4-5页。

个根本性的不同,就是经过一系列的斗争和制度的变迁,所有西方国家都采纳了这样一条原则:每个公民在物质上都应得到最低限度的安全保障,以应付失业、生病及年老时的需要。因此,弗洛姆将研究的重点转向心理、性格分析。他对资本主义社会的社会—经济结构和市场规律、利润动机、交易倾向等特点进行分析,指出这些使人们的性格发生了变化:①量化与抽象化,人们思考、盘算,为抽象的东西忙碌,离具体的生活越来越远;②人格异化,人的价值感的高低取决于他是否成功,这种待价而沽的异化人格使人丧失了尊严感和自我感,自杀现象的增多便与此有关;③对无名权威的顺从;④欲望必须立即得到满足;⑤自由联想与自由谈话,没有禁忌和保留;⑥理性、良心和宗教的沉沦;⑦劳动成为令人困扰的负担;⑧民主国家操纵人民意志和在商业广告中操纵顾客意志没什么不同,公民在政治事务中深感无能为力;⑨精神异化,只能接触自己的内心,无法直接感知外部世界,看外部世界如同看相片,同自己的内心没什么联系。① 他对许多当代社会现象进行深度剖析,如庞大的企业、政府和政党等,及其对人们心理的影响,帮助人们重新把握自己的生存以及与世界的直接联系。

(二)二者对人的需求分析的侧重点不同

马克思对人的需求的分析是宽泛而全面的。在强调生产力所决定和所容许的范围内,马克思既重视人对物质的需求,也注重对自由、平等等精神的需求,即人的二重性。基于当时普遍的饥饿、赤贫现实,马克思有较多的经济诉求,如提高工资等。对于个人自由,马克思认为"只有在集体中才可能有个人自由","在必要劳动终止的地方自由就到来了"。马克思特别注重人的全面发展的需求,"例如一个人,他的生活包括了一个广阔范围的多样性活动和对世界的实际关系,因此是过着一个多方面的生活,这样一个人的思维也像他的生活的任何其他表现一样具有全面的性质"②。迫于历史的局限性,马克思来不及详细地分析人的精神需求,而弗洛姆则追随马克思的脚步,对人的精神需求条分缕析,加深了人们对人性及支配人性发展的规律的理解。弗洛姆认为人类根深蒂固的精神需求有五点:①与他者关联和自恋,即人如果完全不能将自己同世界联系起来,他便患有

---

① [德]艾里希·弗洛姆:《健全的社会》,孙恺祥译,上海译文出版社2011年版,第89页。
② 《马克思恩格斯全集》(第3卷),人民出版社1960年版,第296页。

神经错乱，在各种形式的联系中，只有创造性的联系——爱，使人既保持了自己的自由与完整，同时又与其同胞相结合，而自恋是与客观、理性及爱相对的另一个极端；②超越——创造性与破坏性，即一方面人不满足于被动的角色，不满足于任人摆布的地位，希望成为一个"创造者"，而另一方面，当创造的意志无法被满足之时，破坏的意志就会抬头；③根性——友爱与乱伦，即人都深深渴望得到那种母亲曾经给予过的安全感和实在感，但对母亲、血缘、土地的固恋却会导致乱伦，而乱伦禁忌是人类发展的必要条件；④身份感——个性与从众行为，即意识到自己是一个独特的个体，同时又竭尽全力求得与群体协调一致；⑤对定位坐标系与信仰体系的需要——理性与非理性，即在这个世界上，人需要理智地确定自己的位置，不仅需要某种思想体系，也需要一个信仰对象。① 在弗洛姆看来，一个人充分满足了精神需求，他便是一个有创造力的人，他这种创造力来自他内在和外在的认知形式之间的对立和统一。

（三）二者提出的解决方案不同

在马克思和弗洛姆构想的社会主义社会中，经济不再成为人们的主人，这样的社会是一个具有正义、友爱和理性的无阶级社会。马克思指出："在共产主义社会中，即在个人的独创的和自由的发展不再是一句空话的唯一的社会中，这种发展正是取决于个人间的联系，而这种个人间的联系则表现在下列三个方面，即经济前提，一切人的自由发展的必要的团结一致以及在现有生产力基础上的个人的共同活动方式。"② 到那时，劳动是自由生命的表现，是生活的乐趣，肯定人的个性特点，而不再是生命的外化，不再是仅仅为了生存，为了得到生活资料。为了这样的哲学—社会学目标，马克思提出了一些具体的措施，如剥夺地产，把地租用于国家支出；征收高额累进税；废除继承权；信贷集中在国家手里；增加国营工厂；实行普遍劳动义务制；促使城乡对立逐步消失；对儿童实行公共的和免费的教育；把教育同物质生产结合起来；缩短工时；等等。③ 马克思明确指出了社会主义的方向，其中的一些措施，如国有化、高额累进税和全民教育等，使人类社会获益不少。从中也可见其对国家、政治权力及经济

---

① [德] 艾里希·弗洛姆：《健全的社会》，孙恺祥译，上海译文出版社2011年版，第22页。
② 《马克思恩格斯全集》（第3卷），人民出版社1960年版，第517页。
③ 《马克思恩格斯选集》（第1卷），人民出版社1972年版，第272页。

发展寄予很高的期望。弗洛姆肯定了英国工党把健康保险纳入社会保险体系的积极意义以及工业国有化的积极意义，但他进一步意识到，即使生产资料国有，如果工人的工资、权力、工作条件、在生产过程中所起的作用及人的自由独立性不发生改变，那也不是真正的社会主义。为此他提出了"直接管理"这一概念。他从心理上论证懒惰根本不是常态，而是心理疾病的一种症状。他区分了工作的技术性和社会性，用充分的例子和实验说明工作的社会环境的改变，会使工人的兴趣和参与感增强，从而使其获得满意的工作体验，异化的处境得到克服，工作成了表达人类精力的有意义的方式，在不限制自由或者不迫使人求同的情况下，人类的团结一致得以确立。他提出了以下解决方案原则：利用各种现代工业技术；分权与集中融合；遵守最低道德标准；宗教信仰自由；重视生活实践；工作的权利和自由；完善自我的权利和自由；与他人团结和博爱；等等。具体措施包括以下三个方面：①经济方面。给予工人技术教育和有关企业在国民经济和世界经济中的作用的知识；以法律的形式规定红利的限度；明确规定厂家对工人、消费者及社会应承担的责任；工人成为公司的成员，并在董事会中有自己的代表；面对面协商讨论工作的方式；将生产引向现存的需要还未得到满足的领域；对经济欠发达地区的帮助；普遍的最低生活保障制度；等等。在弗洛姆看来，实行这些设想的花费，很难超过最近几十年来各大国的军费开销，而且在控制犯罪、防治神经症或心理因素造成的疾病方面的开支也会大大减少。②政治方面。组织500人以下的面对面小组，充分彻底讨论重大议题，那么公民象征性的投票中的非理性和抽象的异化因素就会消失，政治问题就会成为公民实际关心的事。③文化方面。创造各种形式的非盈利的集体艺术活动，形成一种团体感。这里面不乏新颖独到、独树一帜的观点。

通过比较，我们可以看到，马克思和弗洛姆始终信奉社会主义，把人看作人，追寻人与社会的和谐。他们视角一致，极为冷静和理智地看待人和社会的关系，不愧为诊断人类疾病、指点人类命运的思想大师。相比较而言，马克思着眼于国家、社会的宏观架构，弗洛姆着眼于微观环境的改善；马克思强调国家行为，弗洛姆强调个人、群体的心理、行为可改变社会环境。把他们放在一起比较，我们可以看到马克思的人本理论为社会主义的实现铺设了经济、政治、文化的框架和基础，而弗洛姆的人本理论则是对各个方面的细化和深化。他们的人本理论合在一起，具有内在的连贯性和整体性，使社会主义理论具有真正的活力和吸引力，而不是枯燥无味的教条，并且使社会主义者不再感到气馁，从而可以切切实实地做一些有益的事情。当前，我国已确立了社会主义的基本制度和框架，但各方面具体细微的制度还有待完善，人们的心理意识层次还有待提高。在这个意义上，弗洛姆的思想对我们建设社会主义和谐社会有极大的价值。

（原文刊载于《广东第二师范学院学报》2014年第34卷第6期，有改动。）

威廉斯对马克思主义意识形态理论的创造性转化及其限度

赵传珍

本文旨在结合威廉斯意识形态理论的相关内容,分析其"物质化意识形态"对马克思主义意识形态理论的转化、批判和超越,以及它所能够达到的自身边界或限度问题。威廉斯的意识形态理论,既是对传统马克思主义意识形态观过分注重"精神性维度"的反拨,又是对20世纪60年代以降英国马克思主义实际发展状况的直接回应。就前一方面而言,意识形态的精神性在马克思和恩格斯那里无疑占据主导性位置,加之晚年的恩格斯以及第二国际有把马克思主义"科学化"的嫌疑,其结果使"物质实践"和"革命行动"因素逐渐溢出马克思主义的界限。就此而言,威廉斯突出意识形态的"物质性"维度的目的是双重的:反拨科学化的马克思主义,以及回应卢卡奇、科尔施和马尔库塞等西方马克思主义者凸显马克思主义中的主体性和意志性因素的重要性。就后一方面而言,20世纪60年代以后,英国国内马克思主义研究实际上正在经历一个自我修正和调整的过程:以文化批判的形式突出介入和改变人们生活,以及政治事务的能力。在此种状况下,传统马克思主义过分强化意识形态的精神性维度,显然不能够胜任此项工作。因此,需要为意识形态的内涵赋予新意。当然,威廉斯以"物质活动"充实马克思的意识形态理论,也面临着诸多难题,这些难题本质上也就构成了其意识形态理论内在所具有的限度。

一、物质化意识形态观的范畴辨析

威廉斯既对意识形态做了词源学上的考察,又梳理了经典马克思主义者、第二国际早期西方马克思主义者对意识形态的使用。并且,威廉斯以其独具英国特色的经验哲学传统,对这些思想家的意识形态学说进行了创造性的批判的转化。威廉斯的物质化意识形态思想的具体内容和理论来源是驳杂、多维度的,笔者将主要从理论特色的角度来剖析和划定其所属范畴。

威廉斯的物质化意识形态观始终以马克思主义为轴心。无论是对意识形态所具有的物质属性的提出，还是对意识形态属于社会物质生产活动的重要组成部分的强调，威廉斯都以马克思和恩格斯的文本为重要论据。从这个视角来看，可以说，威廉斯的意识形态理论内生于以马克思和恩格斯以及列宁思想为主的马克思主义范畴。但是，威廉斯的工作不是对马克思主义意识形态思想的简单重复、阐释和转化，他站在审视和批判的角度，力图超越马克思主义意识形态思想本身所具有的桎梏和局限，这一学理上的追求使得他的意识形态观又不同于一般的马克思主义者的解读。他还积极地吸收了西方马克思主义者关于意识形态学说的"物质实践"因子，例如，他对卢卡奇相关思想的阐述。更值得我们注意的是，威廉斯"借"马克思、恩格斯、列宁等思想巨人的意识形态思想来建构和阐述自己的意识形态观，凸显其生活的时代背景下的理论诉求。威廉斯作为英国著名的新左派思想家和马克思主义者，批判以现代主义意识形态为基础的资本主义制度，倡导在物质生产极其发达的英国实现社会主义制度，这是其一生理论和实践上的追求。从威廉斯的理论诉求上来看，他毫无疑问地属于忠诚的马克思主义者。但是，他所批判的资本主义社会与马克思和恩格斯批判的资本主义社会又有着本质上的区别。马克思和恩格斯看到的是早期资本主义社会中的问题和弊端，而威廉斯看到的却是晚期资本主义社会中的问题和弊端，思想家们生活的时代背景发生了变化，所要面对的具体问题也同样发生了变化。立足于时代不断在"变化"的现实，把研究对象置身于"动态的现实物质社会的变化和发展过程之中"是威廉斯理论著作的一大特色，这一特征也应该纳入我们解读其意识形态批判理论的视域。那么，从这个意义上来看，笔者更倾向于把威廉斯的物质化意识形态观归入英国文化马克思主义这个范畴之列。也就是说，威廉斯的意识形态理论既有马克思主义理论的普遍特性，又有威廉斯个人理论的特殊性，只有在这种既普遍又特殊的逻辑维度，我们才能更好地理解威廉斯的物质化意识形态观。

二、物质化意识形态、物化意识和"意识形态是物质的存在"

正如前文所述，威廉斯的意识形态学说的思想来源相当驳杂，除了马克思、恩格斯、列宁等马克思主义的思想资源，西方马克思主义思想的杰出代表卢卡奇和阿尔都塞关于意识形态问题的研究与威廉斯的物质化意识形态观也有着某种"家族相似性"。这是巧合还是思想史上的继承关系？

物化（reification）和物化意识（reified consciousness）问题是西方马克思主义创始人卢卡奇研究的基本课题。他在《物化和无产阶级意识》中深刻阐释并论述了这个基本的课题。卢卡奇认为："物化就是人自己的活动，人自己的劳动，作为某种客观的东西，某种不依赖于人的东西，某种通过异于人的自律性来控制人的东西，同人相对立。"① 而且，这种物化在卢卡奇生活的资本主义社会已经成为一个普遍、必然的社会现象，成为侵蚀每个人、支配每个人的普遍现实。卢卡奇还指出，物化意识是"物化在意识中的意识形态结构"②。也就是说，由于资本主义物化现象的普遍化，这种物化现象已经深深渗透人们思想意识的各个层面，致使生活在其中的人无法抗拒。在物化意识里，原本属于人自身的具有独立思考能力的"意识"却沉沦为被"物"控制的消极的被动者，从而丧失了人的主体能动性。与卢卡奇的物化意识具有相似意义的是阿尔都塞提出的"意识形态是物质的存在"。在阿尔都塞看来，任何一种意识形态都已经或者有可能转化为一种实践中的物质形态。他指出："一种意识形态总是存在于某种机器当中，存在于这种机器的实践或者各种实践当中。这种存在就是物质的存在。"③ 也就是说，人们生活在一个处处充满了意识形态物质化的社会当中，在社会这个大机器中处处呈现出意识形态的特点，人类完全被这种物质化的意识形态实践所包围，无处可逃，无处可避，没有任何自己独立的思想，没有任何创造性和能动性的行为。阿尔都塞指出："仅就单个的主体（某个个人）而言，他所信仰的观念具有一种物质的存在，因为他的观念就是他的物质的行为，这些行为嵌入物质的实践，这些实践受到物质的仪式的支配，而这些仪式本身又是由物质的意识形态机器来规定的——这个主体的观念就是从这些机器里产生出来的。"④ 当每个个体按

---

① ［匈］卢卡奇：《历史与阶级意识》，杜章智、任立、燕宏远译，商务印书馆1992年版，第147页。

② Georg Lukacs. *History and Class Consiousness*. Cambridge：The MIT Press，1971，p.156.

③ ［法］阿尔都塞：《哲学与政治：阿尔都塞读本》，陈越编译，吉林人民出版社2003年版，第356页。

④ ［法］阿尔都塞：《哲学与政治：阿尔都塞读本》，陈越编译，吉林人民出版社2003年版，第359页。

照意识形态机器的规定和要求进行行动时,所谓主体的观念只是意识形态机器的要求和规则,每个个体其实已经丧失了其自身的主体性。可见,阿尔都塞把意识形态看成是"物质的存在",实质上是对作为国家机器的"意识形态"的批判和控诉,控诉这种已经固定化为人们思想行为方式的"意识形态"对人的统治和异化。由此可见,无论是卢卡奇的物化意识,还是阿尔都塞的"意识形态是物质的存在",他们看到的是这种"物质化意识形态"对人的支配和控制,强调的是对这种带有"物质化"意识形态存在的批判。可以说,卢卡奇和阿尔都塞是从消极、否定的角度来探讨物质化意识形态的。

与卢卡奇的物化意识和阿尔都塞的"意识形态是物质的存在"在本质上不同的是,威廉斯的物质化意识形态强调意识形态是人类物质社会生产过程的重要组成部分,其最终主旨则在于彰显人作为主体积极主动参与社会实践过程的创造性和能动性。威廉斯指出:"意识形态(ideology)在具体的、实践的维度中是一个复杂的过程,正是在这种复杂的过程中人们才'成为'(是)能够自觉意识到他们的利益及其冲突的人。"[①] 可见,虽然卢卡奇、阿尔都塞和威廉斯都是从社会实践的维度来分析意识形态问题,但是在他们使用的具体的"物质化"这一概念内涵上是有所区别的。卢卡奇和阿尔都塞的物质化意识形态更多地带有消解人的主体性的意味,而威廉斯的物质化意识形态则更强调人的积极能动性。从根本上说,"物质化意识形态"在威廉斯这里是具有积极、肯定的意义的。

另外,威廉斯与卢卡奇、阿尔都塞的意识形态思想也表现出相似性或者同质性。其中,最重要的共同性表现在他们都对资本主义社会制度现实采取一种马克思主义理论范式的批判姿态。卢卡奇和阿尔都塞对物化意识形态的批判,实质上就是对资本主义社会现实的批判,在这一方面二者继承了马克思意识形态理论的批判遗志。值得我们注意的是,卢卡奇的意识形态思想不同于马克思的意识形态思想之处则在于他不是从揭露意识形态的虚假性和幻觉性的认识论角度来批判资本主义社会现实,而是直接从"商品拜物教"的社会历史角度来批判资本主义社会;威廉斯的意识形态批判思想既有认识论的视角又有社会实践论的维度。虽然他们各自进行理论批判的方法论上有细微的差别,但在最终批判的对象都是资本主义社会

---

① Raymond Williams. *Marxism and Literature*. Oxford: Oxford University Press, 1977, p. 68.

威廉斯对马克思主义意识形态理论的创造性转化及其限度

现实这一点上则殊途同归。

三、对物质化意识形态观的批判性反思

威廉斯通过对"意识形态"概念在复杂的历史演变过程中的考察，以及对这个概念在马克思、恩格斯、列宁著述中的使用情况的梳理，发现三种含义的"意识形态"错综复杂地纠缠并被交织运用在马克思、恩格斯、列宁的著作中，他提出在马克思主义著作中"意识形态"概念在以下三种意义上被较为普遍地使用："（1）意识形态是指带有某一特定阶级或集团所特有的信仰体系；（2）意识形态是指由错误的或虚幻的观念意识所构成的信仰体系，这种体系与真实的或科学的知识相对立；（3）意识形态是产生各种意义和观念的一般过程。"① 然而在马克思之后的马克思主义者们忽略了"意识形态"概念在第三种含义上使用的理论价值。针对"意识形态"概念使用过程中出现的这个问题，威廉斯仍然以马克思、恩格斯、列宁的文本为依据，深度挖掘并探究了"意识形态"概念物质属性迷失之谜，最终强化并提出了在马克思主义传统中存在着一种"物质化意识形态"的重要理论观点。针对这种物质化（materialization）意识形态观，笔者有三点质疑。

首先，威廉斯对"意识形态"概念在第三种含义上的使用的过度强调，是否已经弱化甚至消解了"意识形态"概念前两种含义的存在？通过威廉斯对"意识形态"概念所进行的历史维度的考察，我们已经认识到"意识形态"概念不是一个单一、简单的界定，它包含了各种丰富具体的内容。任何企图在某一种含义上单独使用这个概念并力求推广一种"唯一"正确的"意识形态"的理论，都将陷入理论上的困境并造成对马克思主义"意识形态"概念的错误解读。那么，当威廉斯批评后来的马克思主义者遗失了"意识形态"概念在第三种含义上的使用，当他一再强调"意识形态"概念的物质属性，乃至建构了一种物质化意识形态理论观点时，他自己是不是已经走入了理论上的悖论和有限性，即因过度强调"意识形态"概念的第三种含义而遗忘甚至抛弃了"意识形态"概念在前两种含义上的使用？为此，笔者认为威廉斯在"批判"的道路上走得太远了，以至于把自己推进了自己所批判的理论困境。无论什么时候我们都应

---

① Raymond Williams. *Marxism and Literature*. Oxford：Oxford University Press，1977，p. 55.

该具有一种理论上的自觉,即自觉认识到任何一种单一理论都有其理论上的限度和适用性上的限度。① 与对威廉斯的质疑相关的一个问题是,我们究竟该如何来理解马克思、恩格斯的"意识形态"概念呢?虽然笔者质疑了威廉斯对马克思"意识形态"概念物质属性的"过度强调",但并不代表否认了他理论工作的价值和意义。他指出了我们在理解"意识形态"概念上长期以来被遮蔽的重要方面,但是他对这一方面的过度强调又是不利于我们全面、正确理解马克思和恩格斯的"意识形态"概念。在笔者看来,我们只有把"意识形态"概念的三种含义都看成马克思、恩格斯的"意识形态"概念的应有之义,才能更好地解读马克思、恩格斯意识形态理论作为一种社会批判理论的本质。当马克思、恩格斯在对传统的德意志意识形态理论进行批判的时候,他们更多地是在第一、第二种含义上交织使用"意识形态"概念,即既把它看成是一种"信仰体系",也把它看作是虚假的、错误的意识,强调对这种"意识形态"在理论上进行批判和解构;当他们在对意识形态的"实践"进行批判的时候,他们更倾向于把意识形态本身看成是"物质社会生产过程的重要组成部分",强调意识形态的社会性和物质性,强调以社会革命的手段来解构现实社会中的"意识形态";当他们在对无产阶级进行一定的阶级意识培养工作时,他们不但把意识形态看成"信仰体系",而且还把意识形态看成"产生意义和观念的过程",以关注无产阶级意识形态的社会物质力量。由此可见,马克思和恩格斯总是在三种复杂含义上交织使用"意识形态"概念,无论是片面强调马克思"意识形态"概念在否定、批判意义上的使用,还是强调马克思"意识形态"概念在肯定、褒义意义上的使用,两者都存有偏颇之处。

其次,威廉斯所阐述的物质化意识形态观究竟是何种意义上的"物质"?众所周知,学界关于马克思主义哲学中"物质"范畴真实含义之争辩历来已久。有的学者提出,在马克思主义语境下,"物质"具有至少三种意义。第一种是"辩证法"意义上的马克思本人的"物质观";第二种是"唯物论、客观实在论"意义上的恩格斯和列宁对马克思物质观的发展;第三种是"实践论"意义上的西方马克思主义对马克思物质观的发展。② 有的学者从认识论和本体论的视角探讨马克思主义哲学的"物质"

---

① 徐长福:《拯救实践》(第一卷),重庆出版集团、重庆出版社2012年版,第335页。
② 张之沧:《论马克思主义物质概念的三种形态》,载《天津社会科学》2008年第6期。

概念，有人坚持认为马克思主义哲学物质概念的实质是认识论意义上的"对象"，同时兼有本体论上的意义。① 有的学者则认为，马克思主义哲学的"物质"范畴消解了西方哲学中的"是者"（being）、"存在"（existence）、"本体"（substance）、"实在"（reality）等中心范畴。② 还有的学者则从物质的属性来考察物质，从这个维度来考察通常把物质分为"自然化的物质"，即处于自在世界之中的物；"人化的物质"，即属于人类社会实践之中的物，此类划分也可以称之为"客体世界之物"与"主体世界之物"。③ 关于威廉斯所强调的物质化意识形态中的"物质"究竟是在何种意义、何种范式下讨论的，威廉斯本人并没有给出明确、清晰的概括或者界定。这一不明晰极其容易造成我们解读他的意识形态理论时的混乱，因此有必要对威廉斯的物质化意识形态观的"物质"范畴进行具体的分析，并从理论上进行澄清。从威廉斯最初提出意识形态具有"物质"这一属性的出处来看，他以马克思和恩格斯在《德意志意识形态》中的一段论述为依据，即"意识在任何时候都只能是被意识到了的存在，而人们的存在就是他们的现实生活过程"，并以这一观点为据驳斥了意识形态理论家们把"意识形态"贬低为思想理论争辩的"代名词"，而无视"意识"一直是物质社会生产过程的一部分。由此可见，威廉斯是在"与人有勾连"的社会实践维度来使用"物质"这个范畴的，即此处的物质具有"人化物质"的含义。威廉斯进一步强调："意识从一开始就应当被看成是人类物质社会过程的组成部分，因而它以'思想观念'方式生产的产品也像物质产品本身一样，都是这一过程的组成部分。就主旨而言，这一点实际上是马克思全部论述的要害之处。"④ 在这里，威廉斯再一次把意识的物质属性置于与人相关的社会实践维度之中，强调物质的社会性和属人性。通

---

① 潘卫红：《"物质"概念的渊源、实质与质疑——兼与赵敦华教授商榷》，载《西南大学学报》（社会科学版）2011年第37卷第1期。

② 赵敦华：《"物质"的观念及其在马克思主义哲学中的嬗变》，载《社会科学战线》2004年第3期。

③ 孙亮：《"物质概念"的误读与马克思主义哲学范式转型》，载《江汉论坛》2009年第3期。

④ "Consciousness is seen from the beginning as part of the human material social process, and its products in 'ideas' are then as much part of this process as material products themselves. This, centrally, was the thrust of Marx's whole argument." 参见 Raymond Williams. *Marxism and Literature*. Oxford: Oxford University Press, 1977, pp. 59–60. 笔者之所以在此处把这一段论述的英文附上，是因为这一段论述对于我们理解威廉斯的整个意识形态思想具有"举足轻重"的意义。

过以上考察，笔者认为，威廉斯从始至终都只在一个维度上使用"物质"这个范畴，这个维度就是人化的、社会化的、实践化的"物质"。在笔者看来，威廉斯如此单一地使用马克思的"物质"概念，说明他没有看到"物质"内在的形而上学价值，没有看到"物质"在马克思主义哲学中的作为与思维何者为第一性而存在的重要意义。因此，当他把意识也物质化之后，他就彻底消解了意识与存在、精神与物质之间的二元对立，形成了一种总体性的实践物质观。

最后，笔者质疑威廉斯对"意识形态"概念物质属性强调的同时，如何还能保证意识形态本身具有的精神意义和价值的产生。意识形态的精神性价值和意义主要在于彰显意识形态自身的积极能动性，强调意识形态区别于社会现实的那一部分价值。当我们充分肯定威廉斯具有创造性的理论成就的同时，也不能不警惕这个理论所要承担的一定"风险"。这涉及另外一个更为深层次的问题，即如何看待文化艺术等意识形态与社会物质生产之间的关系。意识形态是在一定的历史阶段在一定的物质生产基础之上产生的，但是意识形态同时又具有不完全依赖物质生产的相对独立性。意识形态的表现形式和内容也有其自身的内在规律，物质生产并非总是能直接作用和影响意识形态。恩格斯在致施密特的信中曾指出："经济上落后的国家在哲学上仍然能够演奏第一小提琴：十八世纪的法国对英国来说是如此，后来的德国对英法两国来说也是如此。"[1] 恩格斯在这里实际上是承认了物质社会生产的发展与意识形态发展之间的不平衡性。当我们把意识形态看成人类物质社会生产活动的一部分时，意识形态的发展肯定是在物质社会发展的基础上实现的，可是当我们从独特的意识形态精神价值上来辨别物质社会生产的成就时，就会发现某些特殊的意识形态现象与物质社会发展的水平关系不大。对于这种状况，马克思也曾有过论述："关于艺术，大家知道，它的一定的繁盛时期决不是同社会的一般发展成比例的，因而也决不是同仿佛是社会组织的骨骼的物质基础的一般发展成比例的。例如，拿希腊人或莎士比亚同现代人相比。就某些艺术形式，例如史诗来说，甚至谁都承认：当艺术生产一旦作为艺术生产出现，它们就再不能以那种在世界史上划时代的、古典的形式创造出来；因此，在艺术本身的领域内，某些有重大意义的艺术形式只有在艺术发展的不发达阶段上才

---

[1] 《马克思恩格斯选集》（第4卷），人民出版社1995年版，第704页。

是可能的。"① 当我们在最广泛意义上把艺术、文化、哲学等都看成一般价值和意义的产生的意识形态时，我们就能更好地理解马克思和恩格斯在这里所要强调的是保证给意识形态独立创造的精神价值留有一定的"空间"和"地盘"。那么，当威廉斯一味强调意识形态只是人类物质生产过程的组成部分时，他又如何能够确保意识形态的精神性价值和意义得到张扬和实现呢？或许，我们不应该如此质问威廉斯。因为这根源于在马克思的意识形态概念里内在地具有精神性和物质性、形上性和形下性、自在性和社会性等双重矛盾逻辑的统一性质。

四、结束语

总之，威廉斯通过对马克思以及马克思主义意识形态诸多观点进行批判性审视和考察，既批判了一些在他看来错误的传统观点，又强调或增添了一些契合他那个时代需要的新观点，从而呈现出物质化意识形态的理论特色。威廉斯的这种物质化意识形态观，是以批判长期以来马克思主义意识形态理论中存在的诸多问题为基础而建构形成的。例如，他批判了以往意识形态理论忽略或无视"意识形态"的社会物质属性；批判了那种把某一特殊利益集团的意识形态普遍化为人民大众的集体意识形态；批判了把意识形态和科学技术区分对立起来的观点；批判了在一定层面把意识形态看成"错误或虚假意识"的教条性习惯等。威廉斯的理论工作，一方面是对第二国际把马克思主义科学化的反拨；另一方面，也是对西方马克思主义以文化批判范式彰显马克思主义中主体性因素的积极回应。

但是，这样一种物质化意识形态观也有其理论上的限度和困境。威廉斯以探究"意识形态"的原初内涵为旨归，或者说是从词源学或知识论视角出发来力求"回到意识形态本身"，他摒弃了意识形态在后来的演化过程中被赋予的价值论意义。其结果是，他单纯从意识形态作为一种普遍意义和观念的产生过程来考察其实质，得出意识形态是一种中性的和描述性的物质存在的结论。这自然有理论上的合理之处。但他对意识形态的考察，依然是借助于马克思主义"意识形态"概念之"媒介"进行的，这就注定了他在理论上无法撤开意识形态的价值论内涵。因为"马克思主义"在某些社会主义国家本身就是一种明晰、清楚的价值观念体系。威廉

---

① 《马克思恩格斯选集》（第 2 卷），人民出版社 1995 年版，第 28 页。

斯既然是以马克思主义的"意识形态"概念为契机来讨论意识形态问题，就不可能超越马克思主义本身内在固有的价值维度。

相较于过去我们单一地注重马克思意识形态理论的否定性维度而言，威廉斯突出中性和描述性意义上的"意识形态"概念对当代中国学界具有重要的启示意义。长久以来，我们太过于强调马克思"意识形态"概念中的阶级性和历史性，以至于遗忘了意识形态本身所具有的认识论和本体论意义，这显然不利于科学地和客观地认识意识形态"本身"。因此，我们需要随着时代的变化而采取多维度、多视角的方法论来看待和研究马克思主义的意识形态学说。

［原文刊载于《福建论坛（人文社会科学版）》2013年第11期，有改动。］

威廉斯对文化"经济决定论"的批判和修缮

赵传珍

雷蒙德·威廉斯（Raymond Williams，1921—1988）被当代英国著名思想家特里·伊格尔顿称为"无疑是战后英国最具影响力的文化思想家……能够与他相提并论的人物，只有在国外才能找到，如法国的萨特，德国的哈贝马斯"①，可见威廉斯在当代英国学术界的地位。关于威廉斯的文化思想，国内也有学者进行了有价值的探讨，但缺少有针对性地对其文化思想与"经济决定论"批判之间内在关联进行探索的研究。本文尝试对威廉斯批判"经济决定论"的源起、理论基础以及修缮方案进行思考，旨在解决和回答"威廉斯批判'经济决定论'的最终理论诉求——拯救文化是否可能"这个问题。

一、拯救"文化"：考察"经济决定论"的源起

英国具有悠久的文化研究传统，利维斯精英主义文化曾一度成为英国社会的主流文化。利维斯是这一主流文化的主要代表人物，他继承了由阿诺德奠定的精英主义文化传统，认为生活在20世纪的人们已经陷入由"文化混乱"而造成的"文化危机"之中。由于工业革命造成的工人阶级和大众文化的崛起，使得原本"整体化"的文化分裂为"少数人的文化"和"大众文化"。在利维斯看来，工业文明及其伴随而来的大众文化时刻威胁着传统精英文化的权威。为了与大众文化展开战斗，一群拥护利维斯思想的文化精英主义代表们聚集在一起形成了利维斯主义。他们主张："要在学校教育中加入抵制大众文化的训练。在学校之外，把'少数人'武装起来，主动出击，自觉抵抗各种大众文化形式。"② 与此相关，他们

---

① Terry Eagleton, "Forward", in Allen O'Connor. *Raymond Williams: Writing, Culture, Politics*. London: Blackwell Ltd, 1989, p. 12.
② ［英］约翰·斯道雷：《文化理论与大众文化导论》，常江译，北京大学出版社2010年版，第29页。

对"文化与政治"的民主进程也持拒绝态度。威廉斯正是在对保守的利维斯精英主义文化观进行批判的基础上,提出文化是作为"整体的生活方式"(whole ways of life)①的存在。这一文化概念的界定具有鲜明的针对性,那就是针对利维斯主义把"文化"从物质生活中分离出来,看成少数精英们特权的唯心主义文化倾向。威廉斯把文化看成"整体的生活方式",内在地隐含了强调普罗大众也是文化的创造者,文化作为一种独特的、与众不同的"生活方式"是和人们的社会历史实践活动密切相关的观点。也就是说,威廉斯从历史唯物主义这个更为宽泛的哲学意义上来理解文化,文化既是人类社会创造历史过程的精神描述,同时也是人类自身创造历史的全部生活方式,从而构建了他的文化唯物主义理论。而威廉斯对"经济决定论"的批判则是其文化唯物主义理论形成的重要理论根基。

威廉斯之所以考察"经济决定论",与"二战"后英国马克思主义遭遇的重重危机和"新左派"运动密切关联。"二战"后,大多数资本主义国家都开始经济重建,使资本主义国家工人阶级的生活条件得到较大改善,资产阶级与无产阶级之间的冲突开始淡化,马克思主义理论在新的时代背景下遭遇新的问题。英国共产党因盲目依附苏联马克思主义教条化、僵硬化的理论政策,导致大量知识分子党员退党,威廉斯也是其中一员。作为一名活跃在文化研究、历史学、文学批评、社会历史学等领域的马克思主义思想家,威廉斯在对意识形态、文化、工人阶级等具体相关的社会历史课题进行研究的过程中,认识到苏联马克思主义所阐述的"经济基础与上层建筑"命题存在教条化、公式化、简单机械化的问题。退党后的威廉斯开始深入考察和思考斯大林主义的"经济决定论"和英国庸俗化的马克思主义以及传统英国社会精英主义文化等问题。

在威廉斯看来,许多马克思主义文艺评论家在理解马克思的文化理论过程中,僵硬死板地运用马克思关于"经济基础决定上层建筑"的命题公式,并将其肢解或断章取义。他指出:"我发现马克思主义文化理论一片混乱,因为我感到,在不同场合和在不同作家中都各取所需地使用那些命题。"②理论家们大都机械地照搬和应用马克思的观点,照搬教条上的逻

---

① Raymond Williams. *Culture and Society*. New York: Harper and Row, 1966, p.273.
② [英]雷蒙德·威廉斯:《文化与社会》,吴松江、张文定译,北京大学出版社1991年版,第349页。

辑得出来的结论就是,在以资产阶级为统治者的英国,只能存在资产阶级上等阶级的精英文化。也就意味着资产阶级统治者不仅是英国社会经济力量的统治者,而且还是文化精神领域的统治者。这样的结论对于视发展工人阶级文化为己任的威廉斯来说是难以认同和接受的。面对英国马克思主义文艺评论家考德威尔提出的"研究一种民族文学,谁就要从文学与之息息相关的经济史入手,然后将文学置于其中,并依据它对文学加以解释"①的研究方法,威廉斯指出,"这种方法虽也能从中有所收益,但总体上来说是牵强和肤浅的,这是因为,经济因素虽然是起决定作用,但它决定的只是整个生活方式,而文学同整个生活方式关联,而不是唯独与经济,因此这样的文学批评必然会导致它的抽象性和非现实性"②。可见,威廉斯虽然承认经济因素的决定作用,但他也要给文化活动的基础性地位留下地盘。虽然经济决定整个生活方式但并不直接作用于文化,因为文化不仅与经济因素有关联,还与整个生活方式以及社会的其他因素密切相关。应该说,威廉斯对考德威尔的批评是中肯的。因为考德威尔的方法的确忽略了文化在社会实践中的许多具体事实和演变。威廉斯的批判旨在把文化从"经济决定论"的桎梏中拯救出来,构建一种有别于传统马克思主义的新的文化唯物主义理论,完成这一理论批判的首要工作就是重新审视和反思"决定论""上层建筑""基础"等历史唯物主义的重要范畴。

二、理论批判:对"决定""上层建筑""基础"等范畴的重新界定

根据马克思主义基本原理,推动整个社会不断向前发展的动力,是经济基础与上层建筑、生产力与生产关系之间的矛盾运动。在社会结构中,生产力和经济基础是决定社会发展和变革的根本性因素。上层建筑包括观念上层建筑和政治上层建筑,文化一般被归属为观念上层建筑范畴,在一定的历史时期这种认识成为主流并具有极大的影响。随着时代的变化和发展,我们需要慎思和甄别:这种长期束缚和影响我们的文化观念是否会遮蔽我们对文化真理性的认知?

---

① [英]雷蒙德·威廉斯:《文化与社会》,吴松江、张文定译,北京大学出版社1991年版,第6页。
② [英]雷蒙德·威廉斯:《文化与社会》,吴松江、张文定译,北京大学出版社1991年版,第6页。

在马克思主义传统中，文化长期以来被归属为上层建筑范畴，是作为被"决定"的存在，是"反映"基础的存在，并且，这种认识还被称为正宗的马克思的思想。与此相反，威廉斯认为马克思是在对公认命题（即具有完全的预示和预告意义的决定）的否定中，是在大家都熟悉的"倒转"意义上来使用"决定"这个词语的。也就是说，在威廉斯看来，马克思关于基础与上层建筑的命题是在否认那种强调人之外还有某种神秘力量的意识形态意义上使用的，马克思把决定的源头归之于人类自身的社会实践活动。然而，庸俗的马克思主义却经常在"神学观念上的预见、预示、控制"的意义上解读马克思的"决定"，如此这般理解必然导致马克思主义理论成为机械的"经济决定论"和"还原论"，从而否认作为上层建筑的文化活动的价值和意义，将文化实践活动看成由经济基础所决定的，伴随着经济基础的变化而变化，是一定社会经济状况的表现等。威廉斯认为，庸俗的马克思主义者把"决定"误解为"经济决定论"，不但违背了马克思对"决定"最初使用的含义，也违背了"决定"本身作为"设定界限"的意义。因此，威廉斯提出："我们必须把'决定'重新定义为设定界限和施加压力。"① 威廉斯所说的设定界限是指人类是在一定的历史条件和前提下创造自己的历史，是强调历史的创造有一个"限度的设定"。但是，如果把"决定"仅仅看成设定限度，就有可能会抹灭个人的意志力在社会历史创造过程中的参与作用。在笔者看来，威廉斯对"决定"的批判和重新界定旨在强调"决定"存在于整个社会实践过程的性质，即从整个人类的社会历史实践活动中理解决定。威廉斯所理解的决定是一种具有历史性、过程性、整体性特征的决定，是由各种各样的压力和限制建构的存在于整个社会历史进程之中的动态的复杂过程中的决定。这是对"经济决定论"的有力批驳和回应，因为"经济决定论"倾向于把所有文化都简约化为对一定决定性的经济或政治内容的直接或间接的反映，而忽视了文化所彰显的人类创造自己历史的积极主动性。因此，正确认识文化的归属问题，不仅需要从理论观念上摆脱"经济决定论"的束缚，还需进一步厘清和重新考察"上层建筑""基础"等范畴。

人们往往把"上层建筑"看成是对"基础"的简单反映、复制或者

---

① [英]雷蒙德·威廉斯：《马克思主义文化理论中的基础与上层建筑》，胡谱忠译，载《外国文学》1999年第5期，第70页。

模仿。事实上，人们又很难在实际生活中发现这样一种单纯和抽象的反映论，人们对"上层建筑"的解释"就采用了时间上的推迟，著名的滞后，不同的严格意义上的复杂性、非直接性，在非直接性中，文化领域的某些门类如哲学，距初始的经济活动距离更远"①。换而言之，经济基础在对上层建筑各要素产生影响时，上层建筑各要素因所处的位置不同而不可能同时接受经济基础的影响，因而会出现时间上的滞后差异性及复杂性，例如，法律、政治有可能比哲学、艺术更直接受到经济基础的影响。为此，威廉斯提出："我们必须将'上层建筑'定义为与文化实践相关的范围，而不是一个被反映的、被再生的，尤其是依赖性的内容。"② 可见，威廉斯抛弃了文化属于传统意义的上层建筑范畴观念，或者说，威廉斯所理解的上层建筑已经不是我们所理解的传统意义上的上层建筑，而是那种超越了抽象的思想观念或意识形态限定的，与社会实践范围相关的"上层建筑"，那是一种具有"基础"性意义的"上层建筑"。

与上层建筑密切相关的是"基础"范畴。威廉斯强调："当我们讨论'基础'时，我们指的是一个过程，而不是一种状态。"③ 威廉斯通过对马克思之后的马克思主义涉及"基础"一词的考察，总结出基础的三种主要含义：生产关系、生产方式和经济结构。在威廉斯看来，这三种解释都是一种简单化的抽象范畴，根本不能等同于马克思所强调的社会实践生产活动才是构成社会其他活动的基础的原本含义。马克思强调的是将"基础"放置于社会物质生产活动之中，而且这种社会物质生产活动不是静止不变的过程，而是一种处于变化之中的动态过程。因此，"基础"不只是简单地意指生产方式和生产关系，还指人们在社会生产活动中的各种社会关系和交往活动。如果将"基础"局限于一定的生产方式，就会无视基础的变化性和能动性，最终影响对基础的决定因素的全面、正确的理解。威廉斯对基础的重新阐释，让我们认识到对基础的认识不能把它简单地定义在一定范围，而应该从动态的历史过程和实际的语境中理解它的含义。当然，

---

① [英]雷蒙德·威廉斯：《马克思主义文化理论中的基础与上层建筑》，胡谱忠译，载《外国文学》1999年第5期，第71页。
② [英]雷蒙德·威廉斯：《马克思主义文化理论中的基础与上层建筑》，胡谱忠译，载《外国文学》1999年第5期，第71页。
③ [英]雷蒙德·威廉斯：《马克思主义文化理论中的基础与上层建筑》，胡谱忠译，载《外国文学》1999年第5期，第71页。

随着社会的变化和时代的变迁，人们对"基础"一词的理解也在不断发生变化，出现了一系列在马克思生活的早期资本主义社会没有出现的社会现象。例如晚期资本主义社会的科学技术成为第一生产力，具有意识形态的意义，国家也开始参与对经济政策的干预，这些现状令学者们对马克思的基础与上层建筑理论产生了质疑，这就需要我们辩证地看待"基础"在不同时代的不同内涵。威廉斯把基础看成一个动态的历史过程，目的在于"要理解文化过程的现实"①。在威廉斯看来，只有把基础看成变化、动态的过程，才能使上层建筑摆脱被设定的不可逾越的"决定论"宿命，基础的变化和不断改变迫使上层建筑也要一直处于变化和改变之中，上层建筑的变化又影响整个社会各种力量的博弈，这种力量博弈又反过来迫使基础不断改变，最终形成基础与上层建筑之间互相作用和影响的互动关系。而文化作为上层建筑体系中最为活跃和基础的因素，它既具有历史继承性又有社会实践性，既有集成性又有创新性，既是过程也是实体。

威廉斯对"决定""上层建筑""基础"等概念进行了重新界定，为他完成"拯救文化"奠定了坚实的理论基础。在这个时期，威廉斯虽然看到了英国马克思主义文艺评论家们在对待基础与上层建筑命题上的问题，同时也意识到问题的严重性，但由于他当时刚摆脱利维斯主义的影响，与马克思主义的对话才刚刚开始，所以对"经济决定论"的认识也还存在一定的局限性，导致他并没有深入对这个问题提出具有建设性意义的修缮方案。直到在他的学术成就最高的著作《马克思主义与文学》中才对这一问题进行了更深刻的讨论。

三、以中介论修缮反映论：凸显文化的社会实践性

威廉斯在批判"经济决定论"的基础上，对"经济基础决定上层建筑"这一命题进行了反思，提出以"中介论"替代"反映论"，修缮"经济基础决定上层建筑"命题的不足，拯救文化"被反映"的命运。

在威廉斯看来，对"经济基础与上层建筑"命题进行简单、机械、抽象、静止、割裂式的理解，是导致对马克思主义文化理论产生机械"反映论"模式解读的直接原因。他指出："伴随着经济基础/上层建筑命题对生

---

① [英]雷蒙德·威廉斯：《马克思主义文化理论中的基础与上层建筑》，胡谱忠译，载《外国文学》1999年第5期，第71页。

威廉斯对文化"经济决定论"的批判和修缮

产力和决定作用过程所做的特定化和限制性的阐释，导致了把艺术和思想描述为一种'反映'社会现实的存在，有时甚至还形成了某种理论（即反映论）。在对艺术和观念分析上，'反映论'这一隐喻已经有很长的历史了。但是，它所暗喻的物质过程和物质关系已经证明它能与若干根本不同的理论兼容并存。"① 在威廉斯看来，这种建立在"自然主义"和"实证主义"基础上的"反映论"，无论是把艺术比喻为"镜子"，还是对现实世界的表面现象的反映，抑或把艺术看成对艺术家内心丰富世界的反映，都只是一种把艺术简单化为上层建筑之后对作为基础的现实世界的"复写、摄影和反映"的机械唯物主义观点。换言之，"反映论"忽视了艺术家作为个人所具有的自由意志的创造性在参与社会实践过程中的价值和作用。说到底，"反映论"剥离了"艺术"与"现实世界"之间内生性的互动关联，因为"反映论"无论是对现实世界的反映，还是对艺术家的内心世界的反映，都不是对现实世界辩证、动态的把握，不是艺术家积极能动地参与社会实践的过程。因此，这种机械唯物主义的"反映论"是不能揭示艺术与社会现实之间的真正关系的，更不可能真正把握"上层建筑"的本质内涵。威廉斯还指出，当艺术被定义为对某些抽象客观规律的"反映"时，有可能异化为意识形态。于是，他提出用"中介"（mediation）这个概念所具有的优势来挑战和修正"反映论"的不足。他在对黑格尔哲学的"中介"概念进行改造的过程中，形成"中介论"（the idea of mediation）思想。威廉斯指出："中介一词旨在描述一种能动的过程。它的一般含义主要指在敌对者之间或在陌生人之间进行的那些调停、和解或解释说明的行为活动。在唯心主义哲学中，这个概念一直是指某种统一体中对立面之间的和解。针对彼此分离的力量之间的相互作用，一种更为中性的意义也得到了进一步发展。从对间接（mediate）和直接（immediate）的区分中，生发出对中介的强调——强调中介是位于彼此分离的不同活动类别之间的一种间接性联系环节或代理者。"② 就是说，"中介"所强调的能动过程构成了对"反映论"那种静止、被动、机械的"挑战"，能够更好地强调和说明艺术能动地把握社会现实的实质。在威廉斯看来，用"中介"来描述社会现实与艺术、基础与上层建筑的关系能够更有效地体现这

---

① Raymond Williams. *Marxism and Literature*. Oxford：Oxford University Press，1977，p. 95.
② Raymond Williams. *Marxism and Literature*. Oxford：Oxford University Press，1977，pp. 97 – 98.

些关系之间的相互影响和作用的复杂动态过程。他指出,"中介"从根本性意义上来说是现实中的一种积极能动过程,它内在于社会现实之中。他尤其重视"现实领域"的意义,因为如果不存在这一领域也就不存在"中介"一说。"中介"总是在总体现实中发挥能动性作用,就它具有相互作用、关系性而言,它比反映论是有进步的;但就它还停留在近似"意识"的层面,它的进步也是有限的。因为意识的中介或中介性的意识,与实践的中介或中介性的实践活动显然是不同的——实际上是实践活动自身具有中介性作用,实践活动自身具有相互性、主体间以及主客体间关系性。

威廉斯提出用"中介论"来修缮"反映论"的实质,是强调作为上层建筑的文化不仅是对社会存在的反映,更是对社会实践生活的意义的转换和创造,文化由此而成为社会物质生产活动实践的一部分,说到底是要强调文化的社会实践性质。而强调文化社会实践性质的终极理论关怀则是要为工人阶级大众文化"正名"。无论是英国的利维斯主义,还是德国的法兰克福学派,他们都坚持精英主义的文化理念,贬斥"大众文化"的娱乐性和无思想性,他们对待"大众文化"的态度基本上都是拒斥和批判,这种理论态度所导致的结果就是完全否定和剥夺了普通人民大众的文化参与和创造的能力和权力。而威廉斯通过对"经济决定论"的批判,要建立和维护的恰恰就是大众文化。他主张建构一种真正以"人民大众"为主体的真正的"大众文化",这就需要我们抛开传统文化的偏见,正视"普通大众"在社会历史文化发展过程中的地位和作用,把大众文化由 mass culture 这样一种带有鄙视意义的观念提升到 popular culture 这样一种具有认同和赞成意义的观念上来。

四、结语

关于"经济决定论"和文化问题的探讨,除了威廉斯,其他英国"新左派"思想家们也都曾进行过理论上的深入思考。汤普森和威廉斯的理论观点基本一致,旗帜鲜明地批判经济决定论。汤普森认为,斯大林对"经济基础与上层建筑"命题的理解是对历史唯物主义的误解和扭曲,是一种决定论和还原论。他强调经济基础与上层建筑之间的相互作用,强调从人(尤其指普通的工人阶级和人民群众)的主体实践活动出发来理解文化在上层建筑中的地位。他在继承威廉斯思想的同时,进一步发展了威廉斯的文化唯物论，把文化唯物主义理论拓展到了实践主体——工人阶级的实践活动之中。安德森和伊格尔顿则从批判和反思的视角为这个问题注入了新的"活力"。在安德森看来，威廉斯具有把上层建筑仅看作一系列的文化实践、把社会构成看作构成性实践的倾向，而这种倾向最终会导致他陷入只强调历时性过程而忽视同时性结构的理论困境。因此，安德森强调从社会结构总体性逻辑原则出发考察基础与上层建筑之间的关系。在伊格尔顿看来，威廉斯对"经济决定论"的反思背离了马克思主义道路。他指出，威廉斯把基础与上层建筑命题看成一个区分物质与非物质的问题。但在伊格尔顿看来，物质与非物质的区别并不是用来区别基础与上层建筑的根据，他认为从功能解释的进路来阐述基础与上层建筑之间的关系更为合理。[①] 汤普森、伊格尔顿和安德森对威廉斯文化思想的继承和批判，让我们对这一问题的认识和探讨上升到了一个更为广阔和深层次的理论视域。

关于威廉斯"拯救文化"何以可能的问题。在笔者看来，从理论建构上看，威廉斯以批判"经济决定论"为理论切入点，重新思考和界定了"决定""基础""上层建筑"等一系列历史唯物主义的基本范畴，试图在社会实践"总体性"之中恢复文化应有的价值和意义，试图完成拯救被主流精英主义文化忽视和拒斥的工人阶级大众文化。我们至少应该看到威廉斯"拯救文化"这一理论诉求包含的两个方面。

一方面，我们通过威廉斯对"经济决定论"的批判，重新认识了"基础与上层建筑"作为隐喻而存在的复杂关联，使得学界对两者关系的认识越来越辩证和深邃。威廉斯把文化放置于社会实践之中，突破了精英主义狭隘的文化观，拯救了曾经被蔑视和忽略的工人阶级大众文化，拓展和丰富了马克思主义文化理论。威廉斯通过"文化"彰显了英国工人阶级的主体地位，证明了唯物主义的人民历史观，在新的历史时期继承和发展了马克思主义唯物史观，这是他成功的一面。

另一方面，威廉斯的理论也存在一些偏颇和限度。他对英国资产阶级缺乏理性的认识。在建构工人阶级的大众文化理论过程中，他不自觉地预设了一个理论前提：社会精英阶层与普通大众具有平等进行社会互动的可能，他们能够共同融入作为"整体生活方式"的社会实践中。这样的理论

---

① 赵传珍、刘同舫：《英国新左派思想家对历史唯物主义研究的拓展》，载《福建论坛（人文社会科学版）》2011年第5期。

预设显而易见是一种"乌托邦",缺乏对当代资产阶级意识形态霸权的正确认识。毋庸置疑,虽然威廉斯对"经济决定论"的批判有其不足,但他的研究还是拓展了我们的理论视野,也为我们深入思考新时代的社会主义先进文化建设和历史唯物主义理论发展提供了有益的借鉴。

在当代中国"建设社会主义文化强国,开创中国特色社会文化建设新局面"的语境下,威廉斯对"经济决定论"的批判具有重要的现实意义。在当今世界,文化作为一种推动社会和民族发展的强大动力已经越来越被人们所重视,每个国家都在强调文化作为软实力的重要性。在这种普遍理性认识下,党的十七届六中全会通过了《中共中央关于深化文化体制改革推动社会主义文化大发展大繁荣若干重大问题的决定》,提出了"建设社会主义文化强国的目标任务,全面部署了深化文化体制改革、推动社会主义文化大发展大繁荣的各项工作,发出了进一步兴起社会主义文化建设新高潮的动员令。""其中,全会提出,在当前和今后一个时期,要推动文化产业成为国民经济支柱性产业,把发展文化产业作为国家战略的一个重要组成部分。"① 这与威廉斯强调文化介入社会生产和实践带来物质力量的思想不谋而合。换而言之,中国提出加强文化产业的发展从实践方面论证了威廉斯理论的可行性。威廉斯对发展工人阶级大众文化的努力更是启迪我们:只有在开放和自由的文化体制下建构广泛的、科学的、人民大众的文化,才能真正创造出属于中华民族独特的文化精髓作品,才能真正实现建设社会主义文化强国的梦想。

(原文刊载于《江西社会科学》2014 年第 5 期,有改动。)

---

① 毕京京:《推动社会主义文化大发展大繁荣学习读本》,人民日报出版社 2011 年版,第 113–114 页。

文化反对资本主义：威廉斯文化社会主义思想探析

赵传珍

威廉斯从社会批判的维度对共同文化（common culture）、电影与社会主义之间的关系进行了哲学分析。这一分析不仅有利于我们更好地理解文化与政治之间的关联，而且对于我们深入理解他的文化社会主义思想也具有重要意义。

一、共同文化：社会主义新秩序对资本主义特有秩序的超越

在威廉斯看来，社会主义只能在成功描述并且顺利介入社会文化重大变革的过程中，才有实现社会主义重构目标的可能。同时，对社会文化进行有效的研究不但有机会建构新的社会主义价值观，而且还能丰富文化研究的内容和形式。他赋予了"共同文化"一种明确的政治价值取向，即把它与追求民主、平等的社会主义联系起来讨论。同时，他还追溯了英国早期社会主义思想家欧文、莫里斯、托尼等人的社会主义思想，分析和批判了利维斯主义的精英主义文化观。

威廉斯站在扬弃和发展英国传统文化的立场，将文化研究的触角延伸到对工人政党、合作社及工会等带有集体性质的"民主机构"的实践范围，提出"文化不仅是智识与想象性作品的总和，而且在实质上也是整个生活方式"[①]，使传统的共同文化观得到社会阶级实践维度的补充，工人阶级文化在此维度下获得"社会的真正基础"[②]地位："工人阶级鉴于其地位，自工业革命以来从未在狭义上生产文化。工人阶级无论是在工会、

---

① Raymond Williams. *Culture and Society* 1780–1950. London: Harper Torchbooks, 1983, p. 325.

② Raymond Williams. *Culture and Society* 1780–1950. London: Harper Torchbooks, 1983, p. 332.

合作社运动中,还是在政党里,所生产的……文化都是集体性民主机构。"① 这就是说,工人阶级大众文化是一个基本的、社会性的、共同的集体观念。因为它创造了表达民主、平等、自由的平台,这些平台又为全体社会成员参与共同文化的发展提供了机会,使得民主观念和平等价值深入人心,共同促进社会的进步和发展,并最终使理想中的社会主义文化变成社会中的实践。

威廉斯在精英主义文化盛行的时代"呼吁"建构共同文化,无疑具有颠覆传统、开创新社会的激进主义色彩。不过,伊格尔顿对威廉斯所提出的共同文化思想很不以为然,他批评指出:"威廉斯对共同文化的坚信与他充满自信地宣称工人运动是未来社会变革的手段一样,都显示了他在政治上的天真。"② 迈克尔·肯尼认为伊格尔顿对威廉斯的批评虽有合理之处但也存在一定程度上的"言过其实"。在笔者看来,从某种意义上讲,共同文化的提出是威廉斯对"社会"进行新的思考和重新定义的结果,他强调社会各个系统之间的相互交织作用,其中没有哪一个系统是处于优越地位的,他批判把经济和政治领域置于优先地位来思考"社会"问题,强调社会各系统之间所有因素的共同作用,实质上是要赋予文化一种与以往不同的地位,因为研究文化就等同于"研究整个生活方式的不同因素之间的联系"③。只有站在一种总体性的立场把社会存在的每个要素联系起来考察,才能把握当今时代政治的核心。"如果社会主义承认工作与生活——此后也被看作休闲与个人利益——之间存在的差别;如果社会主义把政治当作政府,而不是共同的决策和管理过程;如果社会主义仍然把教育看作一种思想训练,把艺术看作茶余饭后的谈资……如果社会主义仍然局限于这些方面,那么它就是资本主义政治的后续形式。"④ 也就是说,威廉斯强调社会主义作为一种社会新秩序想要超越资本主义,首要的是要

---

① Raymond Williams. *Culture and Society* 1780 – 1950. London: Harper Torchbooks, 1983, p. 327.

② [英]迈克尔·肯尼:《第一代英国新左派》,李永新、陈剑译,江苏人民出版社2010年版,第105页。

③ [英]迈克尔·肯尼:《第一代英国新左派》,李永新、陈剑译,江苏人民出版社2010年版,第106页。

④ Raymond Williams. *The Long Revolution: An Analysis of the Democratic, Industrial, and Cultural Changes Transforming Our Society.* New York: Columbia University, 1961, pp. 113 – 114.

文化反对资本主义：威廉斯文化社会主义思想探析

从文化上突破资本主义那种特有的经济和政治的秩序术语，运用一种更为开放、更为宽广的术语建构一种社会主义共同文化，如果社会主义不能突破资本主义现有的方式去认识"社会"，那么这种社会主义只是资本主义的"后续"，是名称上的更换，而不是真正的社会主义。

但是，随着后工业社会的到来，公共领域的文化传播逐渐呈现出被统治阶级权威和消费主义占领和控制的趋势。正如威廉斯指出的，"广告使得报纸在内容上出现了严重的阶层区分：广告商的压力使杂志日益分化，他们针对特定阶层的读者出版特定的内容，以便巩固广告市场"①。这样造成的后果就是社会阶层之间的差距由经济方面向文化方面推进，同时出现了统治阶级对传播形式所有权的垄断，这些当代社会思潮都严重阻碍了社会主义共同文化的形成。共同文化的形成需要一种民主的、共有的传播体制。威廉斯考察了独裁式、家长制式、商业式和民主式四种类型的传播体制后提出，基本生产资料的公共所有权应该与其使用权向自我经营团体的租贷结合起来，以保证媒体风格与政治观点最大限度的多样性，并确保反对官僚化的控制。② 这一建议却遭到右派们的激烈批判，因为他们提倡更多的自由和责任，而不是控制。当然，这个建议同时也得到左派们的支持，比如，伊格尔顿提出："这个体制最明显的好处在于，可以避免让一群权欲熏心、贪得无厌的商人政客利用他们掌握的媒体资源给我们洗脑——或者更直白点说，向我们灌输他们自私自利的观点，让我们支持他们所支持的体制。"③ 如果说，这种民主、自由、共享的传播体制为共同文化的形成提供了机制保障，那么，"情感结构"则直接在传播与共同文化之间搭建了可能的桥梁。威廉斯用情感结构来意指"某一特定历史时期人们对现实生活的体验和感受"。这种体验和感受是双向生成的：一方面，具有浓郁个体差异的不同个体对同一的社会结构和传播氛围具有不同的个人体验和感受；另一方面，身处共同时代传播环境下的不同个体又会对同一的外在世界具有相通（或者类似）的感受和体验。

---

① [英]特里·伊格尔顿：《历史中的政治·哲学·爱欲》，马海良译，中国社会科学出版社1999年版，第140页。
② Raymond Williams. *Communications*. London：Penguin, 1968, p. 89.
③ [英]雷蒙德·威廉斯：《政治与文学》，樊柯、王卫芬译，河南大学出版社2010年版，第382页。

二、文化社会主义：一种以文化反对资本主义的社会主义的利与弊

文化是贯穿威廉斯社会主义思想的一条核心线索，文化也是威廉斯用来反对资本主义的精英主义文化并进而走向民主共同文化的"主要武器"，文化更是实现威廉斯最终学术追求，即民主社会主义政治理想的重要方法和主要路径。因此，可以把威廉斯的社会主义思想概括为一种用文化来反对资本主义，并通过文化来实现政治理想的社会主义，即文化社会主义。那么，这种特色的社会主义思想究竟具有哪些理论上的价值和现实意义？又有哪些理论上的限度呢？

从对历史唯物主义的研究方面来看，威廉斯以"文化"为中介力图打破"决定论"的桎梏和意识形态理论的"政治化"，赋予文化以"物质实践"意义，他最终的主旨实际上就是要彰显普通大众的"主体地位"，正如他所言，"没有一种主导的生产方式，没有一种主导的社会……没有一种主流的文化能够耗尽人类的实践，人类的能力，人类的目的"①。可见，威廉斯主张在变化发展的过程中来看待社会的各种构成要素，这样就可以促使文化创作摆脱"被反映、被决定"的被动地位和状态。新兴的工人阶级文化需要在文化斗争过程中反对主流精英主义文化的霸权统治，争夺公共领域的文化领导权。这种斗争的过程充分体现了工人阶级个体的主体意识的觉醒。在威廉斯的社会主义研究中，不仅具有关注经济基础与上层建筑之间矛盾运动的社会结构方面的宏观维度，而且还有通过文化来强调普通大众主体性的微观维度，这种把社会结构的宏观描述和强调个人主体性的微观分析相结合的研究方法，为我们研究历史唯物主义提供了一个崭新和独到的视角。

在解读文化与政治的关系方面，威廉斯为我们提供了一个新思路。在马克思看来，由于时代的限制，工人阶级与资产阶级之间的矛盾主要凸显在经济利益和政治利益方面，所以马克思主张工人阶级联合起来通过阶级斗争夺取政权以获得政治上的地位。在工业社会时代，经济与政治的关系似乎更为密切。人们很少关注文化与政治之间的关联，即使关注到也是把文化放置在政治的"附庸品"和"被绑架"的地位上来看待。而关注后

---

① ［英］特里·伊格尔顿：《马克思为什么是对的》，李杨、任文科、郑义译，新星出版社2011年版，第32页。

工业时代社会问题的威廉斯却非常重视文化，将之视为时代最具核心的问题。正如哈贝马斯所指出，"判断一种社会现象，比如经济、政治、科学技术等，是不是社会的基础，就是要看一个社会所要解决的基本问题。如果这个社会所要解决的基本问题是经济问题，那么，经济是基础，如果一个社会所要解决的基本问题是政治权力问题，那么政治权力是基础"①。对于威廉斯而言，文化无疑就是他所处的那个时代要解决的最基本的问题，因此文化就是基础，文化就需要从被决定的地位拯救出来成为社会的基础性问题。而作为"整体生活方式"的文化与政治又是密不可分的。罗宾·布莱克伯恩评价说："威廉斯著作有一个典型特征，即在其主要著作中都可以找到对当代问题的直接的政治反思。"② 戴维·麦克莱伦教授也指出："在威廉斯的著作中，内含的一个观点是：工人阶级的文化一向是、并且仍将是民主的和社会主义价值观的真正体现者。"③ 可以说，布莱克伯恩和麦克莱伦的判断和评价是很中肯的。纵观威廉斯一生的学术成就，他始终如一地关注那些生活在资本主义体制内的被忽视、被边缘、被遗忘的普通大众的价值和尊严的政治权益问题；他始终如一地以"文化"为利器，坚持奋斗在反对资本主义不公正、不正义的战场上。可见，在威廉斯这里，文化与政治突破了那种"依附和上下级"的关系，它们是平等交融的关系，甚至是一种积极能动的建构性关系。这为我们在看待文化与政治之间的关系问题上拓展了视野。

关于资本主义社会如何实现社会主义的问题，威廉斯为我们提供了一个可供鉴别的方案。威廉斯提出："我们对马克思主义的理论感兴趣，因为社会主义与共产主义在当今是重要的。我们应当在肯定它的激励作用的同时，继续寻找它对作为整体的文化的阐明。"④ 由于马克思主义运动所具有的"国际性"特质，建立平等、自由、民主的社会主义的理想在世界各国拥有众多忠实的拥护者，威廉斯只是其中的一个代表人物。如何在新世纪的资本主义国家实现社会主义？这是我们这个时代面临的一个重要

---

① Antony Easthope. *British Post-structuralism Since 1968*. London：Routledge，1988，p. 13.
② 转引自王晓升《"经济基础决定上层建筑"的普适性辨析》，载《教学与研究》2010年第10期。
③ 张亮：《英国新左派思想家》，江苏人民出版社2010年版，第59页。
④ ［英］戴维·麦克莱伦：《马克思以后的马克思主义》，李智译，中国人民大学出版社2008年版，第327页。

课题。

最后,威廉斯的文化社会主义思想对当代中国建设社会主义文化强国也具有一定的借鉴价值。当今世界,文化作为一种推动社会和民族发展的强大动力已经越来越被人们所重视,不管是资本主义国家还是社会主义国家,任何国家都在强调文化作为软实力的重要性。威廉斯的文化社会主义思想强调通过文化的发展和努力实现在资本主义经济体制上无法达到的社会主义社会的平等、公正、民主,使得社会主义的理想首先在文化领域实现。当今中国的文化大发展就是要关注老百姓的大众文化发展,创建更多更好的反映平凡普通老百姓生活的影视作品,以大众文化的发展推动社会主义先进文化与和谐文化的发展。

任何理论都存在限度,它不可能包容一切理论意义和价值,威廉斯的文化社会主义思想也是如此。这一思想的局限性主要表现在它的"乌托邦"特性。这种"乌托邦"具体表现在过于对文化寄予厚望,从建立"共同文化"到"文化革命",再到"文化社会主义"的最后提出,威廉斯把太多无法达到和实现的"期望"寄托于文化。从根本上来说,他缺乏对英国工人阶级理性化的认识,忽略了在新的历史经济状况下工人阶级与资本阶级"合作"的可能,把对工人阶级的解放之路局限在"文化领域",不去触及推翻资产阶级统治最根本的生产资料私有制,因而最终无法实现改变工人阶级命运的社会主义。

威廉斯的文化社会主义思想是他所生活的时代的产物,与英国工业社会批判、精英主义文化批判和战后英国新左派运动息息相关,体现了他作为一名资产阶级内部的激进社会主义者以"文化"反对资本主义和批判资本主义的勇气。他的文化社会主义思想的局限性,既有个人的原因,也是历史的必然。威廉斯虽然最终没有实现在英国资本主义社会建立社会主义的政治理想,但是他对当代社会思潮的学术探索仍然具有一定的理论价值。①

(原文刊载于《科学社会主义》2015年第3期,有改动。)

---

① [英]雷蒙德·威廉斯:《文化与社会》,吴松江、张文定译,北京大学出版社1991年版,第361页。

马克思的财产权理论及其中国实践

吕洪刚

党的十八届三中全会通过的《中共中央关于全面深化改革若干重大问题的决定》中提出要完善产权保护制度,健全现代产权制度。公有制经济财产权不可侵犯,非公有制经济财产权同样不可侵犯。十八届三中全会通过的《中国共产党第十八届中央委员会第三次全体会议公报》中指出要赋予农民更多财产权利。随着改革开放的不断推进和市场经济的不断完善,财产权问题作为一个根本性的权利问题,对于促进以个体人为基石的现代社会和市场经济的安全运行和健康发展具有重要意义。

一、财产权的确立及历史沿革

1. 法律对财产权的确认

对财产权的确认,最早源于法律领域。西方法治在其发展进程中逐步确立了"私有财产神圣不可侵犯"原则。最先把私有财产作为一项人权以法律的形式确定下来的是罗马人。马克思在《黑格尔法哲学批判》中写道:"罗马人最先制定了私有财产的权利、抽象权利、私人权利,抽象人格的权利。""私有财产的真正基础,即占有,是一个事实,是不可解释的事实,而不是权利。只是由于社会赋予实际占有以法律的规定,实际占有才具有合法占有的性质,才具有私有财产的性质。""罗马人也完全是根据私人权利的准则来看待君主权利的,换句话说,他们把私人权利看成国家权利的最高准则。"①

在英美法系国家,财产权是作为一个私法的概念得以确立的。17世纪英国议会主权的确立,标志着私有财产神圣不可侵犯原则在宪法和政治制度中的确立。作为美国宪法原则直接来源的《弗吉尼亚权利宣言》,也确立了这一原则。在大陆法系国家,私有财产的法律地位同样得到了确

---

① 《马克思恩格斯全集》(第1卷),人民出版社1995年版,第382、379页。

认。法国国民议会于 1789 年通过《人权宣言》，规定"私有财产为神圣不可侵犯"。1804 年的《拿破仑法典》更是把私有财产不得强行剥夺作为定律而强化。同样，《德国民法典》也对公民私有财产的法律保护进行了强化。

在私有财产神圣不可侵犯理论体系的形成过程中，霍布斯和洛克都起了积极的作用。霍布斯认为，"没有财产，没有统治权，没有'你的''我的'之分"，人们不愿长期处于这种状况，因此，便将各自的自由或自然权利交给一个主权者——代表会议或君主。主权者便制定了关于你的、我的财产之分别的法律，因而产生了私有财产权。① 约翰·洛克认为，财产权才是人的自然权利的核心部分，并且私有财产权绝对神圣不可侵犯，它与生存权同样重要。他在《政府论》中写道，财产源于劳动，为了保护财产才有了制定法律来规范财产权利的国家产生，国家必须履行保护财产的基本职能，以确保私有财产的神圣不可侵犯。"最高权力，未经本人同意，不能取去任何人的财产的任何部分。"②

2. 经济学领域的财产权问题

古典经济学家认为，"有恒产者有恒心"；制度经济学家们也认为，对私有财产的保护可以降低交易成本。许多制度制定出来的目的就是降低交易成本。著名的"科斯定理"的关键在于只有在私有产权下，交易费用才可能达至最低。科斯认为，只要明确双方的权利，双方就会通过市场机制，寻找使各自损失最小化的合约安排，使社会成本最小。诺思等人的"新经济史学"也揭示了"要保持经济组织的效率，就需要在制度上作出安排和确立产权，以便造成一种刺激，将个人的经济努力变成私人收益率接近社会收益率的活动"③。

哲学家诺齐克也对财产权有所研究，他在论占取原则时提出：当一个人通过其劳动而取得对无主物的所有权时，应以"足够并且使其他的人与以往一样好"（enough and as good left in common for others）为条件。也就是说，对无主物所有权的取得，因获得人排他性的独占，能对所拥有之物

---

① ［英］霍布斯：《利维坦》，黎思复、黎廷弼译，商务印书馆 1985 年版，第 94-195 页。
② ［英］霍布斯：《利维坦》，黎思复、黎廷弼译，商务印书馆 1985 年版，第 94-195 页。
③ ［美］罗伯特·托马斯、［美］道格拉斯·诺斯：《西方世界的兴起》，厉以平、蔡磊译，华夏出版社 1989 年版，第 1 页。

开发利用，使他人未蒙受损失，甚至因而获益。只有运用自己的力量和能力且不使他人生活恶化，才能具备占有私有财产的正当性。这种论证，其实也包含了浓厚的效率色彩。

当代美国法学家贝勒斯和波斯纳也从效率的角度对私有财产保护的正当性问题阐述了自己的观点。贝勒斯总结了赞成财产私有的实用主义的两种论点："一种赞成私有财产的论点强调：如果人们在占有和使用有限的资源时没有安全保障，则会导致社会的不稳定。……如果人们不能确保对物的持续占有，就可能发生混乱以及对资源的浪费。""另一实用主义的论点则强调资源的有效利用。……如要人们对于继续使用某些资源并依此获益抱有信心，那么，他们就有使用资源创造利益的积极性，资源的利用便会更为有效。"① 波斯纳认为，"对财产权的法律保护创造了有效率地使用资源的激励"，他甚至主张以效率作为进行财产权和其他权利的判归依据。②

3. 道德领域的财产权问题

黑格尔给予了私有财产权以重要的地位。黑格尔认为："人把他的意志体现于物内，这就是所有权的概念。""人惟有在所有权中才是作为理性而存在的"，"人有权把他的意志体现在任何物中，因而使该物成为我的东西"。③ 他认为私有财产权是绝对的，所以，私有财产的处分也必须基于个人的绝对意志。德国历史法学派的代表人萨维尼，借法律行为将行为人的自由意志贯穿于其财产权中，使私有财产权的个人意志得以充分体现。无论是黑格尔对私有财产的意志自由，还是萨维尼的自由意志，都是道德上的自主原则的体现。关于私有财产与正义关系的论证，洛克、霍布斯、罗尔斯等都从不同的角度对私有财产与正义的关系进行了讨论。洛克认为，正义的作用在于保护个人辛苦挣得的私有财产。霍布斯认为，正义的作用是保障众人的安全，免得他们相互使用暴力。罗尔斯提出了两项正义原则，即机会均等和平等自由原则。

---

① ［美］迈克尔·D. 贝勒斯：《法律的原则：一个规范的分析》，张文显译，中国大百科全书出版社1996年版，第89页。

② ［美］理查德·A. 波斯纳：《法律的经济分析》（上），蒋兆康译，中国大百科全书出版社1997年版，第40页。

③ ［德］黑格尔：《法哲学原理》，范杨、张企泰译，商务印书馆1961年版，第50-53页。

二、马克思的财产权理论

马克思从资本主义的经济关系入手,借助异化劳动的概念,考察了私有制的起源,揭示了私有财产的本质,并对资本主义的私有制进行了批判,从而提出了"共产主义是私有财产即人的自我异化的积极扬弃"的理论。马克思对资本主义私有财产的局限性进行了深刻分析。他认为,私有制条件下的私有财产离间了劳动者和劳动资料的结合,分裂了人与人之间的关系,扭曲了人的心态,使人成为片面的、畸形的人。马克思说:"每个人都力图创造出一种支配他人的、异己的本质力量,以便从这里面找到他自己的利己需要的满足。因此,随着对象的数量的增长,压制人的异己本质的王国也在扩展,而每一个新产品都是产生相互欺骗和相互掠夺的新的潜在力量。"① 马克思进一步指出,资本主义私有制由于其建立在剥削的基础之上,因而丧失了正当性。

马克思在批判资本主义私有制的基础上,提出了"重建个人所有制"。马克思在《资本论》中有这样一段话:"资本主义的私有制,是对个人的、以自己劳动为基础的私有制的第一个否定。但资本主义生产由于自然过程的必然性,造成了对自身的否定。这种否定不是重新建立私有制,而是在资本主义的成就的基础上……重新建立个人所有制。"② 所以,马克思不是要重建个人私有制,不是要发展资本主义私有制,而是在新的社会主义制度下,劳动者在共同占有生产资料的基础上,通过协作劳动,建立并实现生活资料和生产资料相结合的"个人所有制"。马克思在《经济学手稿 1861—1863》中提出建立"联合起来的社会个人的所有制"的设想,主张全体劳动者"社会地占有"生产资料。③ 到了《资本论》第一卷,该观点被推进为自由劳动者"在协作和对土地及靠劳动本身生产的生产资料的共同占有的基础上,重新建立个人所有制"④。而马克思在 1871 年出版的《法兰西内战》中则强调把"个人所有制"变为现实,要求"剥夺剥夺者","把现在主要用作奴役和剥削劳动的手段的生产资料、土地和资本

---

① 《马克思恩格斯全集》(第 42 卷),人民出版社 1985 年版,第 132 页。
② 《马克思恩格斯全集》(第 23 卷),人民出版社 1972 年版,第 32 页。
③ 《马克思恩格斯全集》(第 48 卷),人民出版社 1985 年版,第 21 页。
④ 《马克思恩格斯选集》(第 2 卷),人民出版社 1995 年版,第 269 页。

完全变成自由的和联合的劳动的工具"。①

那么,废除私有制是否意味着也要废除、消灭私有财产呢?马克思说,对于私有财产,我们要区别对待。我们所要消灭的是表现为资本的私有财产,资本家"自己劳动得来的财产",马克思把它称为"个人财产"。"我们决不打算消灭这种供直接生命再生产用的劳动产品的个人占有,这种占有并不会留下任何剩余的东西使人们有可能支配别人的劳动。"② 然而,由于习惯上的理解,我们往往把私有财产权等同于资本主义私有制。马克思认为,对私有制不可一概而论:"私有制的性质,却依这些私人是劳动者还是非劳动者而有所不同。"③ 今天我们社会主义制度下的公民合法的私有财产不同于资本主义社会的私有财产,它是劳动者通过诚实劳动、合法经营而获得的,是个人生存和发展的基础,表现为一种个人力量,实际上,把它称为"私人财产"更合适。"重建个人所有制"就要保护这种以"个人占有"为基础的"私人财产权"。

马克思建立"个人所有制"的最终目标就是要确立人的主体地位和实现个人的自由全面发展。个人所有制的主体是自由的个体,它把消除强制,实现每个人的全面而自由的发展作为自己的本质,要求保障劳动者的个人所有权。在个人所有制中,劳动者个人能够真正自主地支配公有制的生产资料。马克思的"个人的所有制"虽然是针对已经成熟的社会主义设计的,但是对中国目前财产制度的制定还是有着重大的指导意义。"个人的所有制"是社会主义财产基本制度的发展方向和理论根据。我们坚持"个人所有制",就要鼓励和保护合法的私人财产,尊重劳动者的要素所有权和其他财产权利,切实保障公有制条件下的个人利益。我们目前的法律制度要求保护公民合法的私有财产权,也正是为未来"个人所有制"的实现奠定基础。

三、中国财产权发展的实践历程

中华人民共和国建立以来,财产权作为公民的一项重要的人权,经历

---

① 《马克思恩格斯选集》(第3卷),人民出版社1995年版,第59页。
② [德]马克思、[德]恩格斯:《共产党宣言》,中共中央马克思恩格斯列宁斯大林著作编译局译,人民出版社1997年版,第42页。
③ 《马克思恩格斯选集》(第2卷),人民出版社1995年版,第267页。

了一个复杂曲折的变化。中华人民共和国建立之初，国家依照法律保护农民、手工业者、资本家的生产资料所有权。但是，国家对私有生产资料所有权的保护带有明显的权宜之计的色彩。社会主义改造完成后，我国形成了由全民所有制经济和集体所有制经济构成的社会主义经济。这种所有制经济排斥私有经济成分的存在，实际上是否认了私人拥有生产资料的合法性。

党的十一届三中全会开启了改革开放的历史新时期，在私有财产保护方面，"国家保护公民的合法收入、储蓄、房屋和其他合法财产"。但是这种保护还仅仅局限于生活资料的范围。随着改革开放的逐步深入，中国放弃了原有的计划经济体制，实行社会主义市场经济体制，"国家允许私营经济在法律规定的范围内存在和发展"，个体经济和私营企业开始全面发展，公民财产的内容不断丰富。

中国2004年宪法修正案第22条将《宪法》第13条修改为："公民的合法私有财产不受侵犯"；"国家依照法律规定保护公民的私有财产权和继承权"。这一规定标志着中国公民的财产权得到了宪法的确认和保护。西方国家那种建立在私有制基础上的对私有财产的确认和保护，与中国宪法规定的保护公民合法的私有财产，有着本质上的区别。前者是为了维护资产阶级的统治，是对统治阶级私有财产的保护，而我们确立的"公民的合法私有财产不受侵犯"，是为了真正保护广大人民群众的利益。

2007年出台的《中华人民共和国物权法》作为市场经济的一部基本法律，明确规定法律保护私人的合法财产，把私有财产放到与国家、集体财产同等重要的位置。党的十八届三中全会明确指出公有制经济财产权和非公有制经济财产权同样不可侵犯。

四、财产权确立的当代意义

财产权的确立是市场经济发展的必然结果。首先，市场经济总体来讲是交换经济，交换的内容是每个商品所有者的所有权的交换，如果没有不同的产权主体的确认，也就无所谓交换的概念。因此，市场经济的运行基础应该是由产权多元化的主体构成。市场经济只有建立在这样的基础上，才能实现资源的市场配置，才能真正实现公平交换的实质。我们要建立社会主义市场经济体制，就必须保护商品所有者的所有权，在全社会范围内保护公民合法的私有财产。其次，随着经济的发展，一些新的经济形态不断涌现,出现了一些新的利益阶层,当然他们也会有自己的一些利益诉求。最后,随着公民财产的不断积聚,公民个人也开始拥有生产资料。然而,由于国家对私有财产的法律保护仍存在种种不足,公民的财产权受到损害的情况还时有发生。所以,我们要加强对私有财产的保护,确立私有财产保护的法律地位,只有这样才能保证市场经济又好又快地发展。

在当代中国,财产权的确立也是非常必要的。一方面,从资源利用效率的角度来看,改革开放之前,中国实行单一的公有制,公民的私有财产只限于生活资料的范围,从而严重阻碍了经济的发展。为了激发人们劳动的积极性和创造性,我们必须确立并保护公民合法的私有财产。当前,财产权制度具有推动生产力发展、提高资源利用效率、创造物质财富的作用。另一方面,从个人自由全面发展的角度看,财产所有权是实现个人自由和发展的物质条件。私有财产绝不仅仅是一种公民权利,它是主张个人自由的一种工具。在现阶段,要最大限度地实现公民的个人自由与全面发展,就要保护公民的财产权。公民合法的私有财产的确立和保护是对公民个人独立人格的价值和尊严的肯定。财产权作为一项基本人权,已成为各国人权保障的核心内容,被世界大多数国家的宪法所确认。我们应该从马克思的财产权理论出发,寻求公民合法财产权的实现,只有这样才不会使财产权的宪法保护止于文字。

[原文刊载于《江汉大学学报(社会科学版)》2014年第31卷第4期,有改动。]

"正确质量实践"何以可能？

——从对辅导员传统工作质量观的审视谈起

王左丹

在教育领域，质量问题关乎国家发展大计，关乎民族伟大复兴，是值得持之以恒深入研究的大课题。辅导员工作是我国高校教育实施的重要组成部分。"如何提升辅导员工作质量"这一问题已然属于中国高等教育发展的题中之义。事实上，高校辅导员工作质量争端普遍存在。从质量观反思出发，结合时代要求和教育规律，提出一种新的方案引导辅导员通往"正确质量实践"显得既现实又迫切。相应地，"正确质量实践"必然呼唤现代科学质量观，它的中心是要求人性的回归和达成人的一种解放。

一、对辅导员传统工作质量观的审视

过去一段时期，无论是自上而下的高校辅导员工作质量评估，还是自下而上的一线辅导员工作实绩报告，都透露出急躁和攀比的情绪，映射出一种单维度的质量观。在这种质量观的指引下，高校辅导员工作（思想政治教育和学生事务工作的统一体）趋于指标化、同一化。延展而言，不同高校层面表现为高职高专辅导员工作和综合性大学辅导员工作盲目攀比，文理科高校辅导员工作与理工科高校辅导员工作盲目攀比；同一校园层面则表现为不同院系的辅导员工作之间盲目攀比。

辅导员工作是什么？究其本质，辅导员工作就是人对人的活动。事实上，每个学生个体的需求是有差异的。为此，辅导员开展思想政治教育和学生事务工作就不能搞"一剂药方包治百病"，必须"因人施教""对症下药"。正因为存在实施对象的客观差异，辅导员工作就不能盲目攀比。比如，A 高校家庭经济困难学生比例高达 35%，该校党政各部门都非常重视学生资助工作，要政策有政策，要资源有资源，要人力有人力，那么 A 高校受资助学生的数量就必然居于高位。相反，B 高校家庭经济困难学生比例只有 15%，但该校党政各部门同样重视学生资助工作，阵地、资源、人力都给予充分投入，虽然 B 高校受资助学生的数量客观上居于低位，但

"正确质量实践"何以可能？

我们不能仅仅以受资助学生的数量，就判定 A 高校从事资助工作的辅导员工作质量好，而 B 高校从事资助工作的辅导员工作质量差。同理，同一学校内不同院系的辅导员工作，也会因为院系学生所学专业的差异导致工作指标达成结果的不同。一般而言，理科院系的学生科研工作，往往会比文科院系的学生科研工作成绩更突出，而文科院系的文艺活动，则往往会比理科院系的文艺活动效果更加精彩。

由此可见，对高校辅导员工作的评估不能简单地搞"一把尺子"，必须充分认识到不同院校的性质差异、不同工作对象的实践差异，在评估的技术考量之外，对高校辅导员的情感投入、人格熏陶、价值引领和人文关怀给予更大权重的首肯，才能保证辅导员工作不会停留于单纯的"事务操作"，而是发挥作为一种"教育实施"的更大效能，从而推动学生全面发展。

二、传统质量观与现代质量观

2011 年，教育部思想政治工作司提出，要启动实施"大学生思想政治教育质量工程"，强化辅导员工作"质量意识"，走内涵发展道路，从而进一步推动大学生思想政治教育再上新台阶。要提升高校辅导员工作质量，首先要解决质量观问题。总体而言，质量观有传统质量观和现代质量观之分。

传统质量观的背后，是一种管理学立场，中心是管理而不是人。从管理学角度出发，"质量"概念大致经历了三个阶段的转变："符合性"阶段、"适用性"阶段和"顾客满意"阶段。"符合性"是指产品符合规定要求的程度，"适用性"是指产品在使用期间能满足使用者的需求，"顾客满意"是指产品或服务满足顾客需求的能力。从"质量"概念的演变历程来看，我们可以做出这样的判断：传统质量观的立足点是"物"，就算是第三阶段倡导的"顾客满意"，也只是被动地满足顾客当前或短期需求，忽视了质量概念的时间属性，即忽视了顾客的隐形需求（发展性需求），从而也就把人的主体自觉和实践活动的伦理价值抛诸云霄，剩下一个冰冷的"管理世界"。

与传统质量观不同，现代质量观的背后是一种人类学立场，管理只是一种手段，其中心是人。从人类学角度出发，科学的质量观应该是多维的质量观，其内涵应该包括以下四个层面。

（1）发展性的质量观。结合辅导员工作实际来谈，一是要在累积一定工作量的基础上谈发展；二是要用发展的眼光看待工作实践；三是要结合时空特点确立质量标准；四是要保持渐进态势，通过"量变—序变—质变"提高工作质量。

（2）适用性的质量观。评估辅导员工作质量，要划分类型、划分层次，只要与该院校的办学性质、办学类型、办学层次相适应，且达到"既定目标"的工作实施，都是有"质量"的教育实践活动。

（3）需求性的质量观。辅导员工作是大学教育实施的重要组成部分，必须适应国家、社会对人才培养的需要，必须适应教育内在发展规律的需要，必须适应学生个体成长发展的需要，只有充分考量并兼顾"多种需要"的辅导员工作才是有"质量"的工作。

（4）差异化的质量观。差异化就是特色化。辅导员工作质量评估要避免进入"千校一面"和"万人一法"的误区，就必须立足学校特色和学生特点开展"差别"实践。某种意义上，只有差异化的"质量"才是有针对性和实效性的"质量"。事实上，很多高校在管理上都追求"人无我有，人有我优，人优我特"，这就是追求差异和卓越的表现，它能让高校的管理工作在比较中寻找创新突破空间，并进行选择性完善，从而达到良性竞争、各放异彩的良好局面。

树立现代的科学的辅导员工作质量观，不能追求"大一统"，更不唯指标论功绩，而要在对"量"的考察基础上，引导一线辅导员主动把握学生的生存需要、享受需要和发展需要，在技术层面完成各种"事务工作"（当前高校应着力减轻辅导员日常事务工作）的过程中，对学生成长给予更多价值引导，倾注更多人文关怀。

三、通往正确质量实践之路

不同的质量观，产生不同的质量实践。新的时期，大学教育面临诸多挑战。辅导员工作是中国高等教育的特色，更是中国高等教育保持社会主义前进方向的有力保障。从某种意义上说，辅导员工作质量深刻影响社会主义人才培养质量。就此而言，探讨高校辅导员正确质量实践之路，是一项影响重大且意义深远的时代课题。

何谓"正确质量实践之路"？对"正确"的理解应该涵盖两个层面：一是规范意义上的"正当"（与"不当""错误"对立，如辅导员工作经常性扰乱教学秩序就是"不当"的);二是事实意义上的"真实"(与"虚假"对立,如辅导员工作实绩数据"灌水"就是"虚假"的)。当前,许多高校对辅导员工作的评判都无法达成"正当"与"真实"的统一,从而引发质量争端,造成不少备受媒体诟病和学生投诉的高校辅导员工作质量问题。

有鉴于此,正确的高校辅导员质量实践之路,应该立足于人(即学生),在满足学生现实需求的基础上,更多地着眼未来(考虑影响学生长远发展的因素,比如理想信念教育、完整人格塑造、个人魅力培养等)。具体来讲,高校辅导员通向"正确质量实践之路"的方案应具备以下六个特征。

第一,辅导员工作目标的合理性。任何实践活动都有既定目标,就辅导员工作话题而言,大的层面有教育发展规划,小的层面有学生工作计划。目标既是人的能力发展的出发点,也是人的能力发展的落脚点。在追求目标的过程中,蕴含着人的理想、信念、情感和意志。事实证明,目标越明确,动力就越强,能力发展就越高,工作质量就越有保障。合理的辅导员工作目标应该具备以下三点。

(1)"遵循大学生思想政治教育规律","创造性地开展工作,促进学生健康成长与成才"。

(2)符合社会发展趋势和国家人才培养需要,"帮助学生树立正确的世界观、人生观、价值观"。

(3)结合自身兴趣,发挥自身优势,"贴近实际、贴近生活、贴近学生,提高工作的针对性和实效性,增强工作的吸引力和感染力"。

第二,辅导员工作主体的自觉性。从管理的角度讲,工作需要监督和评估。但从事物发展的内因论层面讲,实践主体的自觉性才是保障实践质量的关键和核心。辅导员工作目标的确立、方式的选择、程序的安排等,都取决于辅导员自身的主体自觉。辅导员作为高校学生工作一线人员,是高校学生信息流通的集散场和中枢站。学生工作质量很大程度上依赖于信息占有和信息研判。如果无法发挥一线辅导员的主体自觉性,高校学生工作管理的质量就无从谈起。

第三,辅导员工作方式的科学性。任何实践都以一定的方式存在。所谓辅导员的工作方式,就是辅导员日常工作的方法和程序,包括辅导员的生活方式、行为方式和社会交往方式,以及思维方式、情感方式等。辅导员工作的方法科学、程序得当，工作的效率就会提高，效果也就会有保障。辅导员的生活方式越健康、行为方式越理智、人际交往越和谐，对学生的"化育"效果就越突出，如此良性互动基础上的辅导员工作质量也就越好。需要特别指出的是，当前的大学生成长于一个信息爆炸、选择多元、注重风格、追求平等的时代，如果辅导员还使用一板一眼的工作方式，根本无法打造引领学生的"强磁场"。有效的"融入"和科学的"示范"，是辅导员工作质量的重要考量。

第四，辅导员工作手段的先进性。实践活动借助先进工具等手段，才能达成最佳效果。当今社会，经济深刻转型，科技日新月异，各种工具更新换代的周期越来越短。大学生是社会最活跃的群体，掌握先进知识和工具的能力非常突出。高校辅导员要提高工作质量，必须紧跟时代前进步伐，熟练掌握现代办公软件和网络交际工具，尽量和大学生保持在同一平台上的对话。当前，辅导员必须善于用社交媒体平台与学生互动，用即时通讯应用与学生交流，用视频与学生分享生活、探讨人生。工作手段的进步意味着更新理念、调整生活方式以及顺应文化潮流的发展，辅导员要与时俱进，把握动态，与学生在时代洪流中共同成长。否则，辅导员在失去"话题"的同时也丧失了"话语"，工作将由主动逐渐变得被动，这也就必然导致与学生沟通不畅甚至产生隔膜，从而影响工作的质量。

第五，辅导员工作形式的协调性。实践活动包括生产实践、科学实践、社会实践和自我实践等形式。从当前高校辅导员的发展现状来说，辅导员的工作形式主要是社会实践（教育管理学生）和自我实践（发展自我能力）。无论是针对学生的教育管理实践还是针对自我的能力发展实践，于具体的辅导员个体而言，两者是相互联系、相互制约、相互促进的。辅导员只有"定期开展相关工作调查和研究，分析工作对象和工作条件的变化，及时调整工作思路和方法"，才能有针对性地开展好学生教育管理工作。与此同时，辅导员在开展学生教育管理工作的过程中，也常常会因为解决难题而不断扩充知识、提升自我发展能力。由此观之，协调好自我发展和工作发展是保障辅导员工作质量的必由之途。

第六，辅导员工作结果的积极性。实践结果是目标的现实化，是人的能力的对象化。辅导员的工作结果，可简要地分为两大类：一类是物质成果，比如为学生争取到资助金、奖学金；另一类是精神成果，比如为学生制订科研管理办法、师范技能训练办法等。无论是物质成果还是精神成果，只要能满足学生的生存需要、生活需要和发展需要，就是积极的工作成果，否则就是无意义的。无意义的工作必然不利于提升辅导员的工作质量。可见，工作成果的积极性程度是检验辅导员工作质量的重要标准。

法兰克福学派的创立者霍克海默认为，批判理论的目的绝非增长知识本身，而在于实现人的一种解放。在这一意义上，审视反思辅导员传统工作质量观的一些积弊，结合时代与社会发展对高校辅导员工作提出的新要求，探索一条人本化的辅导员质量实践之路，既是对马克思主义信念的坚定追求，也是对教育发展规律的深入探寻，更是对人（包括学生和辅导员自身）的解放的一种现实观照。

（原文刊载于《职大学报》2013年第6期，有改动。）

大学生创业教育认识的不足及其路径研究

王左丹　侯永雄

随着以信息技术为代表的技术创新浪潮的深入和经济全球化的发展，培养创新创业型人才已经成为当今世界主流的共识。开展大学生创业教育，直接提出创新型人才培养目标，逐渐受到重视，也成为中国改革高等教育、转变人才培养模式、提高高等教育质量的重要举措。早在20世纪80年代，欧美等先进国家的高校就将创业教育设置为正式课程且颇具规模。改革开放以来，中国许多高校结合地域特点和本校优势积极探索开展创业教育的方式方法，出现了一批富有特色的培养模式和研究成果。但总体来说，中国的创业教育起步较晚，大部分高校尚处在摸索阶段，对大学生创业教育的认识存在概念不清晰、目标不明确、价值定位混乱等不足。

一、大学生创业教育认识的不足

当前大学生创业教育百花齐放，国内部分高校结合学校实际开展创业教育和实践，但依然存在认识上的不足。

第一，对创业教育定位不准确，将创业教育等同于"创业技能"培训，着重于"教人怎样创业"，盲目追求创业成功率。某些高校针对经济学或管理学的学生开展系统的创业知识传授和技能培养，对于非经济学或管理学的学生，则局限于借助从国际劳动组织引进的课程体系进行培训，如KAB（Know About Business，了解企业），SIYB（Start Improve Your Business，创办和改善你的企业）等。这样的误解不仅使高校创业教育受众面较窄，而且教学内容也不能契合中国国情和大学生实际情况，使创业教育的效果大打折扣。虽然中国创业教育的开展已有10多年的时间，但数据显示，目前大学生创业率仍然很低，大学生主动关注创业的比例也不高。创业教育应更多地关注大部分还没有创业意向的人，而不是仅仅局限于少数原来就有创业意向的人。

第二，没有认清创业教育的真正价值，没能明确地回答创业教育与大学生学习、成长的关系，未能正确理解创业教育在社会经济发展中的作用。不仅在社会上，在高校内部也存在着"找不到工作才创业""就业难就去创业""创业就为了赚钱发财"等误解，因此在大学生中普遍出现不理解、不支持、不参与的现象。这表明中国社会对创业教育还处于"看不惯"的阶段，"创业带动就业是国家的号召""大学毕业去创业非常不明智""创业是不可教的"等思想观念依然牢固。由于在我们的中小学教育里几乎找不到创业启蒙的痕迹，而在大学里，创业教育还是"精英化""小众化"的培养方式。这使得创业教育与高校人才培养脱节、创业教育与专业教育脱节，导致人们无法正确认识创业及创业教育在国家和区域经济转型升级中所具有的作用。创业教育没有走进经济主战场，与经济社会发展的关系不明显。

第三，对创业教育所需要的统筹机制缺乏深刻的认识，各创业教育涉及的部门各自为政，无法有效地整合资源。从政府部门分工来说，涉及创业教育的包括教育、人力资源和社会保障、工商、税务、经济与信息化、科技、团委、妇联等部门；从高校内部分工来说，涉及创业教育的包括从事学生工作、教务工作、共青团工作、后勤服务、科技服务等的职能部门。涉及的部门众多，但部门之间没有过多的隶属关系，便易导致创业教育工作"多头管理"，也易形成口头上都说重视，却没有人愿意牵头负责的尴尬局面。

第四，重理论轻实践，大学生创业教育缺乏实效性。创业教育与一般的专业学习不同，需要更注重实践体验。很多高校未能向学生提供系统的实践体验，如投入大量财力建立孵化园区，但门庭冷落，或是直接成为校办企业基地——学校主体工作之外的"独立王国"，没有合理利用资源，孵化效果差。中国高校创业教育实践平台主要有科技园和孵化基地两种形式，虽然一些高校的校产企业和合作企业也为学生提供了创业的实习机会，但不能为学生提供系统的实践体验。如何让学生在创业教育的平台上实现体验式的学习，是高校亟须解决的问题。

由上可知，当前创业教育存在的主要问题在于没有明确创业教育是什么，创业教育的目标是什么，创业教育要做什么，创业教育怎么做，如何体现其价值，等等。目前，创业教育普遍面临资源、人才、学科等方面的限制。开展创业教育比较成功的学校，大都有比较特别的社会、文化、资源条件。如何将这些成功的经验做法应用于其他学校，亟须探索一套既有理论支撑，又能符合中国高校科研创新、人才培养、服务经济社会的创业教育体系。

二、对大学生创业教育的深化认识和重新定位

大学生创业教育认识不足，不仅会影响创业教育的定位和实施过程，更会削弱创业教育的效果。因此，对创业教育进行再认识非常有必要。

（一）明确创业教育的定位和目标

创业教育有广义和狭义之分。广义的创业教育的代表观点是联合国教科文组织提出的"第三本教育护照"，认为"创业教育"的核心含义有两个方面：一是进行从事事业、企业、商业等规划、活动和过程的教育；二是进行事业心、进取心、探索精神、冒险精神等心理品质的教育。狭义的创业教育是指将目标指向企业创建的"商学院型"创业教育，如哈佛大学、百森商学院等，他们将创业教育定位为让学生懂得面对市场识别机会，有能力评估风险，把握机会去创办企业。

笔者认为，应将创业定位为一种宏观的人生态度，一种职业发展的精神趋向，同时更是人生大跨度的战略目标，它不是急功近利、一夜暴富的捷径。过去，大学的创业教育只注重狭义的"创业技能"培训，虽然这种培训在教学中开展了有针对性的模拟实操训练，但缺少让学生放下书本去进行一次真实的创业实践的机会。让学生走出书斋，放眼市场经济格局，面向社会现实的真实商业挑战，将是未来创业教育的主导思想、实施目标。这将使学生充分认识社会，强化创新精神、培养独立自主的主动品格以及提升社会适应能力。这些能力恰恰是知识经济时代所要求的优秀人才的核心素质和市场竞争力的核心。创业教育所培养的不是迫于生计的创业者，而是植入创业基因、领悟市场经济内涵的现代人才。创业教育不是要求学生在接受创业教育后马上创业，或者在校期间创业，而是希望通过教育激发创新创业意识，培养创新创业能力。学生毕业后经过工作岗位的锻炼，条件成熟时可以再创业，或者在岗位中创业。

创业是最能检测一个人在面对现实问题时是否具有判断能力和实践能力的标尺。面向社会，面向商业实战，极具操作性的创业教育取向，必然会冲击现行的传统应试教育模式，必将引起人们对教育教学的反思，加快推进当前的教学教育改革，建设全新的实效的大学教育模式。针对学生，

创业教育改革应侧重转变就业观念，培养创业意识；针对高等学校，创业教育应主张产、学、研三者结合；针对社会，创业教育应关注以创新的技术促进地方经济的发展。

（二）深化大学生创业教育的价值

首先，大学生创业教育提出的培养具有观察力、判断力、思维力以及分析能力的现代创新性复合型人才的培养目标，有助于提高人才素质，也有力地推动了高校职能的转变。目前，国际政治经济局势瞬息万变，中国也正处于经济转型升级的关键时期，需要大量的具有创新意识、创新精神、创新能力的科技人才和创新创业类人才。传统简单的通过知识传授和技能训练的人才培养模式已经不适应时代的需求。胡锦涛同志在清华大学百年校庆的演讲为新时期人才培养指明了道路，大学的功能要向人才培养、科学研究、服务社会和文化传承创新这四个方面转化，才能更好地服务于国家和社会。高等教育服务于社会的途径有两个：一是高校产、学、研结合，通过创业转化；二是培养创新型人才。高等教育教学改革和发展的必然趋势将是大力推进创新创业教育，培养一大批具有社会责任感、创新能力和创业精神的高素质人才，这更是高水平大学人才培养的重要内涵。

其次，高校开展创业教育还有利于提高就业率和提升就业质量，以创业带动就业。创业教育是一种新型的素质教育理念，其主要内涵在于通过创业教育培养学生的创新精神和创业意识，以及提高综合解决问题的能力，由此促使高校的教育更贴近社会的需求。而创业教育的首要价值即人的全面而自由的发展。因此，中国创业教育首先要确立实现自我价值的创业教育价值取向，其中包括促进创业者自我实现的价值、促进个人自我实现的价值以及为创业活动赋予的道德价值。

（三）整合理论与实践体系

创业教育应形成整合机制。创业教育应与各学科、各专业融合，与创新教育融合，与学生的学习和生活融合，与老师的教学、科研、事业发展融合，形成整合机制。同时，创业教育价值的实现在于市场，要运用市场机制搭建起学校与社会合作共赢的桥梁，集各方资源和力量共办创业教育，创造条件让学生直接在市场中学习、锻炼、奉献、成就，服务经济转型升级。

根据管理学、教育学、生态学、系统论、商业模式等理论，构建"面向经济转型升级的大学生创业教育体系"的平台。通过"创新""创业""教学"和"科研"等平台，使创业教育成为各专业、各学科的自然延伸和必要补充，成为学以致用、理论与实践结合的有效机制，成为学校人才培养模式转变的重要组成部分。通过"社会资源服务"和"政策支持"等平台，建立集各方力量开展创业教育并服务经济的渠道，形成"创新学科化、创业整合化、政策系统化、服务社会化、价值市场化"的创业教育生态体系。

中国创业教育学科发展任重道远，既不能照搬国外成熟的先进经验，也不能受某种资源和学科限制，而应该充分利用现有条件，通过实践"走进主战场"战略，走可持续发展道路。通过对大学生创业教育的再认识，本文尝试构建以"理论建设为指引，课程开发为基础，实践平台为手段，团队打造为动力，社会服务为导向，机构制度为保障，科研项目为支撑"的创业教育学科发展道路。

三、大学生创业教育的实现路径

创业教育具有地域特色，西方发达国家的创业教育经验无法照搬，国内某些高校创业教育的先进做法也无法直接移植。当前开展创业教育需要解决的首要问题就是如何融合本地资源，实现创业教育的本土化。

（一）建设本地化多维度发展的课程体系

创业教育的课程发展需要借鉴国内外先进经验，努力实现本地化。结合不同学生群体、层次、专业，采用不同内容、形式、方法，开设一系列创业教育课程，形成"专业化、模块化、立体化、信息化"体系。

结合不同专业，针对不同群体，配合创新创业培养方向，形成本科、硕士、博士不同层次的课程设置。面向全校学生开设的课程应具有知识普及性。可选择国际劳工组织标准的课程，如 KAB、SIYB 等；或者本地化的课程，如"商业模式创新""网络营销与大学生创业实训"等。面向特定学生群体开设的课程应具有专业性、实践性。例如，与创业训练项目相结合的课程，如"市场营销""创业团队组建"等；与比赛目标相结合的课程，如与"挑战杯"创业计划大赛结合的青年特色班课程；与学校相关专业相结合的课程，如"电子商务创业""动漫创业与实训"等。

在创业课堂组织形式上，根据课程主题的特点，实行课堂、论坛、讲座、沙龙相结合的形式，由此可形成校内、校外、课堂三结合的良好效果。除此之外，还可探索网上学习与线下实践相结合的路径，开发本地化的创业教育网络课程，利用新技术和信息手段，突破时间、空间、资源、形式的限制，以最优质的师资内容资源、灵活多样的机制，让更多学生自主参与创业学习、实训、交流活动。

（二）建设开放分布式的创业实践基地

利用现有条件，将基地建在校园和社会的每个可能的角落。以"融零成整""化整为零"的办法，建成形式多样、功能互补、内外结合、资源共享、创新创业一体的开放分布式创业实践平台。

首先是"融零成整"的方式。学校可通过建设省级实验教学示范中心，如"大学生创新创业实训中心"，获得建设经费的支持，整合现有实验实训设施和团队，延伸补充创新创业教育的实训功能。

其次是"化整为零"的方式。学校可创建一批不同类型的创业实践基地，包括采用团队孵化的形式，以及微创业、格子铺、商业零售、创业一条街、导师创业工作室等形式。

同时，开拓新的创业模式。以网络创业平台为例，自建的电子商务孵化平台、利用淘宝等网络零售平台的网络创业，都能成为培育创业的新领域。

在校内建设实践基地之余，也需要利用校外资源，与政府、企业、社区合作共建创业孵化基地，在拓宽学生创业实践道路的同时服务社会。

（三）打造三结合师资队伍

探索创业教育的路径可利用学校的教学特色，实施"三大计划"，着重打造校内与校外结合、专职与兼职结合、理论与实践结合的高水平创业师资队伍。形成以学者为引领、企业家为支撑、骨干团队为主力、学校各级领导教师参与的，集教学、科研、服务为一体的创业教育团队。

一是"专业化计划"。培养三支创业教育师资队伍。第一支为创业教育专业教师，负责创业教育基础课程的教学；第二支为创业知识专业教师，承担与创业相关知识课程的教学；第三支为各类专业教师，负责在专业课教学、辅导过程中融入创业教育内容，启发、指导、支持学生结合专业创业。

二是"教练计划"。先后聘请多位企业家作为创业导师,为学生授课,建立"教练"与"学徒"的关系,有针对性地指导学生团队开展创业实践。

三是"顾问计划"。邀请政府部门领导、专家学者、企业家等到学校开展创业咨询与辅导活动,担任创业教育"顾问"。

(四) 聚集各方资源建设创业基金平台

通过多方面、多渠道筹集创业基金,支持创业教育。第一类是由学校划拨专项经费成立学生创业基金,支持大学生创业项目;第二类是由社会慈善机构捐助成立创业基金,拨款用于在校大学生创新创业立项资助和职业发展培训;第三类是政府相关部门为支持创业而提供的资金支持;第四类是引进社会风投基金,吸引社会基金支持学生创业。

(五) 开展"三项服务",打造合作共赢、优势互补的创业教育价值提升体系

利用创业教育在校内外资源渠道的整合优势,开展咨询、培训、科研、公关等活动,为企业转型升级和政府部门决策提供智力支持,推进创业教育进社区,服务社会的发展趋势。

一是利用科研优势服务政府。由学校承担研究课题和项目,通过对项目进行深入分析和研究,为政府部门决策提供智力支持和参考。

二是推进创业教育进社区,服务社会。如与社区合作开展"创业教育进社区"等活动,为社会人员、下岗职工等提供创业咨询、辅导。

三是推进创业教育服务企业。为企业提供咨询服务、人才支持等。在实施与推行中,逐渐建设起特色的创业教育生态体系,树立创业教育品牌,将产生良好的社会效应。

综上所述,针对当前高校创业教育存在认识上的误区,本文提出明确定位、澄清价值、整合理论与实践的再认识,指出大学生创业教育应该是"为学生植入创业基因",回答了创业教育"是什么""做什么"的问题。在解决"如何做"的问题上,明确提出创业教育"往内要走进校园主战场,往外要走进经济主战场",并系统地设计、建设了"面向经济转型升级的大学生创业教育体系",通过"教学平台""创业平台""创新平台"和"科研平台"的功能,从机制、制度上解决创业教育怎样与各学科、各专业结合,怎样与创新教育结合,怎样与学生的学习和生活结合,怎样与

教师的工作和事业结合的问题。通过"社会资源服务平台"和"政策支持平台"的整合与建设，集学校、社会、政府等方面资源和力量开展创业教育，一方面可解决创业教育资源短缺的问题，另一方面可探索出创业教育走进经济主战场、服务经济转型升级、体现创业教育价值的方法和途径。

［原文刊载于《华南师范大学学报（社会科学版）》2014年第4期，有改动。］

留守与超越：高校德育的主体间性及其张力

陈 华

全球化打破了单一文明中传统道德的作用边界，市场化在唤醒主体意识的同时也强化了利益导向机制，信息化削弱了教育者对信息的优先地位和对知识的垄断地位。这些都构成了高校德育主体间性的新视界。德育的主体间性转向是一种进步，但在强调受教育者的主体性时，也不能忽略教育者的主导作用。德育的超越性本质决定了教育者在道德"培育"过程中的主导意义是不可替代的。在高校德育活动中，过于强调教师主体性会导致实际上的"无效"，过于强调学生主体性则会导致结果上的"无为"，都难以求得德育主体间的均衡。高校德育作为社会道德进行主导性传播的特殊活动，在诉求主体间世界观、价值观、人生观的平等互动和有机融合的同时，也应保持一定的"张力"以实现德育在价值层面的批判性和超越性。

一、高校德育的主体间性

主体是与客体相对应的存在物，指对客体有认识和实践能力的、独立于社会和历史的人。主体性是主体对客体的对象性活动中展现出来的主体的特性，表现为主观性、自我性和能动性。德育主体是指在道德教育实践活动中具有主体性的人。传统的"单一主体论"把教育者置于居高临下的权威地位，在整个教育过程中具有主导作用，是教育活动的唯一主体，而受教育者则是被动接受教育影响的对象化的受众，是教育活动的客体。"双主体说"认识到参与教育活动的教育者和受教育者都是一定社会关系中有意识的人，把教育活动中的教育者和受教育者都视为主体，突出了教育过程中教育者和受教育者地位的平等。在双主体的理论视野中，主体仍然具有占有性，一方主体性的发挥以另一方作为客体为代价。

主体间性是指交互主体性。在人的生存本质意义上，人不是主客二分基础上的主体，生存也不是对客体的征服和构造，而是自我主体与对象主体的交互活动。"如果某物的存在既非独立于人类心灵（纯客观的），也非取决于单个心灵主体（纯主观的），而是有赖于不同心灵的共同特征，那么它就是主体间的。主体间的东西意味着某种源自不同心灵或主体之间的互动作用和传播沟通，这便是它们的主体间性。"① 主体间性强调"主体—主体"之间的互识与共识。互识是指主体之间的相互认识和相互理解；共识是指不同主体对同一事物所达成的相互理解，所形成的主体间的共同性和共通性；通过对共同事物达成的共识，主体才能达到深层的互识。② 从主体性走向主体间性，认为存在是主体间的存在，孤立的个体性主体变为交互主体，这是人们认识自身所处世界的一个哲学意义上的进步。

在教育哲学的主体间性论域中，主体间性是对单一主体与双主体的发展与超越，教育成为一种主体之间的、双向或多向的交往实践关系。"教育者和受教育者结成以主体性为基础的主体之间的交往实践，教育过程就是交往过程，主体间性内涵于教育过程中。"③ 主体间性的教育过程是教育的参与者通过平等的对话、交流和交往达到彼此理解、沟通与视域融合，实现共同进步的过程。在这种交往实践中，要实现教育者、受教育者，以及制定教育资料的教育系统等主体的多向互动，不仅要充分调动各方参与者的积极性和主观能动性，还要突出各自不同的内在特性，不能混淆彼此、平分秋色地对待。教育者、教育系统、教育对象都有其主体的立场、处境和视域：教育者要在尊重受教育者平等的主体地位以及个体差异的前提下，启发和挖掘教育对象的潜能，教育对象也要充分尊重教育者的主导性；在交往、交流中，不仅使教育者、教育系统的主导性、创造性和前瞻性得到发挥，同时也使教育对象的思想得到启迪，兴趣和潜能得到激发，实现自教自律。

高校德育活动中，德育主体包括教师、学生，以及提供教育资料的创作者、设计者、管理者等，他们共同构成了德育的多极主体关系。德育的

---

① 《西方哲学英汉对照词典》，人民教育出版社2001年版，第518–519页。
② 岳伟、王坤庆：《主体间性：当代主体教育的价值追求》，载《华东师范大学学报》（教育科学版）2004年第6期，第1–6页。
③ 冯建军：《以主体间性重构教育过程》，载《南京师大学报》（社会科学版）2005年第4期，第86–90页。

过程也是一个多极主体间交互影响达成共识、互识的过程——这一过程不是教育者施教和受教育者受教的机械叠加,而是多个主体之间彼此形成一个"道德成长共同体"。德育活动的参与者是同等地位、互相影响的主体,需要真诚的交流、深刻的反省和积极的对话,以达到认识上与情感上的融合和现实需求与价值取向上的共识。高校德育由主体性向主体间性的转向,是现代哲学发展成果在道德教育实践活动中的具体运用,也是解决当前高校德育中存在问题的客观要求。由于大学生(受教育者)的年龄、学习能力、自我控制能力、生活环境、学习环境等个体因素的独特性,高校德育主体间性的特征表现得更为明显,主体间性理论的应用也尤为迫切。正是在主体间性的意义上,教育者和教育系统才应当对受教育者秉持"留守",即适应受教育者,并对其有"保留"、有"守望"。"留守"当然不是无原则地迎合,但必须观察、理解、认可受教育者的立场。

二、高校德育主体间张力的合理性

张力在物理学中是指物体所承受的内部压力、外部拉力等作用力。在社会科学中,张力被界定为事物内部相关部分之间的牵引力和制衡力。教育实践活动中,多个主体之间的教育因素是不相容甚至对立的,这是教育活动何以可能的必要前提;多主体间在对立状态中互相抗衡、冲击、比较、排斥、趋同,进而推动教育内容的丰富与发展,这就是教育活动过程中表现出来的合力与张力。教育活动过程本身会消除不同主体之间的对立,达到一致,因此不同主体间存在合力;消除主体间旧的对立,必然会出现新的对立,主体间的不相容和不一致是常态,因此不同主体间一定存在张力。教育过程就是在矛盾的对立统一中,由不相容的元素组成和谐的统一体,在矛盾的对抗中形成新秩序,从而达至动态平衡的过程。

在高校德育活动中,德育主体间的张力表现为德育活动的价值"超越"。超越是指教育者和教育系统应当提升受教育者。教育者所提出的道德要求与目标要适当超越受教育者当前的道德基准,使受教育者有提升道德水平的可能,但同时这一超越又不能过高而使他们虽经努力也达不到。教育的目的是人的全面发展,道德教育的最高境界是使道德成为生活本身。但这最终离不开社会化了的、被赋予象征意义的教育者和生活化了的教育环境。这是道德教育的价值性所决定的,道德教育按照某种高于现实的道德理想去塑造和培养人,促使人们追求一种理想的精神境界与行为方式，以此实现对现实的否定。① 不立足于现实，就难以实现教育主体间的平等对话，甚至难以维持正常的教育活动；没有对现实的批判和价值的追求，就无从超越，也就没有人类社会的进步。

主体间的差异性决定了高校主体间张力的合理性。在高校德育活动中，教育者和受教育者是德育活动的交互主体，主体间的平等互动和交流主要表现在主体人格、地位等方面，而在知识、能力、阅历、经验等方面常常存在差异。教育者承载着一定社会的道德规范要求、系统的专业知识、人生经验、处事哲理等，而受教育者由于年龄、阅历、经历、知识储备等的限制，其道德观念处于渐趋成型的时期，道德心理和道德行为具有自发性和盲目性，难免出现敏感与偏颇的情况。另一些值得考量的因素是，市场化的逻辑严重削弱了原有的道德规范体系，对于大部分大学生来说，适当的指导与引导是非常必要的。正是教育者与被教育者之间的这种张力，使得高校德育主体在交互中由"自发"走向"自觉"。

大学教育的价值缺失要求高校德育主体间保持张力。大学生虽身处高校，而高校却难以凭借传统的道德灌输模式发挥一个德育主体应有的作用，它在德育活动中要么"无作为"，要么"无效作为"。这一方面由于不同的教育者角色、不同的课程、不同的信息源，对大学生所产生的影响相互交织且缺少整合，过于强调某一因素的影响可能会造成作用力的失衡，导致人才素质结构短板的产生，限制人的长远和全面的发展。另一方面，目前的教育功利化现象正严重侵蚀着道德教育对终极价值的追问和对终极关怀的追求。大学教育以就业为目的，以课程教育、专业教育、技术教育为手段，忽视了对人的全方位、多样化的培养。在建立适应社会发展与进步的道德体系的过程中，高校是重要的一环，应该在传统道德、市场化生存意识、人性的舒张等多方合力中，保持主体间适度的张力。

三、高校德育主体间张力的结构

高校德育主体间的张力是在多极主体间平等交流、对话与互动的过程中，根据彼此表现出来的特点做出相互调整而产生的教育力。从形式上看，高校德育主体间的张力主要表现为传承与革新、主体与客体。从内容

---

① 鲁洁：《道德教育：一种超越》，载《中国教育学刊》1994年第6期，第2-8页。

上看，高校德育主体间的张力主要表现在道德与法律、政治、文化、经济几个方面。① 从结构上看，高校德育主体间的张力则应该从个人与社会、理想与现实、理论与实践、理性与感性这四个维度来考察。

1. 个人与社会

社会与个人的关系是辩证统一的。个人是社会中的个人，社会是由无数个人有机结合而成的。"人的本质不是单个人所固有的抽象物，在其现实性上，它是一切社会关系的总和。"② 个人脱离了社会是抽象的，同样，社会脱离了个人也是抽象的。"应当避免重新把'社会'当做抽象的东西同个体对立起来。个体是社会存在物。"③ 个人面临着自身生存、发展的需求，也受到社会、国家、民族等的集体关照；个人价值实现的同时社会需要得到了满足，社会价值的实现也使个人价值得以彰显。但是，人的主观性决定了他会选择在个人视域中与自身价值关系一致的事物、知识和信息；而教育者传递的教育信息，则代表着社会整体主导的价值判断与选择。一个是私域的价值判断，一个是公域的价值判断。因此，教育者与受教育者主体性之间的对话也就体现为个人与社会价值视域的接触与融合。

在传统的高校德育模式中，往往存在重社会价值、轻个人价值的倾向，片面强调社会价值，主张个人牺牲以满足集体、社会的需要。这实际上是对受教育者主体性的忽视与否定。体现社会发展要求的道德规范只有首先关注个人价值的实现，才能真正引导个人的成长与发展，实现个人社会责任意识的超越和社会整体关注的提升。高校德育主体间应当保持个人与社会间的张力，通过交流与互动凝聚受教育者的个体能量和主观能动性，使教育主体突破狭隘的私域，由关注个体转而关注社会整体，与社会整体相融。

2. 理想与现实

德育活动的动力来源于社会现实，高校德育必须面对全球化、市场化、信息化、个性化的现实，根据现实的变化来调整德育思路、内容与方

---

① 王全文、刘国强：《关于新时期德育发展张力的思考》，载《山东教育学院学报》2007年第3期，第5-7页；任水才：《德育的多元合力与张力》，载《求索》2005年第12期，第119-121页。
② 《马克思恩格斯选集》（第1卷），人民出版社1995年版，第60页。
③ 《马克思恩格斯文集》（第1卷），人民出版社2009年版，第188页。

法。高校德育的参与主体都是一定家庭关系、社会关系、经济关系中的现实利益方,不仅学生面临着学习、就业、情感、生活等方面的问题,教育者同样也承受着工作、晋升、薪酬、社交、家庭等诸方压力,教育系统作为参与主体也同样受到社会经济发展变化所带来的影响。还有一个无可否认的现实是,我们的高校德育工作还过多地承载了意识形态教育的功能,以至于德育功能发生嬗变,道德价值有所丧失。①

现实的功利化倾向根源于市场化逻辑的刺激。市场的利益导向为人提供了目标和方向,对人发挥主观能动性有一定的促进作用,是人们主体性发挥的表现,应该得到适当肯定。但利益的刺激也使人们多注重眼前的速度和效果,而忽视过程、意义和长远;利益使人的思维出现盲目性和自发性,是人们行为出现偏差的内在原因,需要加以指导和引导。

人需要理想,在成长和发展的各个阶段也需要不同的目标。但是由于个体自身各方面的局限性和狭隘性,以及对社会环境的把握不全面、对自身特点的认知不透彻等,都可能使德育主体对人生的理想树立和目标规划产生焦虑或恐慌,甚至是排斥与逃避;积极探求则可能出现盲目、过激和急功近利的倾向。这就需要德育主体在交流和对话的过程中彼此间相互了解,共同分析、把握社会发展的要求和方向,探讨符合个人发展的理想信念与人生规划。

3. 理论与实践

人们认知世界时,政治运行、法律法规、思想文化等客体化的上层建筑构成了人们比照客观世界、审视社会现实的理论逻辑。理论逻辑属于人类思维的主观部分,它源于生活,追求"真",力求反映客观世界,发现社会发展规律;同时它又高于生活,追求"善"和"美",对客观世界具有一定的超越性和批判性,试图指导社会实践。因此,客体化的理论逻辑不仅反映社会发展规律,而且代表着人们追求的社会发展方向,具有凝聚精神动力的作用。人类社会的发展就是一个在理论逻辑对现实社会实践的批判和指引下,不断地自我调适和自我改进的过程。

高校德育活动中设计和使用的理论逻辑,是事实判断和价值判断的统

---

① 吴俊清:《大学德育:功能嬗变与本体回归——基于意识形态与道德之间的张力的认识》,载《教育理论与实践》2007 年第 1 期,第 54-56 页。

一，既源于实践又要指导实践。在指导道德实践的过程中，德育主体用理论逻辑比照和批判实践是必要的，关键是要接受和承认理论与实践之间的张力。但较为普遍的现实是，大学生的价值观、人生观、世界观都还处于形成过程中，尚未定型，他们参与社会道德实践相对较少，道德社会化程度相对较低，易于盲目地、片面地用理论逻辑去比照和批判现实。更让人悲观的是，人们发现传统道德规范留下的断片残章与现实的道德实践格格不入，但是对道德理论的无力和道德实践的混乱普遍感到束手无策，甚至连道德思想与实践中的无序性都根本无法察觉。① 基于此，高校德育主体间就需要通过对话和交流共同寻找理论和实践的契合点，把比照和批判带来的消极关注引向寻求建设性路径的积极关注。

4. 理性与感性

人在任何社会实践活动中都不是单向度的存在，而是理性存在和感性存在双向度的结合。教育活动作为主体间的交往与对话过程，是理性的科学认知和感性的情感激发共同促进的结果，因此教育活动也是主体间相互提升认知和相互培养感情的过程。在此过程中，我们要看到理性认知的强大作用和理论的科学性、工具性前提，也应当理解教育主体作为情感丰富的人所具有的自我性、自发性。

高校德育活动要在认知导向和情感激发的距离之间，寻求内在的统一。德育主体在德育活动中共同认知客体化的教育资料和教育内容，接受和认可教育技术，教育者和受教育者通过大学课堂、大学校园文化活动等方式进行交流与沟通。高校德育活动的理性有两重含义：一是道德规范内容的理性化，一是教育技术手段的理性化。前者是人类社会经过长期发展积累的、调节社会关系的规律性认知，后者是对教育和学习规律的认知，也是现代教育技术发展的物质呈现。因此，理性的道德教育是可能的，也是必要的。德育活动的感性也来自两个方面：一方面，道德规范等德育内容自身的内在逻辑和特点，使德育活动的参与主体产生情感偏好和价值取向；另一方面，德育主体对教育过程、教育方式、个人魅力、情感交流等的态度也对德育活动产生非理性的影响。人的主体性决定了道德教育必须迎合个体的道德社会化心理需求，切入个体的内心情感，激起个体的心灵

---

① ［美］麦金泰尔：《德性之后》，龚群等译，中国社会科学出版社1995年版，第5页。

共鸣,从而实现德育主体间的价值互通和心灵契合。教育者通过教育理念的表达、教育方式的改变、教育内容的丰富来激发情感,受教育者也通过主体间的互动与交流,来表达情感体验的困惑与收获。

(原文刊载于《高教探索》2014年第5期,有改动。)

论高校加强党史国史教育的作用

马 一

党史国史是中国共产党和广大人民群众血肉相连、休戚与共、艰难探索的历史，是中国人民顽强抗争、英勇奋斗、发展创新的历史，是治国、理政、育人的大道。党的第十八次全国代表大会以来，习近平总书记以深远的历史眼光、深厚的历史学识和深刻的历史思维，发表了系列关于党史国史工作的重要讲话，指出党史国史的学习和研究事关党和国家的前途命运，要切实加强党史国史以史鉴今、资政育人的职能和作用，任何时候都不可忽视，并强调加强党史国史的教育要重点抓好两大对象，一是各级领导干部，一是广大青少年。[①] 高等院校作为党史国史教育、宣传、研究的重要阵地，应全面、深刻地领会习近平总书记关于党史国史工作的讲话精神，加强党史国史的教育、研究、宣传，充分发挥党史国史的育人作用，引导大学生从中获得思想的启迪、知识的武装，做到真学、善思、活用，培养热爱党、热爱祖国、热爱社会主义的情感，切实树立实现中华民族伟大复兴的共同理想和坚定信念。

一、高校加强党史国史教育的紧迫性

大学生是十分宝贵的人才资源，是中国社会主义现代化建设的中流砥柱。整体而言，在校大学生爱党爱国、思想活跃、积极向上、朝气蓬勃、爱憎分明、志向远大，坚决拥护党的路线、方针、政策，坚持走中国特色社会主义道路。但在世情、国情、党情发生深刻变化的当今社会，我国改革日益深化，社会急剧转型，各种矛盾叠加，诸种思想激荡，物质主义、消费主义、实用主义、功利主义、虚无主义、新自由主义等思潮对思想尚

---

① 《习近平：牢记历史经验历史教训历史警示　为国家治理能力现代化提供有益借鉴》，载《人民日报》2014年10月14日第1版。

不稳定、情绪较易波动的在校大学生的思想意识和价值观念造成严重冲击。一些大学生不同程度地存在政治信仰迷茫、理想信念模糊、道德观念薄弱、社会意识淡化、价值取向扭曲、社会责任缺失、心理素质欠佳等问题，党史国史素养相当薄弱，漠视历史的现象尤其令人担忧。

当前，历史虚无主义思潮大肆泛滥，打着所谓"客观立场""中立态度"的幌子，罔顾事实，混淆视听，鼓吹"普世价值"，宣扬"宪政民主"，肆无忌惮地对中国的社会制度、执政党、意识形态等发难，诋毁毛泽东、毛泽东思想，抹黑中国共产党和新中国的历史，特别是歪曲中国共产党领导的新民主主义革命、社会主义革命和建设以及改革的历史，妄图瓦解大学生的政治信仰，根本否定中国共产党的领导和执政的合法性，改变我们的红色江山。在历史虚无主义思潮的恶劣影响下，一些在校大学生对主流意识形态关于党史国史的某些观点产生怀疑，甚至质疑马克思主义的科学性和马克思主义中国化的历史必然性，政治信仰变得模糊，更有甚者，抛弃马克思主义指导思想，放弃培养和践行社会主义核心价值观，忘记自己身上肩负的社会主义建设者和接班人的历史重任。常言道，"灭人之国，必先去其史"，西方敌对势力的思想渗透和大学生思想状况的波动，迫切要求高等院校在意识形态领域敢于"亮剑"，加强对广大在校大学生深入开展党史国史的教育、宣传。大学生党史国史教育的内容包括中国共产党在中国革命、建设和改革过程中取得的丰功伟绩、形成的理论指南、总结的经验教训、进行的艰苦探索、具备的优良作风、拥有的崇高品格等。通过培养大学生对党史国史的历史感悟，浇注"红色营养"，坚定大学生的理想信念，筑起大学生牢固的思想防线，使其自觉抵制歪风邪气，明辨是非曲直，增强其对中国共产党、对社会主义发自内心的认同感，使其信心百倍地投身实现中华民族伟大复兴的生动实践。

二、高校加强党史国史教育的作用

中国共产党和共和国的历史在中国历史上最为可歌可泣，谱写了辉煌的篇章，树立了不朽的丰碑，用党和国家的历史教育青年，是大学生继承和学习马克思主义的光辉典范，是高等院校思想政治教育的基石，是服务党和国家大局的重要内容，事关党和国家事业的长远发展，具有重大的现实意义和深远的历史意义。因而，发展新的事业、开创新的局面，需要高等院校切实加强大学生党史国史教育。高校加强党史国史教育的作用，择其要者表现在以下五个方面。

（一）抵制虚无主义，提升历史自信

习近平总书记明确指出我们必须坚持正确的历史观，"让历史说话，用史实发言"，不能数典忘祖、妄自菲薄。面对历史虚无主义者根本否认历史的客观性与规律性，大肆鼓吹"否定革命论""党史诟病论""侵略有功论""历史人物重评说"等谬论，我们要时刻保持警惕，坚决反对丑化、颠覆党史国史的言行，而要摆事实、讲道理，以正确的立场、观点、方法对待党和国家的历史，分清主流和支流，把握主题和本质，"不能用改革开放后的历史时期否定改革开放前的历史时期，也不能用改革开放前的历史时期否定改革开放后的历史时期"①，不能随意隐瞒、遗忘和歪曲历史，更不能脱离实际、简单粗暴、苛责前人。

高等院校要全面落实习近平总书记的指导，坚持科学精神，秉承实事求是的原则，加强大学生对马克思唯物史观和党史国史的学习。引导大学生树立正确的历史观，积极学习党史国史，了解正是中国共产党在马克思主义的指导下，领导了大革命，开展了土地改革，进行了全面抗战，推翻了三座大山，带领中国人民实现了民族独立和国家解放，而正是中国共产党将马克思主义基本原理与中国革命的具体实践相结合，中国取得社会主义建设和改革的巨大胜利，特别是在改革开放短短的几十年间，中国的面貌发生了翻天覆地的变化，举世瞩目。通过对此的学习，让学生深切体会党的伟大、光荣和中国特色社会主义道路的正确性，提升学生的历史自信，提高明辨是非思维，认清历史虚无主义的本质，同其划清界限，以鲜活的历史事实剖析历史虚无主义思潮对中国共产党、对中国特色社会主义的干扰和危害，回应其中的非马克思主义史观，旗帜鲜明地反对历史虚无主义的侵蚀，让其在现实面前碰得头破血流。

（二）增强理想信念，坚定道路自信

习近平总书记指出："坚定理想信念，坚守共产党人精神追求，始终是共产党人安身立命的根本。"② 理想信念教育是党的优良传统，而道路

---

① 习近平：《毫不动摇坚持和发展中国特色社会主义　在实践中不断有所发现有所创造有所前进》，载《人民日报》2013年1月6日第1版。

② 习近平：《紧紧围绕坚持和发展中国特色社会主义　学习宣传贯彻党的十八大精神》，载《人民日报》2012年11月19日第1版。

问题则是我党进行革命、建设和改革的最根本问题,关乎党的命脉与国家前途。中国特色社会主义道路并非凭空而来,而是既有广泛的现实基础,又有深厚的历史渊源。近百年的历史已经证明,中间道路在中国行不通,只有中国共产党开创的社会主义道路才能挽救、发展和复兴中国。我们的这种道路自信从根本上说是历史的选择、人民的选择。加强党史国史教育,有利于大学生深刻把握中国社会的发展规律,深切体会中国选择社会主义道路的历史必然性,坚定"三个自信",增强为中国特色社会主义事业而奋斗的信心和决心,把党和国家各项事业继续推向前进。

高等院校开展党史国史教育的实质就是培养大学生增强理想信念,坚定道路自信,不断推进中国的改革开放事业。面对不同思想体系、价值观念的交流、碰撞,高校应引导学生在新的历史条件下,系统地而非零散地研读中国共产党和共和国的历史,了解近现代以来中华民族饱经忧患的辛酸史和中国人民不断奋起的抗争史,特别是中国共产党为实现民族独立、国家富强而进行顽强不屈战斗的历史,了解党在中国革命、建设和改革各个历史时期的重大决策,通过对党史国史的深刻思考,增强民族自尊、自信、自强,深化马克思主义信仰、共产主义信念与中国特色社会主义道路的信心,坚定不移地走自己的路,不断开创中国特色社会主义事业的新局面。

(三) 弘扬优良传统,牢守精神家园

习近平总书记指出:"中国革命历史是最好的营养剂,多学习多重温,心中会增添许多正能量。"① 党史国史不是远离现实的过眼烟云,而是中国共产党团结、带领全国各族人民在长期革命、建设、改革实践中创造的思想文化遗产和宝贵精神财富。党的优良传统和伟大的民族精神是在历史的长河中逐渐造就的,离开赖以根植的历史土壤,就会成为无源之水。忘记历史就意味着背叛,忘却中国革命、建设、改革历程中的血泪荣耀、经验智慧、传统价值,中华民族的优良传统就会荡然无存,精神支柱就会轰然崩塌,必然导致背叛了过去,茫然于现在,迷失于未来。学习党史国史,则有利于弘扬党的优良传统和奋斗精神,培育爱国情感和家国情怀,

---

① 李斌:《党面临的"赶考"远未结束——习近平总书记再访西柏坡侧记》,载《中国青年报》2013年7月14日第2版。

传承文化基因和文明意识，牢守血脉根基和精神家园，为全面深化改革，推进中国特色社会主义事业提供强大的精神动力。

高等院校要结合中国共产党和共和国的辉煌历史，对大学生开展优良传统、民族精神、时代精神的教育，引导学生了解中国共产党在面对封建压迫和列强侵逼时，在大革命、土地革命、抗日战争、解放战争、朝鲜战争，以及社会主义探索、建设和改革中，为实现民族独立、国家富强、人民幸福，历尽沧桑，付出巨大牺牲，以及不计其数的共产党人诸如李大钊、瞿秋白、蔡和森、吉鸿昌、杨靖宇、董存瑞、黄继光、焦裕禄、王进喜、任长霞、牛玉儒等身上所体现的高风亮节、英雄气概，以此作为大学生做人、做事的重要标杆。还要大力弘扬党史国史蕴含的实事求是、敢闯敢拼、艰苦奋斗、爱岗敬业、廉洁奉公的优良传统，理论联系实际、密切联系群众、批评和自我批评的优良作风，以培养大学生的优良品质，激励他们高扬精神旗帜，为实现中华民族伟大复兴昂首奋勇前进。

（四）总结历史经验，汲取历史教训

历史是最好的老师，历史的经验值得总结，历史的教训更该吸取。中国共产党是一个善于总结经验、汲取教训的伟大政党。纵观中国共产党和共和国的伟大征程，中国共产党就是在不断总结历史的经验、教训中，逐渐从幼年走向成熟，开辟了中国革命的正确道路，取得了社会主义探索、建设和改革的巨大胜利。习近平总书记一贯重视研究、学习党史国史，以明察治乱得失，鉴古而知今，"本着择其善者而从之、其不善者而去之的科学态度"[①]，善于从党史国史中总结好、运用好推进改革发展的经验和智慧，反思与吸取党在前进道路上出现的失误和教训，并特别强调历史是"最好的清醒剂"，我们要"吃一堑，长一智"，保持头脑清醒，认准前进方向，破解历史难题，促进社会经济更加健康、快速地发展。

当前，中国改革事业已经进入攻坚期和深水区，面对不断涌现的新情况与面临的困境及挑战，高等院校要积极指导大学生认真研读党史国史，培育历史眼光、树立历史意识、总结历史经验、把握历史规律，清醒地认识当今的世情、国情、党情，重视历史、研究历史、借鉴历史，在对历史

---

① 《习近平：牢记历史经验 历史教训 历史警示 为国家治理能力现代化提供有益借鉴》，载《人民日报》2014年10月14日第1版。

的深刻思考中摄取营养，汲取了解昨天、把握今天、开创明天的智慧，这对于民族进步、社会发展和个人成长都具有至关重要的意义，有利于学生以更大的勇气和智慧做好当前事情、构划未来蓝图。

（五）担当历史使命，实现中国梦想

不忘历史才能开辟未来，善于继承才能善于创新。中国共产党肩负长期执政的重任与开拓历史新篇章的职责，党史国史则聚焦国家富强、民族复兴、人民解放、生活安康，折射出勇于担当的功能。当前，面对党和国家事业发展的新要求，历史赋予国人新的使命，就是在中国共产党领导下，抓住机遇，加快发展，向全面建成小康社会、实现中华民族伟大复兴的目标奋力前进。中华儿女的个人前途与国家命运紧密相连、唇齿相依，我们在新的历史条件下，重新温习党所肩负的历史使命，"有助于我们在对历史的深入思考中做好现实工作，更好走向未来"①。

高等院校在当今社会思想、价值、思潮更加多样、多元、多变的时代，应通过加强大学生党史国史的教育，引导学生深刻了解中国共产党为国家和人民谋福利、谋幸福的艰辛历程，懂得和记住昨天的苦难与辉煌，进而明白自己肩负的新的历史使命，无愧今天的责任与担当，并借此丰富历史知识、开阔眼界视野、提升精神境界、培育良好品质，增强责任心，加强责任感，达成共识，在新的历史起点上，更加坚定地肩负起深化改革的重任，更加奋发有为地为实现中华民族的伟大复兴而奋斗。

习近平总书记强调党史国史是最好的"教科书""营养剂""清醒剂"，是开启大学生人生道路的"金钥匙"，指示"这门功课不仅必修，而且必须修好"②。高等院校要切实落实习近平总书记关于党史国史工作的重要讲话精神，摆正党史国史教育的地位，创造研读党史国史的条件，积极发挥党史国史的育人作用，推进党史国史入脑入心，教育学生知史爱党、明史爱国，真学真懂、真信真用，以占领大学生的思想阵地，抵制意识形态领域的侵蚀，解决现实生活中出现的信仰动摇、思想混乱、精神迷失、理想淡化、心态浮躁等问题，提高政治认同度，坚定社会主义信念，

---

① 习近平：《承前启后，继往开来，继续朝着中华民族伟大复兴目标奋勇前进》，载《人民日报》2012年11月3日第1版。
② 《习近平在中共中央政治局第七次集体学习时强调　在对历史的深入思考中更好走向未来　交出发展中国特色社会主义合格答卷》，载《人民日报》2013年6月27日第1版。

促进大学生始终保持乐观、阳光的精神状态,更好地担负起民族复兴的历史重任,为不断夺取中国特色社会主义的新胜利而不懈奋斗。

(原文刊载于《山西档案》2016年第1期,有改动。)

中华民族优秀传统文化是高校德育工作的重要资源

蔡英谦

当前，向民族传统文化寻求思想资源，是创新高校德育工作的一条重要的有效途径。中华民族传统文化源远流长、博大精深，有利于促进当代大学生思想道德素质的提高。中共中央、国务院《关于进一步加强和改进大学生思想政治教育的意见》指出要以爱国主义教育为重点，把民族精神教育与以改革创新为核心的时代精神教育结合起来；以基本道德规范为基础，把坚持继承优良传统与改进创新相结合。① 党的十六届六中全会进一步提出了要构建社会主义核心价值体系，必须不断吸取中华民族优秀传统文化，不断在实践中创新发展的要求。这说明，当前在德育工作中把弘扬民族传统文化与培养时代精神有机结合起来，创建符合时代发展要求的民族新文化，培养具有民族文化之根的社会主义的一代新人，是适应新时期高校思想道德教育工作的需要的。

一、正确认识民族传统文化

改革开放以来，在党的领导下，我国人民坚持解放思想、实事求是地弘扬民族传统文化精神，并随着时代的发展不断赋予其新的内涵，这在促进社会发展，开展社会主义精神文明建设，以及提高人的道德素质等方面，都发挥了重要的作用。当前我们正处在一个思想大活跃、观念大碰撞、文化大交融的时代，先进文化、有益文化和腐朽文化、落后文化并存，正确思想和错误思想、主流意识形态和非主流意识形态相互交织，既有融合又有斗争。我们面对不同文化的冲突时，若措施不力、处理不当，就会引起思想混乱，给我国德育工作带来消极影响。这在当代青年大学生身上尤为明显。青年大学生是社会思潮的主要载负者，其心理因素的不稳

---

① 中共中央、国务院：《关于进一步加强和改进大学生思想政治教育的意见》，见中华人民共和国教育部网（http://www.moe.gov.cn/jyb_ xwfb/gzdt_ gzdt/moe_ 1485/tnull_ 3939.html）。

定性和思维上的不成熟性决定了他们易受落后和腐朽文化的误导,片面追求"西化",全盘否定民族传统文化。而我国以"和合"文化为主体的民族传统文化,其精神内核主要体现在三个方面:一是以爱国主义为核心的民族精神。中华民族精神最突出的就是团结统一、爱好和平、勤劳勇敢、自强不息。① 这不仅是华夏儿女毕生追求的人生境界,更道出了中华民族文化的底蕴和精华。二是以改革创新为核心的时代精神。三是形成了以尊重和实践和谐为荣,以背离和破坏和谐为耻的民族(社会)荣辱观。传统文化给后人的启示远不止这些,但从某种意义上来说,这些都是人生的行为准则。

但传统文化传承皆具有二重性,对人的思想道德的影响也是双重的。传统文化既有精华亦有糟粕,因而,我们对待民族传统文化应坚持批判地继承。具体来说,对待民族传统文化,我们要用辩证唯物主义和历史唯物主义的观点作为指导,区分好三种不同的情况:第一种是要大力弘扬优秀的传统道德。我国是有着五千多年优秀历史文化的"文明古国,礼仪之邦",爱国、为公、勇敢、勤俭、智慧、友善等都是中华民族的传统美德。自古以来,弘扬民族传统美德的范例如雨后春笋,层出不穷。如"大禹治水,三过家门而不入",爱国将领邓世昌、林永升在甲午海战中"捐躯赴国难,视死忽如归",孙中山号召"天下为公,大同世界",等等,他们都是传统美德的杰出代表。第二种是要摒弃封建迷信的腐朽文化。中国几千年的传统道德,主要是封建时代的产物,从历史局限性的角度来看,由于长期处于封闭的小农经济社会,历史遗留下来的固有的狭隘思想、封建意识和迷信文化,如封建迷信活动、地方保护主义、行业保护主义等都是与当代社会格格不入的传统观念,是我们应当抛弃的。第三种是对某些既包含优秀传统又带有糟粕的文化传统还需要具体情况具体分析,一分为二地区别对待。比方说,"孝"文化在中国源远流长,传统孝道盛行千年,是中华民族的文化特点,其内涵丰富。如家庭有孝,尊老爱幼,其情融融;单位有孝,上行下效,竭忠尽智,事业兴旺;社会有孝,人人抱有一份尊重情怀,社会便会和谐。但同时我们也要看到,我国的孝文化起源于古代专制社会,是封建统治阶级加强统治的手段,其中的糟粕不言而喻,诸如"三纲五常""绝对服从父母""三从四德"等落后保守和不当的尊

---

① 江泽民:《江泽民文选》(第3卷),人民出版社2006年版,第559-560页。

卑观念等都是落后的、腐朽的、与当代社会不和谐的文化传统，是应当剔除的。正如毛泽东同志在《新民主主义论》中所说的，"清理古代文化的发展过程，剔除其封建性的糟粕，吸收其民主性的精华，是发展民族新文化提高民族自信心的必要条件，但是决不能无批判地兼收并蓄"①。所以说，我们对待传统文化的态度应以辩证唯物主义和历史唯物主义为指导，不断"去其糟粕，存其精华"。

二、当前将民族传统文化教育纳入高校德育工作的必要性

文化建设是一个国家或民族以其固有的文化传统为基础而进行的文化传承、变革与创新。在科学技术迅猛发展，互联网触及世界每一个角落，各种思想文化相互激荡的背景下，如何创新公民道德教育的有效途径、提高民族素质，显得越来越重要。因此，向大学生宣扬中国优秀传统文化，对于加强和改进高校思想政治工作、提高教育的实效性来说非常必要。

（一）民族传统文化教育是加强大学生思想道德的重要内容

我国的传统文化是中华民族在几千年的历史发展过程中，通过文化积累构建而成的，已深刻融入中华民族的思想意识和行为规范，内化为人们的一种文化心理和性格，并渗透到社会经济、政治生活中，成为中国国情的重要组成部分。因此，在当前建设有中国特色社会主义文化、构建和谐社会的背景下，民族传统文化教育应当成为高校德育的一项重要内容。主要原因包括以下三个方面。

第一，坚持和发展马克思主义需要传统文化。辩证唯物主义和历史唯物主义告诉我们，马克思主义不是从天上掉下来的，马克思主义作为普遍的真理，它的一个重要特征就是注重与具体实际相结合。正是如此，马克思主义与中国革命实际相结合、与当代中国实践和时代特征相结合、与中华民族传统文化相结合，相继产生了毛泽东思想、邓小平理论和"三个代表"重要思想，并已成为中国社会主义现代化建设的指导思想。因而，坚持马克思主义与批判地继承传统文化是一致的，没有批判地继承就没有坚持，没有发展；越是要坚持，就越是要批判地继承。

当前，我国正面临着建设全面小康的社会主义和谐社会，从根本上

---

① 孙雅丽：《继承民族文化传统发展社会主义文化》，载《毛泽东思想研究》2004年第1期，第5-6页。

说，社会主义和谐社会就是一个道德水平高尚的社会。而荣辱观正是一个人的世界观、人生观、价值观的重要内容。胡锦涛同志多次强调"在我们的社会主义社会里，是非、善恶、美丑的界限绝对不能混淆，坚持什么，反对什么，抵制什么，都必须旗帜鲜明"①。党中央关于"八荣八耻"的社会主义荣辱观正是对民族传统美德的发扬光大，不仅涵盖了人生态度、社会风尚的方方面面，还体现了社会主义基本道德规范，体现了中华民族优秀美德、优秀革命道德与时代精神的完美结合。实践证明，"八荣八耻"社会主义荣辱观是新时期我国公民道德建设的指南，是加强对当代大学生进行思想道德教育的指路明灯。

第二，民族传统文化是大学生思想道德教育的重要文化背景。中华民族几千年的传统文化，已经成为中国社会的文化背景。成长于这种背景下的大学生既是民族传统文化的现实承受者，也是传统文化的传播者，其思想观念无时无刻不受到民族传统文化的影响。当代大学生是中国特色社会主义文化的建设者和主力军，这是历史赋予他们的使命。文化发展具有传承性和延续性，它不能离开也必须依托民族文化的传统。每一代人都是在传统文化的教育和熏陶下成长起来的。在文化传统的基础上，结合时代的发展，才可能开拓、创新新时代的文化，才有可能进一步丰富和发展民族文化。当然，我们在积极弘扬民族传统文化精神的同时，也必须注意到传统文化的二重性给当代大学生带来的消极影响。因而，我们在倡导主流的同时还需正确引导，提高他们分辨是非的能力。

第三，民族传统文化有助于培养当代大学生良好的道德品质。正如我们前面所说，我国以"和合"文化为主体的民族传统文化，经过数千年的积累与发展，已经深深融入中华民族的血脉之中，成为中华文明的基本特性和重要价值取向。我国"和合"文化传统的核心内容就是崇尚和谐理念，体现和谐精神，坚持和实行互助、合作、团结、稳定、有序的社会准则。纵观中华民族几千年发展史，只要社会稳定、民族和谐、人民安居乐业，社会就会呈现出欣欣向荣的景象。民族优秀文化传统中的基本思想，如其锐意进取的民族精神和居安思危的忧患意识寄托着以天下为己任的强烈历史使命感，从而成为爱国主义的基本精神；其主张"天下兴亡，匹夫

---

① 《中共中央关于构建社会主义和谐社会若干重大问题的决定》，见中国政府网（http://www.gov.cn/test/2008－08/20/content_1075519.htm）。

有责""先天下之忧而忧,后天下之乐而乐""集体利益高于个人利益,国家利益高于一切"等观念成为集体主义的基本思想;其"见利思义""先义后利"的价值取向,"俭以养德""诚心好礼"的人际规范等,成为中华儿女的人生观、价值观。所以,在高校开展传统文化教育,有利于培育当代大学生良好的道德品质和素养。

(二)民族优秀传统文化教育是提高当代大学生道德素质的有效途径

当代大学生是我国创建和谐社会、实现现代化的主力军。面对世界科学技术迅猛发展和各种社会思潮的交融和冲击,提高当代大学生的综合素质显得越来越重要。中华人民共和国成立以来,我国高等教育为国家培养了大批德才兼备的优秀人才,为我国现代化建设和改革开放做出了巨大贡献。但也要看到,近些年来我们所培养的人才的两个基本素质,即文化素质和道德素质呈现"一硬一软",出现"才高德低"的现象,这也是导致当前我国诸多社会问题的重要因素之一。因此,弘扬民族传统文化,从传统文化的精华中寻求"精神营养",是提高当代大学生道德素质的一条重要的有效途径。例如,可将民族传统文化教育引进课堂,充分发挥课堂教学的主渠道功能,以及开展丰富多彩的校园文化活动,寓教于乐,从而达到提高大学生思想道德素质的目的。

(三)民族传统文化教育对高校德育工作具有重要启示作用

加强民族传统文化教育是促进高校德育发展的需要。民族传统文化是中国特色社会主义文化的重要内容。社会主义文化,即社会主义精神文明,不仅是实现社会主义现代化的重要目标,也是实现中华民族伟大复兴的重要精神条件。社会主义精神文明建设要以科学的理论武装人,以正确的舆论引导人,以高尚的精神塑造人,以优秀的作品鼓舞人,而"我们所说的高尚的精神,就是指我们党的崇高理想信念、优良传统和作风,包括中华民族几千年来形成发展起来的优秀传统和美德"①。实践证明,民族传统文化精神是塑造人的重要基石。

高校是中国特色社会主义文化传播的主要阵地,也是社会主义精神文明建设的重要阵地。大学的思想道德状况,关系到国家的前途和民族的命

---

① 江泽民:《江泽民文选》(第1卷),人民出版社2006年版,第569-585页。

运，因而加强高校德育显得尤为重要。要搞好高校的德育建设，固然要从多方面着手，但不能忽视"以高尚的精神塑造人"的重要性。加强民族传统文化教育，引导大学生坚定建设有中国特色社会主义的信念，激发大学生的求知欲，增强他们谋求国家振兴的自觉性和积极性，这有利于高校的精神文明建设，有利于创新高校德育的思想与方法。因此，应将民族传统文化教育纳入大学生思想道德教育的内容，并实现制度化、规范化，使之渗透到大学生的思想意识中，发挥民族传统文化的思想道德教育功能。

三、弘扬民族传统文化，丰富高校德育内容，构建和谐校园

高校德育工作要充分发挥民族传统文化对大学生的教育功能，坚持批判继承、去粗取精、古为今用、推陈出新、兼容并蓄的原则，丰富大学生思想道德教育的内涵，实现其对人的科学引导作用，共同创建和谐友爱、积极向上的校园文化。具体而言，高校加强民族传统文化教育，弘扬优秀民族精神，主要应包含以下四个方面。

一是在人生理想教育方面，坚持以马克思列宁主义、毛泽东思想、邓小平理论、"三个代表"重要思想和科学发展观武装大学生，在深入开展国情教育、科学发展观教育的基础上，大力倡导奋发向上、自强不息的人生态度。例如，"天行健，君子以自强不息""苦其心志，劳其筋骨，饿其肌肤"及愚公移山等精神；"重义轻利""学而不厌，诲人不倦""千里之行，始于足下"等对待人生理想价值的正确态度及实现方式。在理想人格的追求上，推崇我国儒家思想所提出的人生修养程序：修身、齐家、治国、平天下。即以"修身"为基础、为立足点，以"平天下"即报效国家、报效社会为人生修养的最终归宿。这些传统文化精神对于引导学生树立正确的价值观、人生观、世界观，树立远大理想，培养高尚人格，使之成为"四有"新人，具有重要意义。加强对当代大学生进行民族传统文化教育，有助于使大学生正确认识社会发展规律，认识国家的前途命运，认识自己的社会责任，从而树立坚定的马克思主义信念，走中国共产党领导下的中国特色社会主义道路，实现民族伟大复兴的共同理想和信念。

二是在爱国主义、集体主义教育方面，坚持以爱国主义教育为重点，以民族传统文化为依托，深入弘扬和培育当代大学生的民族精神。民族精神是民族文化的精华，同时，文化对民族精神又有培育作用。自古以来，受优秀传统文化熏陶的为国人所推崇的仁人志士大都有对国家、对社会、

中华民族优秀传统文化是高校德育工作的重要资源

对民族的使命感、责任感和忧患意识,这些都深入人心,为世代所传颂。比如:屈原"路漫漫其修远兮,吾将上下而求索"的忧国忧民精神,顾炎武"天下兴亡,匹夫有责"的宏论,岳飞"精忠报国"的高风亮节,文天祥"留取丹心照汗青"的坚贞品格,"饮雪吞毡,坚贞不屈"的苏武,范仲淹"先天下之忧而忧,后天下之乐而乐"的义务感,所有这些都体现着中华儿女的爱国主义精神。在新的历史时期,我们应充分利用这些丰富的爱国主义资源,并赋予其新的时代内容,进一步增强大学生的自尊心、自信心,这有助于推动中国特色社会主义事业的发展。①

三是在道德素养教育方面,坚持以民族优秀道德传统的基本规范为基础,深入开展公民道德教育。我国几千年优秀道德传统的特点就是重视自我修养,言行一致,身体力行。② 加强和改进大学生思想政治教育的基本原则之一就是"坚持教育与自我教育相结合"③。在道德修养上,中国传统道德特别强调"克己""修身",强调自我反省,强调在自己身上下功夫,突出主体地位,肯定主观能动性,不仅要做到"吾日三省吾身",而且还要"见贤思齐,见不贤而内自省也","见善如不及,见不善如探汤"。在生活中要随时监督自己,严以律己,"勿以善小而不为,勿以恶小而为之"。这些,都应是当代大学生加强自我教育的不可缺少的内容。

四是在成长成才教育方面,坚持以大学生全面发展为目标,从大学生个人实际出发,把大学生道德教育落到实处。中共中央《关于进一步加强和改进大学生思想政治教育的意见》中提出了六条做好大学生思想政治教育的工作原则,其中"坚持解决思想问题与解决实际问题相结合,既讲道理又办实事,既以理服人又以情感人,增强思想政治教育的实际效果"这条原则的核心就是坚持从大学生个人实际出发解决大学生的问题,包括思想问题和实际问题。

古希腊思想家萨福有句名言:"用道德示范来造就一个人,显然比用法律约束一个人更有成效。"大学生是一个思想相对成熟但同时又受周围环境影响很大的群体,自我意识强但独立意识欠缺,突出表现为其努力想

---

① 史少博:《民族精神的传统文化底蕴》,载《理论学刊》2003年第3期,第38—40页。
② 包玉琴:《从优秀文化到现代民族精神》,载《中央民族大学学报》2005年第4期,第26—29页。
③ 刘云山:《和谐文化是巩固社会和谐的思想基础》,载《人民日报》2006年10月24日第3版。

摆脱外部环境对自身的束缚但又对外部环境具有一定的依赖，因而他们有时候会出现一些思想上的波动，或在行为上彷徨不知所措。在这种情况下，开展大学生思想道德教育，就必须坚持一切从实际出发，解决大学生思想上和生活中的问题，促使当代大学生向着正确的方向发展，成为德智体美全面发展的社会主义合格建设者和可靠接班人。

以上是笔者认为当前高校德育工作中弘扬民族传统文化的基本内容。当然，中华民族优秀传统远不止这几个方面，还有仁爱情义、勤俭节约、诚信礼让、尊师重道、敬老爱幼等，这些都是我国民族传统文化的精华，在加强社会主义精神文明建设、弘扬高尚的精神塑造人的主旋律的今天，都应当焕发新的光辉。

（原文刊载于《广东教育学院学报》2007年第27卷第1期，有改动。）

岭南文化和广东高校德育

林俊风

我国大学生德育主要依托马克思主义相关理论对大学生进行国情教育、道德教育和政治教育。德育课要取得切切实实的效果，除了要进行理论探讨，还要回归文化、回归生活。岭南文化是指五岭之南的广东、广西、海南以及港澳地区的文化。它有三个来源：本土的百越文化、南迁的中原文化和舶来的南洋、西洋文化。岭南学子沉浸在岭南文化的氛围中，对岭南文化可触可感。德育教师如能在教学中引入岭南文化，定能引起学生共鸣，收到"润物细无声"的效果。

一、岭南习俗与德育

习俗即习惯、习性和风俗，是基于自然条件、民族文化、社会文化的不同而形成的不同行为规范。道德和习俗的关系非常密切，最早的道德就来源于习俗，但是，道德不是盲目地接受习俗和传统。因为习俗是实然的，具有如是性；而道德是应然的，具有反思性。德育教师可从以下两方面引导学生反思岭南习俗，以达到良好的德育效果。

第一，关于道德习俗。岭南文化在习俗道德方面最突出也最值得称道的是贵族精神贫乏而平民精神颇丰。岭南是历史上的蛮荒远地，曾以博大的胸怀热情接纳了一批批失势的南迁客和一批批贬官谪臣。外乡人来到岭南，位无高低，人无贵贱，谁也不会看不起谁。这种平民意识蕴涵了现代公民社会公共生活所必需的基本价值，包括人的尊严、同情、团结、相互尊重、保护弱者等，这在构建和谐社会时能够发挥重要作用。此外，岭南优秀的道德习俗还有兼容开放、求真务实、敢闯敢变，以及在2000多年的对外通商中养成的诚信品格等。

第二，关于生活习俗。岭南地区居住着大大小小数十个民族。就广东的汉族而言，就有广府、客家、潮汕三大民系，他们的日常生活、语言、节日、婚嫁习俗等各不相同，德育教学可选择一些习俗从德育角度加以阐释、评述。如日常生活习俗方面,潮汕人喝功夫茶有其深刻意义:功夫茶很费功夫,有许多工序,整个冲泡过程步骤严谨,技艺考究,体现潮汕人的细腻、耐心和定力;功夫茶还体现了众生平等的意识和人生"先苦后甜""苦中带甜"的哲理。在语言习俗方面,要让学生认识到,各地方的语言源自生活,鲜活生动,包含地域人文特征,包含极为丰富的文化内涵,它们是中华民族灿烂文化的组成部分,也是不可或缺的重要部分,应该受到像历史文物、自然生态环境一样的高度重视、妥善保护。在节日习俗方面,如粤西地区的年例,是具有地方特色的传统节日,解释为年年有例,地位如过年一般重要,甚至有"年例大过年"的说法。人们每年回乡村过年例,把年例作为一种思想祝愿活动,祈求来年的风调雨顺。这虽然不科学,但作为一种精神寄托,却世世代代支撑着在困境中挣扎的黎民百姓。另外,年例也强化了人们的乡土情结,彰显了乡村人的淳朴、厚道、热情、乐观,成为联系亲情、友情的强劲纽带。在婚嫁习俗方面,如结婚后第一年春节的"双回门",新郎新娘双双回娘家拜年,要备好礼品到主要亲戚家拜谢,各家也会回赠礼物。这一习俗的意义在于,从夫婿的角度说,要感谢岳父、岳母的恩德,并借此机会结识女方的亲友;从女儿的角度说,表示出嫁成家后不忘父母养育之恩。这对强化亲情、孝道大有裨益。

二、岭南文艺与德育

文艺即文学和艺术的统称。不少岭南文学艺术作品思想内涵丰富深刻,且生动活泼、形式多样,比纯理论更富吸引力和感染力。德育教师可从中撷取素材,优化、活化教学内容,增加教学的感染力,有效提升学生的思想境界。

第一,文学类。文学的教育魅力不言而喻,岭南文学的成就不可小觑。《唐诗三百首》开篇即是开一代诗风的唐代贤相、韶关曲江人张九龄的《感遇十二道(其一)》:"兰叶春葳蕤,桂华秋皎洁。欣欣此生意,自尔为佳节。谁知林栖者,闻风坐相悦。草木有本心,何求美人折?"以岭南芬芳的春兰秋桂作比,表现君子高洁自然、不求悦于他人的内在之美。他的千古名句"海上生明月,天涯共此时"更是意境雄浑,情意深长。宋朝名臣、增城人崔与之开创了岭南儒学的首个流派"菊坡学派",倡导"无以嗜欲杀身,无以财货杀子孙,无以政事杀民,无以学术杀天下后世"，开创了以"雅健"为宗旨的岭南词风，其词豪迈雄健、格调高雅，对后世岭南词人影响很大。而大批遭贬谪南下的文人学士如韩愈、柳宗元、刘禹锡、苏东坡、黄庭坚之辈，更在岭南留下了厚重的文学遗产。

第二，艺术类。所有艺术形式都具有明显的德育功能，特别是戏剧。岭南的戏剧有粤剧、潮剧、雷剧和广东汉剧等。戏剧多取材于历史故事，故事曲折感人，布景服饰绚丽华美，旋律悠扬流畅，唱词对白简洁典雅。不少学生是在当地传统戏剧的耳濡目染中成长起来的，对传统戏剧有着深厚的情感。传统戏剧所表现的中华民族传统道德、朴素的人间真情和深刻的历史教训是德育的重要内容。如粤剧《搜书院》讲述清雍正、乾隆年间，海南琼台书院掌教谢宝保护弱女子翠莲和学生张逸民的故事，谢宝的正直、幽默、机智为人所敬重；潮剧《荔镜记》地方色彩浓郁，主人公具有鲜明的反封建意识，该剧在潮汕地区长演不衰。德育教师可因势利导，充分运用好这些德育资源。

三、岭南名人与德育

德育的根本任务是育人。在育人方面，榜样的力量是无穷的。从古至今，岭南涌现出许多贤士名人，他们的人生奋斗历程、杰出历史贡献、高尚人格品德，可以给后人以多方面的教益。德育教师可借助岭南名人的事迹，让学生获得历史的感悟和人生的启迪。

第一，古代名人。除上文提到的张九龄和崔与之外，岭南古代人才辈出。譬如唐代创立了中国化佛教禅宗的新兴人惠能，他把儒家思想、道家思想引入佛教，把本性、真心作为源头，将修为途径看作可取之于己、不待外求的方式，秉承了《楞伽经》一切唯心、万法唯识的思想，吸取了南北朝以来关于佛性论、心性论的研究成果，舍弃了繁琐的理论论证，强调众生皆有佛性，具有本觉之自性清净心，佛性平等，拉近了众生与佛的距离，赢得了众生人心。明代理学家新会人陈献章创立了富有岭南特色的理学新派——江门学派，其本体论主张"以道为本"且又"道通于物"，同时"心具万理""学贵自得"，他一面入世进取，一面自然超脱，他的思想影响了明代心学大师王阳明，使明代的主体意识形态由理学开始转向心学。陈献章的学术继承人、明代重臣增城人湛若水，主张"随处体认天理"，反对"知先行后"，主张"体认兼知行""知行并进"，其学说与王阳明并称为"王湛之学"。具有崇高民族气节的明末清初诗坛"岭南三大家"之第一人、番禺人屈大均,其著作《广东新语》搜罗丰富,文体独特,在天语、地语、山语、水语等章节详细记述了广东的地理风貌、山水名胜,神语、人语、女语、事语、学语、文语、诗语、艺语、食语、货语、器语、宫语、舟语、坟语、禽语等章节用丰富翔实的资料记录了明清之际岭南的文化、经济、风俗,具有相当的学术研究价值。

第二,近代名人。岭南近代的名人更是数不胜数。有基督教的首位中国传教士、首个参加近代中文报刊编辑出版工作的肇庆高明人梁发;有岭南睁眼看世界的先驱、顺德人梁廷枏;有提倡经世致用学风、发扬我国古代学术优秀传统的晚清儒学宗师南海九江人朱次琦和番禺人陈澧;有太平天国革命领袖花都人洪秀全;有鸦片战争后首位提出变法维新思想的改革家花都人洪仁玕;有中国留学生事业的先驱珠海人容闳;有中国首位留学医学博士珠海人黄宽;有名儒朱次琦门下两高徒,"思借著述使孔道灿著"的顺德人简朝亮和清末资产阶级改良派、戊戌维新运动领袖、"思借治术使孔道昌明"的南海人康有为;有康有为的弟子,著名政治活动家、启蒙思想家、教育家、史学家和文学家新会人梁启超;有中国铁路之父南海人詹天佑;更有伟大的民主革命先行者香山人孙中山……在中国近代史上,岭南地区实在是藏龙卧虎、英雄辈出!

四、岭南名胜与德育

"读万卷书,行万里路",学生学识与品格的形成不仅仅靠读书,还须注重社会实践和对大自然的亲身体验。绵延数千年的岭南文化也蕴藏在岭南的山山水水、城镇庭园之中,德育教学可适当组织学生走出去,在游历中阅读岭南历史,品味岭南文化,陶冶秉性情操。

第一,历史文化名城。譬如肇庆,是岭南文化的发祥地之一,也是粤语的发源地。其七星岩湖光山色美不胜收;鼎湖山乃广东四大名山之首,被称为"北回归线上的绿宝石""活的自然博物馆";境内有梅庵、悦城龙母祖庙、崇禧塔、宋城墙、阅江楼、丽谯楼、文明塔、黄岩洞、泰新桥、高要学宫、德庆学宫等300多处极具价值的文物古迹。再譬如佛山,是粤剧之乡、武术之乡、陶艺之乡、岭南成药之乡、民间艺术之乡。古城惠州不仅山水秀美,苏东坡、孙中山、廖仲恺、邓演达、叶挺等人更是在此留下了足迹。省会广州是一座充满现代感的大都市,同时又保留着悠远的古风:远古时广州曾是一片亚热带密林,如今这里仍是植物的王国,华南植物园、云台花园、越秀公园、从化流溪河国家森林公园、芙蓉嶂风景区等充分展现了南国的园林特色。此外还有南越王墓、镇海楼、西关大屋、西来初地、光孝寺、陈家祠、三元里抗英斗争旧址、黄埔军校旧址、中山纪念堂等诸多著名景点。

第二，历史文化名镇。譬如南海西樵镇，享有"珠江文明的灯塔"的美誉。早在6000多年前，这块土地上就萌发了灿烂的"双肩石器"原始文明。西樵山还是有名的茶山，有着上千年种茶、焙茶的历史，其云雾茶因曾作为贡品而尤为出名。明清时期，以湛若水、康有为为代表的一大批文人学子隐居西樵山，探求理学，锤炼心性，使它又享有"理学名山"的雅誉。西樵山纺织业已有千余年历史，明朝时便成为广东最大的棉纺业中心，以致"广纱甲天下"。现在西樵被中国纺织工业协会授予"中国面料名镇"称号，拥有许多知名服装品牌。再譬如惠东县平海古镇，被誉为岭南文化的"活化石"。该镇建于明洪武十八年（1385），距今已有600多年历史。平海地处惠东县最南端，东靠红海湾，西倚大亚湾，南临南海，扼惠州南部地区海运进出口的咽喉，历来为海防军事重镇。元末明初，盗寇猖獗，民不聊生。洪武年间，明太祖派花都司到平海建造城池，抵御外侵。清康熙至嘉庆年间，平海城前沿相继筑起大星山炮台、盘沿港炮台、墩头港炮台、东缯头炮台和吉头炮台，筑成一道道壁垒森严的海防前线。平海至今仍较完整地保留着四座城门楼、部分城墙、十字古街、古民居以及古寺庙、古文化遗址和大量的历史文物。

总之，岭南地区蕴藏着极为丰富的地方文化资源，高校德育教师如果能在教学中灵活运用这些文化素材，进行社会主义、集体主义、爱国主义教育，定能让岭南学子感受到德育课贴近生活、传承文化、沁人心脾、潜移默化的无穷魅力。

［原文刊载于《五邑大学学报（社会科学版）》2009年第11卷第4期，有改动。］

科技安全博弈下的大学生国家科技安全教育

冯 洁

当今时代，国家安全的重点已从传统意义上的军事安全转变为非传统意义上的科技安全，科技安全问题日益成为影响国家安全总体态势的决定性标志。为此，进行国家科技安全教育也就成了每个国家实现国家安全的必要手段和现实性课题。

一、当今国际社会科技安全的博弈与较量

科技安全作为国家安全的新概念与新构成，从狭义上讲，是指国家科学技术现实存在与未来发展的一种态势，这种态势体现了在国际社会科技安全博弈和较量的大环境下，国家行为体通过各种途径和手段，使关系到国家科技安全的系统达到功能优化，保证不招致来自内部和外部势力的威胁，并以此维护国家利益与安全。从广义上说，就是关系到国家利益与安全的科学技术的存在与发展不受侵害和威胁的状态。无论从广义还是狭义上来说，科技安全概念中的安全主体都不是指科技，而是指国家，科技安全情势不好表明国家利益与安全面临威胁，国家这个安全主体受到危害。因此，从理论上讲，国家重视科技安全，不是为了科技本身，而是为了国家的利益和安全。从客观效果来说，虽然科技有其自身独特的运行规律，真理性排斥人的主观性，主观不得不服从客观，但是在主观服从客观的背后，其最终的目的还是国家的利益和安全，国家之所以追求科技，其宗旨是为了提升国家安全的主体地位、主体人格和主体能力。

当今时代，随着科技的发展和全球化的推进，科技日益成为提升综合国力的关键因素，成为国家安全和发展的技术支撑。因此，作为独立变量，科技安全也就成了国家安全的基本内容之一，成了国家安全大系统中一个相对独立的子系统。作为渗透力量，科技安全又日益渗透到国家安全的各个领域，影响着政治安全、军事安全、经济安全乃至国家安全的各个方面。当今世界，不论是大国还是小国，不论是发达国家还是发展中国

家,都竞相把发展科技作为维护自己国家安全的重要内容。但是,在缺乏最高权威政府约束的国际关系格局下,国家对科技及其安全的追求反而进一步强化了国家之间科技安全的博弈和较量。

(一) 科技成了国家行为体之间控制与反控制、渗透与反渗透的筹码

当今世界,随着科技在国家安全和发展中影响力的日益显著,"世界范围的经济竞争、综合国力竞争,在很大程度上表现为科学技术的竞争"①。为提升自身科技安全实力,谋求科技安全优势,世界各国尤其是大国不断规划和调整科技发展战略。于是,世界各国尤其是大国围绕科技发展与运用展开了较量。2000年,韩国颁布了促进科技发展的长远规划;日本政府在2001年提出的"科学技术创造立国战略"的基础上,于2002年,又进一步提出了知识产权立国战略;2004年,美国掷巨资,推行被称为"美国创新的基础"的一系列重大研究发展规划;与此同时,英国政府也首次主持制定了科技长远发展规划。② 科技已经演变成了国家行为体维系国家安全的重要战略武器和工具,成了国家之间实施控制与反控制、渗透与反渗透的重要手段和筹码。

(二) 西方发达国家利用科技工具深化了对其他国家尤其是弱小国家的控制

一方面,在科学技术竞争与较量中,西方发达国家由于充分认识到科技所具有的工具性价值,拼命深化它们相对于弱小国家的速度优势、人才竞争优势和对科技发展的调控能力。譬如西方发达国家不遗余力地争夺中国科技人才。其中,"二战"以来世界各国流失到美国的科技人才中,华裔占了1/3;美国硅谷20万名工程技术人员中,有6万名是中国人。另外,西方发达国家的跨国公司纷纷在中国实施人才本土化战略,通过设立研究机构、采取极具诱惑力的薪酬待遇等有竞争力的措施吸引中国科技人才,对人才进行"零距离"的争夺与控制。③ 这加剧了中国科技人才尤其是优秀人才的流失,造成了中国的人才安全危机。

---

① 江泽民:《论科学技术》,中央文献出版社2001年版,第2页。
② 赵刚:《地缘科技学与国家科技安全》,时事出版社2007年版,第256页。
③ 顾建平:《全球化背景下我国人才安全管理体系的构建》,载《生产力研究》2007年第3期,第74–75、120页。

另一方面，西方发达国家凭借自身的科技优势控制着全球化，利用科技优势剥削和压制其他国家尤其是弱小国家。譬如，有学者认为发达国家及其跨国公司在借助自身发达的信息技术和管理技术实现内部生产高度组织化和程序化的同时，搞乱全球市场，使整个世界的生产和经济发展陷入越来越严重的无序状态，以便从中牟利。最典型的是20世纪90年代以来国际金融危机的爆发。[1]

（三）围绕科技武器的角逐与较量向纵深方向发展

当今世界，作为社会建制的科技，不论是对内的统治，还是对外的战争，都异常活跃。理性地讲，世界各国对发展科技武器的灾难性后果并不陌生，如"二战"时期核武器战争带来的灾难性后果。但是，在缺乏最高权威政府约束的国际关系格局下，科技安全诉求的自助机制不仅无法阻止国家之间科技安全的博弈与较量，相反，随着全球化的推进，围绕科技武器的安全角逐与较量逐渐向纵深方向发展。一是核武器的博弈与较量，如伊朗、朝鲜谋求核发言权；日本大量储存核原料；一些核大国图谋进一步提升核武器的杀伤能力。二是在核威慑下大力研发新式高科技武器，譬如人工智能武器、信息化武器以及基因武器等。三是利用先进科技手段对作战方式方法进行提升，譬如精确制导技术的应用、网络技术的应用、高技术作战平台的应用等。总之，"和平的天空布满了令人恐惧的厚厚的乌云"[2]。

二、科技安全博弈下的人类安全风险与危害

随着科技的迅猛发展，以及国家行为体间科技安全博弈与较量的日益强化，一些有悖于人类自由解放初衷的科技风险现象也日益显现，给国际社会带来了潜在而巨大的安全威胁。

（一）科技安全博弈成了世界性的安全风险难题

当今世界，科技安全博弈的风险跨越了国界和社会制度的壁垒，成为世界性的安全风险问题。科技安全的角逐与较量加剧了对生态环境的破

---

[1] 陈翠芳：《马克思主义与当代资本主义科技异化研究》，载《马克思主义研究》2008年第10期，第108-114页。
[2] 陈翠芳：《科技异化与科学发展观》，中国社会科学出版社2007年版，第84页。

坏，使人类面临生存安全难题，如高致病性禽流感、甲型 H1N1 流感的出现等；科技成了部分人摧毁人类已有的文明成就、残害生灵、破坏家园以及扭曲人性的工具；大规模杀伤性武器扩散、国际恐怖主义、地区争端等全球性问题日趋严峻，安全威胁的跨国性和多元化，使任何国家都难以独善其身。毋庸置疑，基于国家利益与权力角逐的科技安全博弈，使现代社会正在遭遇前所未有的技术风险难题。

（二）发达国家利用科技优势对弱小国家的控制进一步深化了国际社会矛盾

科技优势是国家安全和发展的重要表现。一旦危机和灾难爆发，发达国家凭借其优势可以较易地将危机和灾难转移到保护能力较差的弱小国家，弱小国家也就成了各种灾难的最大承担者和受害者。譬如污染严重的工业产业从发达国家转移到第三世界国家，使第三世界国家在国际科技和社会发展中丧失基本的发言权和安全保障。结果造成强者越强，弱者越弱，进一步深化了国际社会矛盾。

（三）国家科技安全博弈潜伏着高科技战争的危险

理性地讲，人类对科技武器的战争灾难并不陌生，如"二战"时期，发生在日本广岛、长崎的原子弹战争灾难，海湾战争出现的钢铁武器和高科技战争现实。但是，在缺乏最高权威政府约束的国际关系格局下，科技安全诉求的自助机制不仅无法阻止国家之间科技安全的博弈与较量，相反，随着全球化的推进，围绕科技武器的安全角逐与较量逐渐向纵深方向发展，积聚了高科技战争爆发的风险，如科索沃战争、伊拉克战争、利比亚战争等。人类正步入一个"风险社会"时代。正如默顿担忧的，"当前对于科学的功利性的迫切要求，也许预兆着一个新的限制科学研究范围的时代"①。

总之，国家行为体间科技安全的博弈与较量已经使人类进入了一个"人造风险"时代。核武器的博弈与较量直接导致了国家行为体间基于政治目的的战争风险；信息技术与经济的结合，使金融危机迅速波及世界上几乎所有国家的经济发展；生物技术对几千年来形成的伦理规范提出了严

---

① ［美］R.K. 默顿：《十七世纪英国的科学、技术与社会》，范岱年、吴忠、蒋效东译，四川人民出版社 1986 年版，第 27 页。

峻挑战；科技风险逐渐演变成一种风险文化。因此，加强对人们的科技安全教育刻不容缓。

三、强化对大学生的科技安全教育

面对国际社会科技安全博弈的风险，对于高校科技安全教育而言，应从战略高度认识到大学生科技安全教育的重要性，培养大学生科技安全意识，构建大学生科技安全教育的长效机制。

（一）从战略高度重视大学生科技安全教育

当前，面对国家行为体间科技安全博弈的风险，从战略高度重视大学生科技安全教育，既十分重要也十分必要。须知，在知识经济时代，大学正逐渐走向社会舞台的中心，大学生是科技生产力的重要开拓者和科技知识的重要拥有者，是国家科技人才的重要储备力量，也是维护国家科技安全、实现国家长治久安和民族发展复兴的中坚力量。大学生的国家科技安全意识，直接关系到 21 世纪中国的安全与发展。邓小平指出：国家的主权、国家的安全要始终放在第一位。[①]培养什么人、如何培养人，是中国社会主义教育事业发展中必须解决好的根本问题，只有真正把这项工作做好，才能确保长治久安。因此，高校必须高瞻远瞩、审时度势，高度重视大学生科技安全教育，将科技安全教育视为国家科技安全事业发展的重要组成部分，从国际竞争和国家安全的战略高度，切实加强对大学生的国家科技安全教育，尤其是高科技安全教育，努力维护国家科技安全，促进世界和谐安宁。

（二）培养大学生科技安全意识

第一，危机意识。20 世纪 90 年代以来，国际社会科技安全博弈日益明显，科技安全问题日益突出，一些有悖于科技自由初衷的异化现象中潜藏着威胁整个人类安全的危险。因此，应该对作为特殊群体的大学生进行危机意识教育，使大学生深刻认识到科技安全问题的危险性，帮助他们树立全面的国家科技安全观，从而增强他们对危险的认知能力、抗挫折能力、心理承受能力和应急反应能力等。

第二，法制意识。据教育部调查显示，事关国家科技安全与未来发展

---

① 中共中央文献编辑委员会：《邓小平文选》（第三卷），人民出版社 1993 年版，第 348 页。

的大学生,其国家科技安全方面的法制意识与素养不容乐观。具体表现为对全球化缺乏理性认识,认为全球化下"信息无国界",全球均可互通有无,对国家科技安全存在麻痹思想,无意间泄漏了关系国家安全的科技情报,造成对国家科技安全"无意识"的破坏;或经不起金钱诱惑,出卖情报,给国家科技安全利益造成重大损失,造成对国家科技安全"有意识"的侵犯。① 为此,应对大学生进行相应的法律知识和法治意识的培养,提升他们的法律素养。

第三,国际意识。目前,科技安全问题已经不是一个国家自己的事情,也不是地缘国家间的事情,而成了国际性的事情。因此,面对日益国际化的科技安全问题,需要大学生树立国际意识,站在国际科技安全的大视野下审视本国科技安全,以宽广、开放的视野关注人类共同命运,从世界科技安全大势的变幻来思考本民族的命运和前途。

第四,新的伦理意识。当今科技安全问题的凸现对传统的道德伦理观和价值观产生了巨大的冲击和挑战,树立新的道德伦理观和价值观已成为必然要求。为此,要使大学生逐步认识到许多科技安全问题是人为因素引起的,应树立"以人为本"的人化科技安全观,彻底抛弃人类中心主义,纠正为了自身科技安全而损害他国科技安全的不道德行为,推进人与自然、人与社会、国与国之间科技安全关系的和谐发展。

(三) 构建大学生科技安全教育的长效机制

第一,将科技安全教育渗透大学生思政教育。思政教育是对大学生进行科技安全教育的主阵地,要结合思政教育的目的和要求,将科技安全教育贯穿于"思想道德修养与法律基础""毛泽东思想和中国特色社会主义理论体系概论""形势与政策"等课程的教学中。教师在教学中要注意加强对学生国家科技安全意识的培养,提升学生对国家科技安全重要性、国家科技安全内涵、国家科技安全威胁来源、国家科技安全各因素的地位、国家科技安全实现途径等方面的认知。注重理论讲授和案例分析相结合,提高教育效果。

第二,将科技安全教育渗透大学生思政教育的日常实践。科技安全教育不仅应贯彻于思政教育的课堂教学中,而且还应延伸到课外,使科技安

---

① 边和平、闫淑楠:《构建高校国家安全教育独立体系的背景分析》,载《经济与社会发展》2005 年第 11 期,第 183 – 185 页。

全教育渗透大学生思政教育的日常实践。结合大学生思维敏锐、求知欲强、爱国心切等特点，采用大学生喜闻乐见的各种教育形式，对其进行科技安全教育。譬如，组织班级间或院系间开展讨论会和辩论赛，聘请专家做关于科技安全形势的专题讲座，举办图片展览和制作宣传板报，播放相关的教育视频等。

第三，将科技安全教育渗透大学生军事教育。对大学生进行军事教育，是强化国家安全的一个重要环节。高校应将大学生军事教育（含军事理论教育和军事训练教育）视为对其进行国家科技安全教育的一个重要平台和良好契机，抓住一切有利时机，切入科技安全教育。此外，将科技安全教育渗透大学生爱国主义教育、职业道德教育以及各种社团活动，全面提升大学生的科技安全意识。

［原文刊载于《韶关学院学报》2012年第33卷第11期，有改动。］

论晚清社会变迁与遣使驻外

马 一

晚清时期的中国置身近代世界,社会转型势难避免,但传统思想意识的更新不能一蹴而就,需要循序渐进的过程。表现在外交方面,迫使中华帝国放弃"天朝上国"观念,接纳西方近代外交体制,亦非一朝一夕可以完成。典型者如驻外公使的派遣便是在外力冲击愈益严重、社会变迁加剧的情况下,经历了抵拒、变通、调适的过程,才最终完成与国际社会的接轨。本文拟就晚清社会变迁对驻外公使遣派的影响,做初步探析。

一、第一次鸦片战争前后——抵拒期

国与国之间相互派驻外交使节,在西方出现甚早,久已成为国际惯例。而传统中国向来自视"天朝上国""一统无外""化育四夷",以"天下共主"自居,视外国为藩邦蛮狄,一般除朝贡关系外,不承认其他任何形式的中外关系。《清朝续文献通考》有载:"我为上国,率土皆臣,无所谓外交也,理藩而已。"① 此种天朝至尊、华夷有别的观念根深蒂固,直至近代前夜亦无丝毫改变。乾隆年间,英吉利"贡使"马戛尔尼使团要求派员长驻北京,照顾本国商务,为乾隆皇帝断然回绝,并以君王教训臣子的口吻答以"此与天朝体制不合,断不可行","岂能因你国王一人之请,以致更张天朝百余年法度"②。继之的嘉庆、道光二帝亦不审时度势、稍作变通,依然顽固地坚持以华夷观念、朝贡体制对待与古代夷狄实不可同日而语的西方诸国。为避免"洋害",清廷部分保守官员甚至逆历史潮流而行,提出"闭关锁国"、禁用洋货,以期将洋人彻底赶出中国。

在谈判建立邦交屡遭挫折、未能奏效后,当时傲视全球的大英帝国依

---

① 刘锦藻:《清朝续文献通考》,商务印书馆1936年版,卷337,第10781页。
② 中国第一历史档案馆:《英使马戛尔尼访华档案史料汇编》,国际文化出版公司1996年版,第77页。

仗坚船利炮，用武力打开中华帝国紧闭的国门，强迫清廷订立城下之盟。道光二十二年（1842）签订的中英《江宁条约》第二款规定：开设广州、福州、厦门、宁波、上海五处为通商口岸，"且大英国君主派设使领、管事等官，住该五处城邑，专理商务事宜"①。战败之下，清廷被迫允准英国派设领事驻扎通商口岸，而对遣使进京一事，以碍于体制与成例，则严词拒绝，借故推延，对西方诸国外交变革的督促熟视无睹。直至同治六年（1867），贵为"曾门四弟子"之一的吴汝纶在《反对遣使外洋之因》中还固执地认为："余谓请觐事难禁止，且亦无大妨碍，至遣使一节，尚非今日之所最亟者。夷来中国，即用中国之银钱，我若遣使，诸需自备；且我亦万不能出洋打夷人。其山川险要，暂可勿论，至于夷情，则即往来文牍已可略知，又不必身历其地也。若果遣使难得其人，甚或辱命辱国，为害多矣。"②

鸦片战争爆发后，有关公使驻京的谈判，看似是两种不同的外交制度的交锋，实则是中西两种性质截然不同的文化的冲突。中国传统文化源远流长，根深叶茂，极具稳定性、持续性，短时间内实难望其有根本改观。在此惯性和常态作用之下，炮口震撼所触发的愤怒和惊怵均不耐久，硝烟散尽，中英甫一握手言和，士大夫即从传统学说中找寻依据，视与西方列强签订的不平等条约为"以夷制夷"传统羁縻策略的成功运用。时人记述说："和议之后，都门仍复恬嬉，大有雨过忘雷之意。海疆之事，转喉触讳，绝口不提。即茶坊酒肆之中，亦大书'免谈时事'四字，严有诗书偶语之禁。"③因而，"壬寅立约后，朝野上下，一切如故，初未因外患而有所变革"④。从1842年到1860年，中国没有进行任何有计划的近代化行动，绝大多数人依然沉睡于"天朝上国"的迷梦之中，虽有个别特出之士有所惊悟，"扼腕切齿，引为大辱奇戚，思所以自湔拔，经世致用观念之复活，炎炎不可抑"⑤，但在众人皆醉的环境之下，实难有所作为。

---

① 王铁崖：《中外旧约章汇编（1689—1901）》第1册，生活·读书·新知三联书店1957年版，第31页。

② 王彦威、王亮辑：《清季外交史料》，见沈云龙《近代中国史料丛刊》第2辑11-19册，文海出版社1989年版，第23页。

③ 中国史学会：《鸦片战争》（三），上海人民出版社1957年版，第529页。

④ 柳诒徵：《中国文化史》，东方出版社2008年版，第747页。

⑤ 梁启超：《清代学术概论》，广西师范大学出版社2010年版，第83页。

第一次鸦片战争的溃败，《南京条约》的签订，从总体上而言，对中华帝国的影响微乎其微，广阔的内地省份大多荒凉闭塞，裹足不前。但东南沿海诸省由于得天独厚的地理条件最早开埠，新式思潮连番涌入，中西文化激烈碰撞，革故鼎新，民风渐开。在欧风美雨浸润、华洋汇聚杂处的氛围之中，新思想、新人物先后涌现，最早培养出一批懂洋文、识洋务的新式人才，成为晚清驻外使臣的重要来源。

二、庚申之变至甲午之战前——变通期

第一次中英战争的失败，清廷不惟没有觉悟，而且并不服输，以至龃龉再生，终于引发英法联军之役，京师沦陷，咸丰北狩，中国蒙受奇耻大辱，国际地位迅速下滑，国家利权不断丧失。诚如萧一山先生所言："我们的国际地位，在咸丰以前尚和外国是平等的，在咸丰以后，我们受帝国主义的节制而变为低等了。"① 是役后，中国面临着"开辟以来之大变局"②，李鸿章将其精辟地概括为，"今则东南海疆万余里，各国通商传教，往来自如，麇集京师，及各省腹地，阳托和好之名，阴怀吞噬之计，一国生事，诸国构煽，实惟数千年来未有之变局。轮船电报之速，瞬息千里，军器机事之特，工力百倍，又为数千年来未有之强敌"③。满清朝野深受震撼之余，禁锢思想和传统观念开始松动，有识之士，竞谈洋务，"道光、咸丰以来，中国再败于泰西，……士大夫之好，观其号令约束之明，百工杂艺之巧，水陆武备之精，贸易转输之盛，以顾赧然，自以为贫且弱也，于是西学大兴，人人争言其书、习其法，欲用以变俗"④。"富国强兵""抵御外侮"成为朝野共识，兴起一场声势浩大的洋务运动。

洋务派人士经世致用、思想开明，在引进西方科技，兴办军工、民用企业的同时，在外交方面呼吁清廷做出顺应时局的变革之举。洋务翘楚曾国藩、李鸿章、左宗棠、丁日昌、郭嵩焘、薛福成、张之洞等都积极推动清廷驻使海外。而经过两次鸦片战争，传统外交体制遭到空前冲击，已不

---

① 萧一山：《中国近代史概要》，三民书局股份有限公司1963年版，第158页。
② 中国科学院近代史研究所史料编辑室、中央档案馆明清档案部编辑组：《洋务运动》（一），上海人民出版社1961年版，第155页。
③ 李鸿章：《李文忠公全集（奏稿）》，商务印书馆1921年版，第11页。
④ 邵作舟：《纲纪》，《邵氏危言》卷上，转引自冯天瑜《洋务派的经世观念》，载《武汉交通管理干部学院学报》1999年第2期。

能维系。因而，在列强督促及洋务派鼓吹之下，清廷吸纳了部分西洋外交制度，逐渐接受了近代国家和国际法观念。

庚申之变后，外国公使进京常驻，华夷杂处，交涉繁难，为办理中外交涉起见，清廷建立了总理各国事务衙门和南、北洋大臣及分布全国各地的海关道等从中央到地方的外交机构体系，同时各省督抚衙门中也相继设立了夷务局、招商局、交涉局（科）、洋务公所、洋务局（处）等涉外机构。这些地方交涉机构绝大多数分布在交涉频繁的闽粤江浙湘皖等沿海、沿江诸省，洋务人才在此得到培养与历练，为以后膺任使职打下了基础。同时，清廷创办京师同文馆、广方言馆、广州同文馆、福州船政学堂等新式学校，培养自己的外语、外交人才；遣送幼童留美、船政学堂学生赴欧，学习西方科学知识。梁启超有言："'鸦片战役'以后，渐怵于外患。洪杨之役，借外力平内难，益震于西人之'船坚炮利'。于是上海有制造局之设，附以广方言馆，京师亦设同文馆，又有派学生留美之举，而目的专在养成通译人才。"①

但同文馆教育与留学西洋对晚清使臣造成的影响，在最初 20 年并没有显示出来。由于早期出使大臣大多不谙外文，学习西文的同文馆学生及留学生只能充当以翻译为职能的辅助性官员，先从基层的翻译官、随员，甚至从不入流的实习翻译生做起，然后逐步晋升。王立诚先生就曾指出："19 世纪后半叶清朝的外交官录用实际上采用双重标准。办外交的主要官员，包括总理衙门的大臣和章京，以及出使大臣，基本上是科举出身的传统士大夫，而学习西学的同文馆学生及留学生，则充当以翻译为职能的辅助性官员，如翻译官、参赞、随员等。"② 直到中日战争尤其庚申之役后，培养多年、历练多时的同文三馆、船政学堂学生、留美幼童、赴欧学生方才联袂出使，持节一方。此期清廷三次试探性遣使西方——斌春赴欧游历、蒲安臣出访欧美、崇厚赴法交涉，亦为日后派设常驻使节积累了经验。经过一系列的论争、准备与尝试，1875 年 5 月 30 日，以马嘉理事件

---

① 梁启超：《清代学术概论》，广西师范大学出版社 2010 年版，第 116 页。
② 王立诚：《外交家的诞生：顾维钧与近代中国外交官文化的变迁》，见金光耀《顾维钧与中国外交》，上海古籍出版社 2001 年版，第 345 页。

论晚清社会变迁与遣使驻外

为契机,清廷发布上谕,正式同意遣使驻外,并令中外大臣保荐人才。①

庚申之变至甲午之战前,随着满清对外战争的一再失利,通商口岸越开越多,西学的传播渐次由最先开埠的东南沿海五口扩展至整个沿海及沿江地区,促进了民风的转变。洋务运动进行得如火如荼,涌现出一大批经世致用、熟谙交涉的干练之才。但在此期间,清廷镇压了太平天国运动,剿平了捻军起义,中外也相安无事,号称中兴。在此 30 年之内,中国的国际地位并未显著低落,虽不是强大国家,但仍是一等国家;清廷新旧两种外交制度同时并存,在形式上虽已放弃天朝观念,执行条约义务,接受西方主权国家观念,但在和亚洲朝鲜、缅甸、越南等朝贡国交往时,仍然坚持传统"外交"的方法及规矩,甚至为保护藩属国不惜与列强一战。在这种情况下,思想发生转变的只是少数开明士大夫及洋务分子,绝大多数官绅、士子、民众依然残存有"天朝至尊""华夷之辨"的传统意识。科举正途人员大多以不谈洋务为清高,士林中普遍弥漫着鄙视洋务、轻视西学的气息。史载"同光之间,清流之势最盛,实有左右朝野舆论之权,一时尊王攘夷之论,弥漫于全国,凡稍谈外交识敌情者,咸斥之为汉奸佞臣,痛诋之不遗余力。一班科第世家,尤以尊王室攘夷狄套语,栩栩自鸣得意"②,此类士人,为数甚众。奉朝廷之命主持外交事务者,往往被斥为洋奴或卖国贼,士人避之唯恐不及。诸如"名士"李慈铭崇尚气节,不遗余力地反对设立总理衙门,认为此举不合天朝体制;理学名家、大学士倭仁对洋人恨之入骨,坚拒总理衙门大臣差使;鸿胪寺卿邓承修亦步其后尘,坚辞不就;"名士"许珏③曾询问大学士、军机大臣阎敬铭:"今世正士,谁善外交?"阎氏正色而言:"焉有正士而屑为此者。"④ 甚至部分洋务官僚为获免于交涉,保全名声,亦诋毁洋人,以赴一时趋向。正如薛福成所言,"自中外交涉以来,中国士大夫拘于成见,往往高谈气节,鄙视

---

① 1815 年维也纳会议后,常驻外交代表等级逐渐确立。依据《维也纳章程》的规定,常驻外交代表分为三级:特命全权大使、特命全权公使、代办使事。晚清各国驻华使馆虽称公使馆,但其所派使臣都叫"钦差全权大臣",应属大使一级。晚清出使大臣按国际惯例视为二等公使(崇厚为头等出使钦差大臣,驻朝公使为四等)。

② 《清流党之外交观》,见辜鸿铭、孟森《清代野史》,巴蜀书社 1998 年版,第 278 页。

③ 许珏,1902—1905 年任出使义国(意大利)钦差大臣。

④ 闵尔昌:《碑传集补》,见沈云龙《近代中国史料丛刊》第 100 辑第 992 册,文海出版社 1973 年版,第 15 页。

洋务而不屑道，一临事变，如瞽者之无所适从"①。

是故，清廷早期遣使驻外，事属创举，士风保守，困难重重。即使是被汪荣祖先生评价为"当时人觉其独醉而众醒，但今日视之，实众醉而斯人独醒"②的晚清首任驻外公使郭嵩焘，最初对使英一事亦辞谢再三，称病求退，认为"出使者，今人所薄视自以为不屑者也"③，公使驻扎西洋，徒滋烦费，无益事局，万非今日急务。加之清廷不谙西方外交惯例，使才难觅及经费不足，遣使初期往往采取兼使制，派驻的国家极其有限；出使大臣多为科举正途之士，大多缺乏外语和国际法等专门训练，不谙外交手段，应付多有不当，可以说甲午之战前清廷遣使驻外实乃摸着石头过河，处于探索、变通时期，诸多方面亟须不断调整、完善。

三、甲午之战后至庚子之役前——调适期

甲午惨败，创痛深巨，堂堂大清帝国竟败于"弹丸小国"日本，朝野为之震惊，引以为奇耻大辱，"四万万人齐泪下，天涯何处是神州"④。自此，大清的国际地位一落千丈，瓜分豆剖，亡国灭种，迫在眉睫，"彰彰西报日播瓜分之谣，渺渺中州将踵波兰之辙"⑤。经此惨痛教训，士大夫大国从容和自信心理最后崩溃，民众对时势之认识，颇多较前有进，清廷大多官员改变了过去视他国为夷狄的偏见。甲午惨败也标志着洋务运动的破产，以往中学为体、西学为用之说遂渐被扬弃，效法东洋，讲求西法，实行新政甚至革命反满的议论越来越多，风气为之大变。梁任公概括当时的形势为"唤起吾国四千年之大梦，实则甲午一役也"⑥，"甲午丧师，举国震动，年少气盛之士，疾首扼腕言'维新变法'"⑦。

面对西方列强蚕食鲸吞，民族危机空前深重的窘境，一批维新志士掀起救亡图存的变法运动，其改革内容已经突破了洋务运动的框架，由器物

---

① 朱寿朋：《光绪朝东华录》（一），中华书局1958年版，第49页。
② 汪荣祖：《走向世界的挫折：郭嵩焘与道咸同光时代》，中华书局2006年版，第354页。
③ 郭嵩焘：《玉池老人自叙》，见沈云龙《近代中国史料丛刊》第11辑第107册，文海出版社1973年版，第23页。
④ 谭嗣同：《谭嗣同全集》，生活·读书·新知三联书店1954年版，第488页。
⑤ 《八月六日朝受十大可痛说》，见《知新报》第74册。
⑥ 梁启超：《戊戌政变记》，中华书局1954年版，第133页。
⑦ 梁启超：《清代学术概论》，广西师范大学出版社2010年版。

层面进入制度层面，要求全面改革传统的政治体制，是近代中国民主政治的初步尝试。通过维新派的宣传鼓动，西方文化潮水般涌入，社会变革加剧，晚清官吏群体中极端保守的人，在政坛上已不成气候，洋务成为时尚，使职炙手可热。驻外使臣优以崇衔，重予厚禄，"诏书一下，中外传观"①，成为人们争相竞求的要职，时人趋之若鹜，"一公使奉命，荐条多至千余哉"②。

甲午之战后，随着国际法、均势观等西方外交思想的进一步引入，满清朝野人士传统的人才观尤其外交人才观念发生了巨大变化。同时，随着时势的发展，外交事务越来越棘手，界务、侨务、商务、矿物等问题不断涌现，如美国华工问题、墨西哥排华事件等，急需专门外交人才加以应对，以挽救国家于倾倒。因此，西学知识及外馆历练逐渐上升为选拔使臣的重要条件。光绪二十三年（1897）《香港华字日报》载"中国自与各国通商，简派使臣驻居各国已历年所，惟使臣中畅晓洋务，通英国语文字，只有曾惠敏（纪泽）一人，此外无不倚舌人通传语意，此中窒碍之处不可缕述。……今朝廷深悉此情，此次特派出伍伍（廷芳）、罗（丰禄）两大臣，均饱学英、法文字者，将来在外洋办事应酬，似更灵通"③，社会各界对新式外交人才寄予厚望。但使才的更新换代有一渐进过程，这与新式合格外交人员的缺乏亦有一定关系，直至光绪三十二年（1906）驻法公使刘式训尚在感叹："每念我国办理外交已数十年，而专门人才仍属寥寥。良由向来参随鲜学西文，驻洋三年未必多所领会，且期满回华，即分驰就事，不复为外交中人，甚非培储使才之道。"从甲午之战后至外务部成立前，时间较短，传统士人与新式人才尚能平分秋色，不分伯仲，新旧接替正处于过渡、调适时期。

四、庚子之役后——接轨期

义和团运动、八国联军之役后，慈禧太后发布上谕，"量中华之物力，结与国之欢心"④，签订丧权辱国的《辛丑条约》，清廷"惕于外人之威，

---

① 方浚师：《退一步斋文集》，见沈云龙《近代中国史料丛刊》第40辑第396册，文海出版社1989年版，第472页。
② 梁溪坐观老人：《清代野记》，巴蜀书社1988年版，第24页。
③ 《香港华字日报》，光绪二十三年正月初九日（1897年10月2日）。
④ 中国史学会：《义和团》（四），上海人民出版社1957年版，第88页。

凡所要求，曲意徇之"①，完全沦为洋人的朝廷，"二十世纪以来，白色人种挟其民族帝国主义，各以吾国为几上肉"②。满清遭此浩劫，一蹶不振，国际地位比甲午之战前，特别是比第二次鸦片战争以前，还要低下许多，但在处理对外交涉事务等方面，却彻底摒弃天朝观念，基本上顺应了时代潮流，开始与世界各国趋同、接轨，至有清覆亡前夕，使臣职业化、外交近代化行将完成。③

"世有万古不易之常经，无一成不变之治法。"④庚子国变后，民族危机空前加重，立宪运动风起云涌，暴力革命此起彼伏。为维护摇摇欲坠的满清王朝的统治，当政者痛定思痛，宣布推行"新政"，进行了一场经济和政治体制的全面变革。在实行"新政"的过程中，清廷兴建了一批新式学堂，传授西方科学知识，培养了诸多新式外交人才；清政府亦通过各种途径，多次号召有志青年出国留学，而且允诺留学归来后分别授予举人、进士出身以及各种官职，以示恩宠。尤其1905年科举废除之后，传统功名成为一种荣誉称号，并无实际意义，就读新式学堂与出洋留学成为青年学生的重要出路。这些人学成归国后，从事外交，出驻外洋者大有人在，从而提高了驻外使节的整体素质。

"新政"的外交方面，清廷应西方列强的要求，将总理衙门改为外务部，班列六部之首，专责外交事宜；将简派各国的二等公使，定位二品实缺，且"如办理交涉得力，不妨接充连任，恳恩晋秩增俸，俾终身于外交一途，以尽其才"⑤。同时，对使臣的西学知识及外交阅历更加重视。光绪三十三年（1907），外务部奏准以后选派公使"由臣部将历充外国参赞随员多年及通晓外国语言文字之合格人员，开单请简，三年一任，期满回

---

① 罗惇曧：《罗瘿公笔记选》，孙安邦、王开学点校，山西古籍出版社1997年版，第22页。
② 《论政府近日之政策》，见《通学报》1907年第34册。
③ 关于中国外交官的职业化，不同学者看法有异。唐振常、岳谦厚两位先生主张：中国第一代职业外交官当形成于民国之北京政府时期。王福春先生主编的《外事管理学概论》认为，"职业外交官则是指那些献身于外交工作，并以外交为职业，循序渐进地担任各级外交职务的人们。如绝大多数国家驻外的大使、参赞、外交秘书、武官和随员等"；唐德刚先生亦认为，"所谓职业化外交官，不但是说他一辈子的主要职业是从事外交工作，而且包含这一层含义，即他从青少年时期开始，所受到的教育和训练也都是服从于培养担任外交官的目标，再用一句通用的话来表达，那就叫作'科班出身'"。如按王、唐两位先生的标准分析，晚清外交官职业化尚未完成。
④ 中国第一历史档案馆：《光绪宣统两朝上谕档》第26册，广西师范大学出版社1996年版，第460页。
⑤ 朱寿朋：《光绪朝东华录》（第5册），中华书局1958年版，第5634页。

论晚清社会变迁与遣使驻外

国后,候旨简用"①,对出使大臣的西学能力及外交阅历做出明确限定,并且鉴于以往外务部人员"于汉文案牍似能胜任,即研究中外政法条约者,亦尚不乏其人,惟于外国语言文字,讲求甚鲜"的弊端,提出"嗣后凡需用人员,应先就兼习各国语言文字、曾经出洋或曾在各省办理洋务者,择优调取。至卒业学生,亦宜先尽曾经留学欧美及日本者,而专在本国学堂肄业者次之"②的用人原则。这样,精通西语的归国留洋学生、国内新式学堂毕业生就成为外交人员的重要人选。为争抢这些新式人才,外务部多出重金,优给薪水,争相延聘。而这些在部历练的新式人才,日后又根据"左右丞参议备出使大臣之选,郎中员外郎主事即可备参赞领事随员之选"内外互调的制度性规定,成为出使大臣的重要来源。是故,19世纪60年代设立的同文三馆及19世纪70年代开始的留美、留欧学生,经过20多年的外交历练,纷纷从基层擢升到显著位置。自此之后,新式人才代替传统功名之士,成为驻外使臣来源的主流,使臣的组成真正发生结构性变化。

宣统三年(1911),出使美国钦差大臣张荫棠疏论使才,曰,"考欧美各强任外交使职者,皆须有法律专门之学业,明达于国际公法,娴习于外交辞语,千数百年之外交历史,百数十国之政俗民风,縈然于胸中,又必其才长于机变,敏于肆应,始足以胜任愉快"③,对驻外公使的专业、学识、素养等方面提出综合性要求,这与国外对驻外公使的职业化要求已无甚区别。至有清季末,留学背景成为使职主途,尤其1911年谕命之陆徵祥、刘镜人、施肇基均为学成归国人员,晚清外交人员最终实现了新旧接替,与国际接轨,使臣职业化行将完成,民国为之延续,乃成定局。

综上所述,清季驻外公使的派遣与变革,与外力冲击及内部促动所造成的社会变迁密切相关。随着晚清社会变迁的逐步加剧,晚清国人对驻外公使学识与素养的认识不断深化。晚清社会变迁的过程,大致与梁启超先生总结的晚清士大夫对西学认识与时俱进的历程相类似。第一期:先从器物上感觉不足;第二期:是从制度上感觉不足;第三期:便是从文化根本

---

① 朱寿朋:《光绪朝东华录》(第5册),中华书局1958年版,第5634页。
② 《代外务部拟办理储才馆事宜奏折》,见张元济《张元济全集·诗文》,商务印书馆2008年版,第127页。
③ 王亮:《清宣统朝外交史料》卷23,1933年版,第16页。

219

上感觉不足。① 与之相应,晚清遣使驻外亦经历了抵拒、变通、调适、接轨的过程。虽从严格意义上说,清朝尚未最终完成外交官职业化与外交近代化,但其开创之功,意义重大,影响深远。

(原文刊载于《暨南史学》2013年第八辑,有改动。)

---

① 梁启超:《五十年中国进化概论》,载《饮冰室合集·文集》,中华书局1989年版,第44-45页。

清驻德属西萨摩亚领事林润钊对华工的保护

马 一

当前,我国学术界与相关职能部门对晚清华工侨胞历史与现状已有的研究主要集中于东南亚、南北美以及大洋洲的澳大利亚、新西兰等人数较多、规模较大的国家和地区,而对谋生于南太平洋瑙鲁、斐济、帕劳、萨摩亚、基里巴斯等岛国华侨华人的研究则相对比较薄弱,而且研究水平颇不平衡,若干袖珍岛国和地区尤其尚未与我国建立外交关系者甚至还未被纳入研究领域。就晚清德属西萨摩亚华工的招募与保护而言,国内外学者已有涉及,[①] 但这类研究成果刊行较早,外文论著对汉文典籍、中文论著对域外资料的运用均显不足,缺乏对此专门、系统、深入的探讨,尚未揭示其全貌,仍有较大的拓展空间。

现阶段,随着我国"海洋强国"和"一路一带"倡议的推进,南太

---

① 国内外学界涉及晚清德属西萨摩亚招工、设领、护工的研究,比较重要的论著有翟兴付《萨摩亚华侨华人今昔》,香港社会科学出版社 2003 年版;翟兴付、仇晓谦《萨摩亚》,世界知识出版社 2002 年版;秦汝钦《纪萨摩岛》,载《大中华杂志》1916 年第 2 卷;汤熙勇《德属萨摩亚招募华工的交涉与中国的保侨设领事(1903—1914)》,见张炎宪主编《中国海洋发展史论文集》(第 6 辑),"中央研究院"人文社会科学研究中心 1997 年版。国外学界比较有代表性的研究成果则有[日]岩佐嘉亲《萨摩亚史》,广东人民出版社 1974 年版;[澳]刘渭平《大洋洲华人史事丛稿》,天地图书公司 2000 年版;Nancy Y. W. Tom. *The Chinese in Western Samoa 1875 – 1985*:*The Dragon Came from Afar*. Commercial Printers Ltd, 1986; J. W. Fox and K. B. Cumberland. *Western Samoa*:*Land, Life and Agriculture in Tropical Polynesia*. Whitcombe & Tombs, 1962; D. R. Haynes. *Chinese Indentured Labour in Samoa*:*1900 – 1950*. Master thesis of the Victoria University of Wellington, 1965; A. S. Noa Siaosi. *Catching the Dragon's Tail*:*The Impact of the Chinese in Samoa*. Master thesis of the University of Canterbury, 2010; Rodney M. Henning. *German Colonial Policy in the Pacific Islands*:*Origin, Determinants and Implementation*. Master thesis of the University of Hawaii, 1982; Stewart Firth. "Governors Versus Settlers:the Dispute over Chinese Labour in German Samoa". *New Zealand Journal of History*, 1977, 11 (2); John A. Moses. "The Solf Regime in Western Samoa:Ideal and Reality". *New Zealand Journal of History*, 1972, 6 (1); John A. Moses. "The Coolie Labour Question and German Colonial Policy in Samoa:1900 – 1914". *Journal of Pacific History*, 1973, 8 (1);等等。

平洋岛国在我国国际利益的拓展与调整中占有重要地位，而伴随中国与美、日、澳等国在此的利益较量，更需获得当地民众的理解、信任与支持。其中，数以百万计的遍布南太平洋国家和地区并且在当地政治、经济、文化等领域占有一席之地的华侨华人在这一过程中扮演日益重要、积极的纽带角色。① 因此，我国亟待加强推进南太岛国的侨务工作，引导当地华侨华人深化我国与当地的友好合作，提升我国在南太平洋地区的影响，同时，亟须扩充研究队伍，加强对南太岛国华侨华人的历史与现状以及晚清、民国常驻于此的领事对华工保护的研究，以总结经验，吸取教训，以资借镜，避免当地危及我国海外务工人员、华人华侨生命、财产安全的排华事件的发生，顺利推进我国的国际战略。

晚清中国与德属南洋各岛中的西萨摩亚针对设置领事与保护华工展开的博弈，可谓当时中德两国一大外交争端，备受关注。本文即辅以中外资料对清驻德属西萨摩亚领事林润钊充任领事与保护华工的经纬进行梳理与考察，以抛砖引玉，引发方家对此问题的关注与研讨。②

一、清末南太岛国和地区华工状况

清世末叶，国势衰颓，民生凋敝，华工出国营生蔚为风潮，而正当此时，南非、东南亚、大洋洲、拉丁美洲、美国中西部等国家和地区特别是欧美列强殖民地的开发如火如荼，亟须大量廉价、可靠的雇工，驻扎我国香港、澳门、广州、汕头、厦门、海口等通商口岸的洋商与清政府派驻此地的领事相互勾结，③ 通过肆无忌惮的诱骗掠夺，将我国东南沿海、沿江诸省成千上百万的贫苦百姓贩运至海外各地，其中以囊括东南亚、南太平洋在内的南洋地区最为集中。

南太平洋大小岛屿，星罗棋布，地狭人稀，"种类最为诚朴，近世以来泰西诸国轮舶东驶，争踞其地"④，大都沦为法、英、德、美、西等国的殖民地。诸强当中，德国起步最晚，但在亚太、非洲、南美等地的扩张

---

① 费晟：《南太平洋岛国华人社会的发展：历史与现实的认知》，载《太平洋学报》2014年第11期，第55页。
② 关于清政府常驻西萨领事派设的诸种细节，参见马一《清驻德属西萨摩亚中国领署的设置》，载《德国研究》2015年第2期，第125 – 144页。
③ 王琳乾、邓特：《汕头市志》（第4册第69卷），新华出版社1999年版，第543页。
④ 葛士濬：《皇朝经世文续编》（第103卷），文海出版社1966年版，第2673页。

最为迅猛。在南太平洋,光绪十年(1884),德国占领新几内亚东北部、俾斯麦群岛;翌年,占领所罗门群岛;十四年(1888),占领布干维尔岛、瑙鲁;二十五年(1899),占领马绍尔群岛、加罗林群岛、马里亚纳群岛、帕劳群岛;同年,与美国瓜分萨摩亚群岛,以西经171度为界,占据西部各岛,即德属西萨摩亚。自此,德国在太平洋的属地基本连结成片。

华工侨胞前往"澳洲及大洋洲诸地者约始于十九世纪中叶"①,籍贯以广东、福建为主,特别是"粤人与洋人相处有素"②,为摆脱人口压力、战争、失业、饥荒和其他灾祸,③ 漂洋过海,前往南太平洋经商佣工者络绎不绝,先是汇聚于澳洲、新西兰等埠,进而流向孤悬于大洋深处的瑙鲁、帕劳、萨摩亚、塔希提、喀罗林群岛等岛国和地区。在此谋生的侨胞极少数人充当小商贩,绝大多数人则从事极其繁重的体力劳动。诸如,在英属澳洲、新西兰开采金矿、修筑铁路,在斐济岛种蔗炼糖;在法属塔希提开采鸟粪磷肥,在新喀尔多尼亚岛开发铜、镍、锰、钴等矿藏;在德属瑙鲁开采磷肥,在西萨摩亚种植椰子、可可、橡胶、棉花等经济作物,在帕劳建造局厂;在英、德、荷属巴布亚新几内亚开采木材,种植茶树、椰子、橡胶等,此外还投身公共工程、充当家庭侍仆甚至炮灰等。

南太岛国大都原属欧美遣戍罪犯之所,治法严峻,待工极苛,佣工于此的华工,个别除外,皆属契约工人,俗称"猪仔",人以"畜名之,即以兽畜之"④,虽说性质和奴隶贸易时期的黑奴不同,但遭受的凌辱欺压并不逊于前者,甚至较之更甚,⑤ 生命、财产毫无保障,自由受到严格限制,地位尚不如未开化的土著野民。华工因备遭残酷虐待而致手残、足断、耳缺、眼坏及暴毙者难以数计,而德属新几内亚的华工在1891至1892年的死亡率更是高达60%,可谓求死不能,逃生无路,"比之罪犯尤觉弗如"⑥。再者,华工被白人殖民者鄙称"蒙古种的肮脏东西",一旦价

---

① [澳]刘渭平:《大洋洲华人史事丛稿》,天地图书公司2000年版,"自序"。
② 刘坤一:《刘坤一奏疏·一》,陈代湘、何超凡、龙泽黥、李翠校点,岳麓书社2013年版,第470页。
③ B. F. Liua'ana. "Dragons in Little Paradise: Chinese (Mis) Fortunes in Samoa, 1900 – 1950". *Journal of Pacific History*, 1997, 32 (1), p. 35.
④ 吴凤斌:《契约华工史》,江西人民出版社1988年版,第26页。
⑤ 彭家礼:《十九世纪开发西方殖民地的华工》,载《世界历史》1980年第1期,第10页。
⑥ 朱荣基:《近代中国海关及其档案》,海天出版社1996年版,第191页。

值被榨取殆尽，即遭受无理的排斥、焚掠、驱逐乃至杀戮。英属澳洲、新西兰，德属西萨摩亚等地相继出台排斥华人的苛例，严格限制"异种中国佬"入境，正如两广总督张人骏所言："外国每有新辟境地，当草莽瘴厉之时，争招华工为徒役，虐驱惨死，非复人理。商埠既成，则挥之使去，禁之使来，吾民何辜为人牛马？"①

具体到德属西萨摩②，自光绪二十九年（1903）首批289名华工驶抵阿皮亚③，至民国二年（1913）最后一批1130名华工由汕头出洋④，共计招募7批大约3868名华工⑤。同其他南太岛国相比，西萨当局引进的华工数量并不算多，但德国对殖民地采取的政策以及对雇工施行的压榨和虐待却颇为强硬、残暴，"挨受鞭打的工人的呻吟声，每日每时不断从农场传出来"⑥。华工踏实、吃苦、廉价、可靠，"最适合在小种植园劳作"⑦，但却被视为"中国社会的渣滓"⑧，饱受雇主、监工的讥笑辱骂、横暴荼毒，稍有怠慢则"罚锾罚狱，或杖或笞"⑨，轻则肉飞皮烂，卧床不起，重则筋断骨折，命丧黄泉。但因无驻岛领事保护，旅萨华工"既呼吁以无闻，抚血肉而饮泣"⑩，只得忍气偷生，遭受残酷盘剥和非人待遇，可谓生入地狱之门，死作海岛之鬼。

鉴于南太平洋岛国的地位和华工侨胞的数量、规模、影响相对有限，而且法、德、西、荷等宗主国对清政府在其属地设置领事管束侨民、弹压

---

① 吕芳上：《清季华工出国史料（1863—1910）》，"中央研究院"近代史研究所1995年版，第511页。

② 由于美国本土厉行的禁止华人流寓法案同样适用于东萨摩亚，因此，晚清赴萨谋生的华工皆汇聚于西萨。

③ John A. Moses. "The Coolie Labour Question and German Colonial Policy in Samoa：1900 - 1914". *Journal of Pacific History*，1973，8（1），pp. 107 - 108.

④ Samoanische Zeitung，1913 - 6 - 21.

⑤ A. S. Noa Siaosi. *Catching the Dragon's Tail：The Impact of the Chinese in Samoa*. Master thesis of the University of Canterbury，2010，p. 35.

⑥ [日]岩佐嘉亲：《萨摩亚史》（上），马采译，广东人民出版社1974年版，第78 - 79页。

⑦ Nancy Y. W. Tom. *The Chinese in Western Samoa 1875 - 1985：The Dragon Came from Afar*. Apia：Commercial Printers Ltd，1986，p. 3.

⑧ J. W. Fox and K. B. Cumberland. *Western Samoa：Land，Life and Agriculture in Tropical Polynesia*. Christchurch：Whitcombe&Tombs，1962，p. 152.

⑨ 陈翰笙：《华工出国史料汇编》（第1辑第4册），中华书局1985年版，第1601页。

⑩ 吕芳上：《清季华工出国史料（1863—1910）》，"中央研究院"近代史研究所1995年版，第505页。

稽查心存疑虑，反对于此派设领事，加上国帑支绌，不可铺张；领才难觅，乏人可选，① 清政府只得权衡缓急，逐次展开。早期、中期设领的重点集中于日朝、欧美与东南亚诸地的通商大埠，并不急于在包括萨摩亚在内的广阔南太平洋诸地遍设领事。清末新政以后，随着清政府华侨政策的根本改变与澳洲、新西兰、南太岛国虐待华工事件的迭起，清政府转而积极同当事国展开设领谈判，最终在南太平洋于光绪三十四年（1908）设立驻澳大利亚总领事、新西兰领事，宣统元年（1909）设立驻德属西萨摩亚领事、悉尼、普扶、布里斯班副领事等，基本涵盖南太平洋各地。

二、林润钊派充德属西萨摩亚领事

林润钊，字抱恒，广东博罗（属惠州）人，② 先肄业于香港皇后书院，后卒业于天津北洋大学。③ 清末曾派充广东大学堂英文教习，琼州、钦州及两广总督署洋务委员，④ 民初则历任中华民国驻萨摩岛领事、外交部职员、广东洋务委员等职。⑤ 林润钊在宣统元年（1909）奉旨出洋充任清驻德属西萨摩亚领事，时年四十有三，而其与西萨结缘则首先得从赴萨调查、取证谈起。

光绪三十四年（1908），西萨在汕头续招 400 华工，粤督张人骏派遣时任两广总督署洋务委员的林润钊护送招募到的 341 名华工前往西萨，并借此调查种植园主违约酷待华工的情况。林润钊耗时四五个星期，身历重洋数万里，于同年 7 月抵达阿皮亚，会见代理总督舒尔兹（Schultz），要求废止种植园主鞭打华工的刑罚、去除华工手臂上佩戴的歧视性标识、取消克扣因病误工华工的工资，并提供好的食物等，⑥ 但并未得到应有的重视。

同时，林润钊不避艰险，劳瘁不辞，亲自检查种植园的劳动条件，倾

---

① 宝鋆等：《筹办夷务始末（同治朝）（第51卷）》，文海出版社1966年版，第26页。
② 刘寿林：《辛亥以后十七年职官年表》，文海出版社1974年版，第561页。
③ 天津大学校史编辑室：《北洋大学：天津大学校史（第1卷）》，天津大学出版社1990年版，第458页。
④ ［日］田原天南：《清末民初中国官绅人名录》，文海出版社1996年版，第246页。
⑤ 敷文社：《最近官绅履历汇编》，文海出版社1970年版，第161－162页。
⑥ Stewart Firth. "Governors Versus Settlers: The Dispute over Chinese Labour in German Samoa". *New Zealand Journal of History*, 1977, 11 (2), p.169.

听华工的控告哭诉，了解华工遭受的苦痛，以确凿事实证明德人在粤、闽拐骗华工出洋，种植园主违背合同、削减工资、鞭刑过度，① 华工三年合同期满无船回华、转投经商不获允准等通过各种渠道传回国内的消息以及萨岛杨成、陈耀栋等华工的数次指控皆属实情，揭穿了德国政府承诺代为保护华工的谎言。林润钊此行表现突出，深孚众望，颇得粤督赞赏，日后选派首任驻萨领事得以捷足先登。

清政府外务部根据林润钊提交的调查报告，就西萨苛待华工的行径向德国驻华公使提出严正交涉，并不惜以撤销招工权相威胁，同德国政府大力展开设领谈判。宣统元年（1909），德国因西萨、帕劳等属地需工甚急，只能同意清政府"先行设立领事，藉资照料"②。同年七月二十四日（9月8日），清政府正式下诏设立驻扎德属南洋各岛领事，附近德属南洋奴拉、帕劳等岛皆归其统辖。广东护理总督胡湘林遵照外务部指示，几经甄别，推荐时任同知衔已保州同的林润钊派充清驻德属西萨摩亚首任领事。因林氏职位较卑，外务部同意其"暂派该处署理领事"，管理德属南洋各岛华侨、华工事宜。

林润钊之能最终脱颖而出充任驻萨领事，诚如胡湘林所言，既通英领洋文，复能操持粤语，前经派赴该岛调查，熟谙情形，③ 揆诸史实，此言颇为中肯。林氏早年求学于早期中西文化交流的窗口——香港皇后书院④，该校管理严格，校风严谨，采用全英教学，"主要以英国的文法学校为模式，兼教中英文课程"⑤，旨在培养兼通英语中文的双语精英。林润钊在此受西方近代科学和文明的濡染，思想开明，意识开放，精通洋文，熟悉洋情，后通过北洋大学在港招生考试，入读附设其中的西学堂，师从华洋教习攻读英国法律，⑥ 勤苦淬励，课业精湛，中西贯通，品学皆优，某次

---

① A. S. Noa Siaosi. *Catching the Dragon's Tail: The Impact of the Chinese in Samoa*. Master thesis of the University of Canterbury, 2010, p. 35.

② 《大清宣统政纪》（第18卷），中华书记影印本1987年版，第343页。

③ 刘锦藻：《皇朝续文献通考》（第340卷），上海古籍出版社2002年版，第241页。

④ 香港皇后书院，前身香港中央书院，创办于同治元年（1862），现名香港皇仁书院，孙中山、伍廷芳、张煜全、李惠堂等清末民初的名流者曾就读于此。

⑤ 区志坚：《香港记忆》，中国法制出版社2013年版，第77-78页。

⑥ Stewart Firth. "Governors Versus Settlers: The Dispute over Chinese Labour in German Samoa". *New Zealand Journal of History*, 1977, 11 (2), p. 169.

大考曾名列三甲。①

相比泰半无学术、无经验、不知所领何事的本国同行，林润钊法律专业科班出身，对各国的政治生态、典章制度、条约惯例颇能考究，明习法令，娴于交涉，具备扎实的外事素养，能够灵活应用国际法规维护华工的权益，被视为"接受过西方教育的中国民族主义者"②。此外，林润钊膺任西萨领事前，曾长期担任两广总督署洋务委员，协助粤督接待来访洋人、料理纷繁芜杂的华洋纠纷等涉外事宜，同洋人特别是西方领事打交道的经验相当丰富，处事稳健，胆识兼优，并曾前往西萨考察，熟悉当地的风土人情、华工的生存状况，学养素养颇为适合充任驻外领事。

再者，林润钊得以派充驻萨领事还与当地华工的籍贯、方言有着很大关联。南太平洋瑙鲁、帕劳、塔希提等岛皆汇聚大批粤籍契约华工，而旅萨华工尤以广东人居多③，其次是福建、湖南、江西、浙江诸省人④。华工侨胞远离故土，乡土观念着实浓厚，林润钊恰与旅萨华工的籍贯、方言彼此相同、吻合，通晓华工的礼俗性情，极易博得华工好感，广受钦慕拥戴，便于领署开展工作。林润钊充任驻萨领事正是人适其事、事得其人，实属众望所归，华工幸莫甚焉。

三、林润钊对德属西萨华工的保护

宣统元年十月（1909年12月），林润钊抵达萨岛，开办常驻领署，署内设置通译生、书记生各一员，着手保护华工的权益。此时，清政府对待海外华工侨胞的观念已发生根本改观，设领商埠剧增，保商护侨的交涉更加积极，尤其毗邻南洋、侨民众多的闽粤两省的督宪向来重视华侨问题，对外国排斥、迫害本省海外子民的态度颇为强硬。林润钊保护旅萨华工的谈判、交涉得到清政府外务部、驻德公使孙宝琦、梁诚，以及旅萨华工原籍地两广总督袁树勋、增祺、张鸣岐等内外臣工的大力支持，里应外合，锲而不舍，得以取得一定成效。

---

① 《学堂试事》，见《申报》，1897年4月27日。
② Stewart Firth. "Governors Versus Settlers: The Dispute over Chinese Labour in German Samoa". *New Zealand Journal of History*, 1977, 11 (2), p.169.
③ A. S. Noa Siaosi. *Catching the Dragon's Tail: The Impact of the Chinese in Samoa*. Master thesis of the University of Canterbury, 2010, p.35.
④ 秦汝钦：《纪萨摩岛（续）》，载《大中华杂志》1916年第2卷第9期，第2196页。

林润钘保护德属西萨摩亚华工的工作与清政府派驻南洋新加坡、槟榔屿等国家和地区的领事有所不同。新马地区距离中国较近，华民移居于此的时间早、人数多，事业规模、经济实力远在西萨侨民之上，不乏雄踞资财、威望隆重的华商侨领，华人社会业已形成并且颇具规模。清政府设领于此，"不外保民、集捐二事"①，主要看重的是当地侨商的经济价值，通过保护商民、创建商会等，募集捐款，引进侨资，以振兴实业与巩固海防。此外，星国槟州是维新、革命两派的集散中心，前者宣传保皇忠君思想，后者鼓吹革命救国观念，着实影响了当地华人对清政府的认同。因而，清驻新马领事还肩负弹压稽查、广布"皇仁"的重要职责，通过捐资兴学、设医赠药、造桥铺路、解决侨团纠纷、仲裁堂号冲突甚至不惜讨好华侨等，晓谕侨民忠君爱国，切勿轻信乱党谰言，以维系侨心，压制、破坏"孙康两逆"的活动。

　　德属西萨摩亚则与中国相距遥远，彼此交际较晚，直至光绪年间才有若干华民来到萨岛并定居下来②，以开设杂货店、制造马具、充当裁缝等职业谋生③，人数极其有限。后西萨总督索尔夫（Solf）在招募华工的当年先行签署新的华人禁例④，严格限制华民来萨，华人小商贩遂裹足不前，而合同期满的华工则必须遣返回国，未经允许不准在西萨居留、租地、经商等。殆至民国三年（1914年）德国殖民势力撤离西萨，当时旅居西萨的华工仅有2184人。⑤ 诸此种种，导致相比新马等地，西萨华商的数量与资产微不足道，华工的规模、影响相对有限，清政府设领于此主要鉴于华工备遭歧视、虐待乃至被杀害，攸关华工的性命生计与"天朝"的国体声望，实难坐视不理。因此，清驻德属西萨领事的主要职责在于针对中德关于西萨摩亚招工章程、作工合同当中不利于华工的旧章苛例和种植园主违背合同、虐待华工的不法行径，同殖民当局进行交涉，并监督工约与合同的履行情况，以维护华工的权益。可见，清政府驻萨领事的职责、工作与

---

① 苑书义、孙华峰、李秉新：《张之洞全集》（第1册），河北人民出版社1998年版，第403页。
② 翟兴付、仇晓谦：《萨摩亚》，世界知识出版社2002年版，第171页。
③ 秦汝钦：《纪萨摩岛（续）》，载《大中华杂志》1916年第2卷第9期，第2196页。
④ 秦汝钦：《纪萨摩岛：形势与疆域》，载《大中华杂志》1916年第2卷第7期，第1665页。
⑤ Nancy Y. W. Tom. *The Chinese in Western Samoa 1875–1985: The Dragon Came from Afar*. Apia: Commercial Printers Ltd, 1986, p.71.

驻新加坡、槟榔屿等地的领事颇不相同，而与驻拉丁美洲古巴、秘鲁、墨西哥等国的领事则颇加相近。此时的林润钎正值年富力强，充满干劲，其对旅萨华工的保护具体体现在以下四个方面。

1. 革除旧章苛例

华工前往德属西萨摩亚谋生，属于当时"因殖民地经济开发、雇工紧缺和贸易、航运利益驱动而引发的劳动力全球流动的一部分"①。西萨引进华工的目的在于缓解"用工荒"，并压低成本，牟取暴利。种植园主招募一个华工需要支付350马克，因而，为了确保高生产率，达到利润的最大化，华工被视为一次性商品，遭到敲骨吸髓的压榨，签立的劳动契约相当苛刻，以致"对于工资与工作条件都未获得很高的标准"②。

履新伊始，林润钎即针对西萨招工人员会同粤、闽地方洋务当局订立的招工章程错漏百出、含糊其词，略而不提医疗卫生、劳动保障等条款，而且利用华工多不识字，私立违背原有招工章程的非法作工合同，强令华工印盖指摹，并且强调"彼此有因合同词意争执者，应以德文为准"的行径，同萨督反复辩论，要求切实遵守西萨宣统元年（1909）第五次招募华工签订的招工合同，同意"华工出口须摄照查验"，并且作工合同"只准当官签字，不印指摹"，③ 以避免诱拐逼勒事件。

同时，林润钎悉心考察各国招工、保工章程，同萨督多次接洽，要求删改西萨招工章程、作工合同当中不利于华工的旧章苛例，以免给雇主压榨、惩罚华工留下口实。一则针对"华工遇有疾病，不能工作，每天尚须扣银一马克，患病十二日以外，非特无工资可领，又须将下月工金扣补"的无理做法，要求华工因病卧床期间享受部分工资待遇，且新老华工一体对待；二则针对东家、工主违背招工告白与章程订明的逢礼拜日均准停工的规定，"每月仅许华工停工两礼拜日，余两礼拜日亦须作工"的非法行为，要求增加华工的休假期日，每逢"德君生辰、耶稣诞、元旦，新旧工人均停工"。④

---

① J. Ryan. *Chinese in Australia and New Zealand：A Multidisciplinary Approach*. New Delhi，1995，p.1.
② John Alvin Decker：《西萨摩岛的华人种植劳动》，王久如译，载《南洋研究》1941年第10卷第2号，第53页。
③ 陈翰笙：《华工出国史料汇编》（第1辑第4册），中华书局1985年版，第1614页。
④ 陈翰笙：《华工出国史料汇编》（第1辑第4册），中华书局1985年版，第1619页。

华工作工条件的改善难免导致种植园主招工成本的攀升,萨督为维护种植园主的利益,以无权照办而应由两国政府妥商为由,有意拖延不予答复。林润钊以上正当要求得到清政府积极支持,经与德国外部、驻华公使,以及驻汕头、厦门等地领事等反复磋商,并以先除苛例再行招工向德施压,迫使西萨当局适当做出让步,同意招工合同应以中国官员签字为准,允许洋务委员登船稽查、点验华工,答应向因病休工的华工发放 1/3 的薪金,并且同意"工人因监禁等事,每旷工一日扣除两日工资,改作扣除一日工资,新旧工人一律均沾",每逢德皇诞辰、圣诞节、中国农历新年等节令,华工带薪休假,等等。林润钊把握时机,继续"与岛督商改苛款"与保工护工的切实措施,① 萨督则认为对清政府的妥协、让步已属过多,不允再商细目。

2. 提高华工的法律地位

光绪建元(1875)前后,来萨岛经商的侨胞"当时尚得自由"②,并被允许经营商业,而自德国独占西萨以后,早期华人移民要求萨督索尔夫给予像欧洲人一样自由的恳求,则被断然拒绝,而且欧洲商人屡次向当局提出收回华人的贸易执照,虽说索尔夫最终拒绝了这一请求,但鉴于"黄色人种遍布太平洋各地,其向欧籍贸易者保证如果华人一旦出现任何不利于他们的苗头,就会毫不犹豫地采取行动"③。

西萨实行契约劳工制度,种植园管理华工的办法极其严酷,华工"为人类之自由权利,完全为别人所剥夺"④,白人雇主、监工可随意用牛筋鞭、藤条抽打华工。索尔夫迫于各方压力,对雇主滥用鞭刑有所限制,规定鞭刑一周只能施行一次,一人不得超过二十鞭,而且要在政府官员的监督下执行,⑤ 但并未得到种植园主的响应,未经当局裁决就私自鞭打华工的情况依然屡屡发生。⑥ 西萨白人殖民者还推行肤色种族歧视,把华工同

---

① 王彦威、王亮:《清季外交史料》(第22卷),文海出版社1985年版,第42页。
② 秦汝钦:《纪萨摩岛:形势与疆域》,载《大中华杂志》1916年第2卷第7期,第1665页。
③ Samoanische Zeitung, 1903 – 5 – 30.
④ 华侨志编纂委员会:《华侨志·总志》,华侨志编纂委员会,1958年版,第97页。
⑤ A. S. Noa Siaosi. *Catching the Dragon's Tail*: *The Impact of the Chinese in Samoa*. Master thesis of the University of Canterbury, 2010, p. 15.
⑥ Stewart Firth. "Governors Versus Settlers: The Dispute over Chinese Labour in German Samoa". *New Zealand Journal of History*, 1977, 11 (2), p. 167.

美拉尼西亚劳工一样当作最劣等的族群,① 对抵达阿皮亚的华工以抽彩的方式明码标价拍卖出售。法律上则"视各华工等诸土人、野番之列"②,不准出埠控诉雇主,此等行为皆以逃工论处,华工无法获得招工章程、作工合同的保障,只得任凭东家、工主肆意责罚凌虐。此外,华工还被视为"黄祸",必须在指定范围内活动,不得擅自离开工作地点,③ 不许和当地土著接触、往来,禁止同当地女子婚配,以免玷污萨摩亚血统。

针对以上情况,林润钊甫一上任即向萨督提出严正交涉,要求废止华工比照萨摩亚土人看待的歧视性法令,而比照日本人的待遇,将华工与欧美文明各国人民一体对待。萨督为避免华工对萨摩亚的经济、政治事务、民族成分产生影响,坚称此项事先并未载明于招工合同而予以回绝,并向德国殖民大臣鼓吹"黄色人种已对西方文明造成严重冲击,中国争取旅萨华工法律地位平等的要求会让中国变得得寸进尺"④,以此赢得柏林的支持。林润钊并未气馁,据理力争,利用西萨亟须华工的弱点,屡次禀请粤督在华工的法律地位尚未得到改善以前,禁止西萨在粤续招华工,双方僵持不下。

宣统二年(1910),西萨委托香港洋商在粤急招300名华工,兼署粤督增祺以同意华工受雇与否作为谈判筹码,向德国驻华领事明确表示萨岛"招工须订明与各强国人民平等看待"⑤,否则不予开招,态度颇为强硬,而且还影响到德属帕劳、喀罗林群岛等地的招工,时任驻德公使梁诚亦向德国外部施加压力。德属南洋各岛需工急迫,却遭到林润钊等人的极力阻挠,毫无进展,德国外部被迫退让,同意"华工与欧人平等相待",不再将其视为有色人种,遇有华人定罪案件,享有诉讼上控的权利,一并废除种植园主对华工的鞭挞刑罚,⑥ 而且华工可以随意挑选雇主,行动自由不

---

① Robert Louis Stevenson. *A Footnote to History: Eight Years of Trouble in Samoa*. New York, 1892, pp. 31 – 32.
② 林忠佳、张添喜等:《〈申报〉广东资料选辑·八》,广东省档案馆《申报》广东资料选辑编辑组,1995年版,第249页。
③ Stewart Firth. "Governors Versus Settlers: The Dispute over Chinese Labour in German Samoa". *New Zealand Journal of History*, 1977, 11 (2), p. 161.
④ Stewart Firth. "Governors Versus Settlers: The Dispute over Chinese Labour in German Samoa". *New Zealand Journal of History*, 1977, 11 (2), p. 173.
⑤ 陈翰笙:《华工出国史料汇编》(第1辑第4册),中华书局1985年版,第1621页。
⑥ 陈翰笙:《华工出国史料汇编》(第1辑第4册),中华书局1985年版,第1626页。

再受到严格限制。

清政府则在同西萨签订招工新章并得到萨督担保严加落实后,顾全中德两国邦谊,允准西萨在华继续招工,第六批551名华工得以于汕头放洋赴萨。① 同时,萨摩亚女子认为相比本族男性,华工更善于料理家务,更倾向支持女性经济独立,颇加愿意同华工结为伴侣,② 彼此冲破通婚限制,组建家庭者大有人在。至民国三年(1914)中萨结合的夫妇高达100对,生养混血子女118个。③

3. 改善华工的生活境况

索尔夫为招募华工,虽说废除了萨摩亚君主劳佩珀(Laupepa)于1880年(光绪六年)制定的"不允许中国人登陆抑或定居萨摩亚"④ 的法律,但其奉行"殖民如传教"的统治理念,将"保护和提升当地萨摩亚人作为首要责任"⑤,对萨摩亚固有的传统文化、价值观念、生活习俗给予相当的尊重。⑥ 因此,为防范引进的华工对当地传统和土著生活造成任何冲击和破坏,避免损害雇主的利益,索尔夫另行制定了一系列苛刻、严酷的有关佣工应该遵守的法规条例,给华工在萨工作、生活设置种种障碍,以免"毒蛇"扰乱"伊甸园"。

旅萨华工美其名曰"契约工人",表示华民自愿通过签订契约的合法程序赴萨佣作,然而真实情况非常糟糕。华工顶着烈日,终日被逼做极苦的工作,不容休歇,生活环境、工作条件极其恶劣,衣衫褴褛,早出晚归;居室狭暗,辗转难眠;食料臭朽,不堪下咽,与招工合同规定的华工住屋通爽光亮,配有床凳,免费享用清净水饮食、沐浴等明显不符,加之天气酷热、气味恶臭、水土不服,华工百病丛生,身体羸弱,死亡率惊人

---

① 汤熙勇:"德属萨摩亚招募华工的交涉与中国的保侨设领事(1903—1914)",见张炎宪《中国海洋发展史论文集》(第6辑),"中央研究院"人文社会科学研究中心1997年版,第616页。
② A. S. Noa Siaosi. *Catching the Dragon's Tail*:*The Impact of the Chinese in Samoa*. Master thesis of the University of Canterbury,2010,p. 48.
③ 翟兴付:《萨摩亚华侨华人今昔》,香港社会科学出版社2003年版,第75页。
④ M. Meleisea. *The Making of Modern Samoa*:*Traditional Authority and colonial Administration in the Modern History of Western Samoa*. Suva,1987,p. 168.
⑤ John A. Moses. "The Solf Regime in Western Samoa:Ideal and Reality". *New Zealand Journal of History*,Vol. 6,No. 1,1972,p. 45.
⑥ Rodney M. Henning. *German Colonial Policy in the Pacific Islands*:*Origin,Determinants and Implementation*. Master thesis of the University of Hawaii,1982,p. 67.

清驻德属西萨摩亚领事林润钊对华工的保护

之高。光绪三十四年（1907），据赴萨调查的林树菜统计："萨摩岛华工共1366名，除回国及病故外，实存1038名。"①

林润钊为改善华工的生存状况，筹集经费在帕帕岁阿建立华工医院，提升医疗基础设施；派员定期检查、清洁华工的宿舍，提高住房和卫生条件，并要求西萨当局缩减工作时数、提高工资待遇、延长熄灯时间等。在林润钊和华工的共同努力下，萨督只能同意由公司供给住房、伙食、衣服、医药等费用，同意华工由每日作工10小时减为9小时；工资由最初的每月10马克涨至12马克，后来又将绝大多数华工的工资提至每月15马克，上涨50%；②熄灯时间则延长1小时。虽说以上让步与林润钊提出的每天工作8小时、每月工资20马克尚有差距，但取得这样的成效已属不易。萨督还同意着手改善华工的住房和医疗条件，于宣统元年（1909）8月，组织雇佣华工的种植园主成立了医疗协会，"每个会员每半年出资6马克用于华工的治疗"③，紧接着12月在首都阿皮亚医院建立了专门的华工病房，由政府出资为华工提供医疗服务。④

再者，林润钊要求萨督舒尔兹同意作工三年期满的华工在萨经营商业和购买土地，但由于华工的素质良莠不齐，大体而言"第五期以前之华工，安分者尚多，六、七两期流品较杂"⑤，而且部分华工嗜赌成性，不加节制，毁坏了旅萨华工的整体声誉。舒尔兹和绝大多数欧洲侨民都不希望数以千计的合同届满的华工定居萨摩亚，以免这里"充斥一群无耻的二流子和赌徒"⑥，破坏萨摩亚传统社会并且威胁欧洲人的商业利益。特别鉴于光绪三十三年（1907）法属塔希提的欧洲商人全被华人取代的事实⑦，舒尔兹无论如何都不肯放松此一禁令，只答应满工的华工经审查许

---

① 陈翰笙：《华工出国史料汇编》（第1辑第4册），中华书局1985年版，第1607页。

② A. S. Noa Siaosi. *Catching the Dragon's Tail: The Impact of the Chinese in Samoa*. Master thesis of the University of Canterbury, 2010, p. 34.

③ D. R. Haynes. *Chinese Indentured Labour in Samoa: 1900–1950*. Master thesis of the Victoria University of Wellington, 1965, p. 10.

④ D. R. Haynes. *Chinese Indentured Labour in Samoa: 1900–1950*. Master thesis of the Victoria University of Wellington, 1965, p. 9.

⑤ 秦汝钦：《纪萨摩岛（续）》，载《大中华杂志》1916年第2卷第9期，第2196页。

⑥ Stewart Firth. "Governors Versus Settlers: The Dispute over Chinese Labour in German Samoa". *New Zealand Journal of History*, 1977, 11 (2), p. 175.

⑦ Stewart Firth. "Governors Versus Settlers: The Dispute over Chinese Labour in German Samoa". *New Zealand Journal of History*, 1977, 11 (2), p. 175.

可，可以续订新约，继续留岛佣作，充当侍役、从事洗衣抑或其他粗工，但不得永久侨居西萨。

此外，西萨殖民当局意识到延长华工的合同期限对种植园主具有较高经济效益，因而，对华工的遣返政策也变得相对宽松，1903 至 1913 年仅有大约 1684 名华工被遣返回华，① 大部分合同期满的华工遭到雇主低薪强留。林润钊为避免这些华工流离失所、生计艰辛，于宣统三年（1911）照会萨督，要求将当年工期届满的华工尽数运送回国，且遣返费用由雇主承担，萨督则鉴于此举"有碍该岛生涯，拟恳中政府展缓运回"②。在接到清政府训令后，林润钊答应暂缓数月，但不断督促西萨当局尽快商订满意章程再行招募新的劳工。

4. 争取领事裁判权

领事裁判权，是指一国领事根据不平等条约，享有的按照本国法律对其本国侨民行使司法管辖的权利。③ 道光二十三年（1843），中英签订《五口通商章程》，英国攫取在华领事裁判权。咸丰十一年（1861），中德缔结《和好通商条约》，德国根据最惠国待遇获得此项领事裁判权。④ 领事裁判权的取得依靠强大国力以盾其后，清政府则被欧美列强视为不完全享受国际法权利的"不完全主权国"，没有资格享受诸强间相互适用的国际惯行的地位，⑤ 而且殖民国家疑虑中国领事在其属地煽惑民心、喧宾夺主，势必削弱自身统治，因而，一概拒绝出让相应的领事裁判权，德国作为后起的殖民帝国更是如此。

谋生西萨的华工，犯有罪行适用德国刑法，有关华工的案件主要由获得当局授权的白人充任的华工专员处理，由于清政府没有领事裁判权，殖民当局有恃无恐，遇有华洋纠纷，"袒庇同类，欺凌异种，任意妄断，致

---

① Nancy Y. W. Tom. *The Chinese in Western Samoa 1875–1985：The Dragon Came from Afar*. Apia：Commercial Printers Ltd，1986，p. 36.

② 王彦威、王亮：《清季外交史料》（第21卷），文海出版社1985年版，第24页。

③ 徐乃斌：《国际法学》，中国政法大学出版社2013年版，第313页。

④ 条约第四款明文规定："布国暨德意志通商税务公会和约各国，任凭设立总领事一员，领事、副领事、署领事等官每口一员，前往办理本国商民交涉事件。中国官员于该领事等官均应从优款待，如相待诸国领事官最优者无异，凡别国所邀优恩之处德意志官员一律相邀。"见汪毅、张承棨《咸丰条约》，文海出版社1974年版，第613页。

⑤ 王建朗、栾景河：《近代中国、东亚与世界》（下），社会科学文献出版社2008年版，第613页。

民等求伸反屈"①，极不利于对华工的保护。光绪二十九年（1903）5月，一华工因用石头威胁其雇主而被判服14天劳役，而用左轮手枪射击华工的雇主则仅被罚款500马克。②

林润钊依据包括德国在内的东西列强在华享有领事裁判权的事实，积极争取在西萨获得对等的权利，要求"华工与华工有冲突之事，暨华工与德人或其土人有冲突之事，概归中国所设领事官处理"③。此举牵涉德国政府的整体对华政策，萨督以无权处理，"各国驻德领事，均无裁判权"为托词断不肯让，④只允许华工遇有冤屈得向西萨主管华工事务的专员或中国领事申诉。

林润钊争取领事裁判权的努力最终落空，但其利用旅萨华工对自己的信服，时常抛开殖民当局而自行处理华工内部事务。德国政府对此大为恼怒，训令驻华公使以林润钊"遇事不与岛官议办并收公文登载各款，于交涉非宜"为由，同清政府外务部进行交涉，外务部随即饬令林氏"所有公文勿再令报馆登载"⑤，以免德国借端生事，酿成外交冲突。

正当中德进一步议订保工护工的切实措施之际，宣统三年（1911）辛亥革命爆发，清朝土崩瓦解；紧接着民国三年（1914）一战开始，新西兰远征西萨，德国殖民势力撤离，中德两国皆发生巨大变故。林润钊则因颇得华工敬服和政府信赖而得以留任，继续为旅萨华工争取权益，直到民国八年（1919）才免职归国，⑥供职外务部发挥余热，自此担任德属西萨摩亚领事恰好十个春秋。

四、结语

清朝末叶，歧视、虐待华工已成欧美招工国家的通病，晚清领事常驻华工侨胞汇聚的通商津要，负有"联络邦交，保护商民"的责任，虽属微官末秩却责专任重。其中，南太岛国大都属于欧美列强的殖民地，与宗主国相距数万里之遥，而清政府常驻欧美诸国首都甚至身兼数国使职的相关

---

① 陈翰笙：《华工出国史料汇编》（第1辑第4册），中华书局1985年版，第1601页。
② Samoanische Zeitung，1903-5-09。
③ 张元济：《〈外交报〉汇编》（第21册），国家图书馆出版社2009年版，第548-549页。
④ 陈翰笙：《华工出国史料汇编》（第1辑第4册），中华书局1985年版，第1628页。
⑤ 陈翰笙：《华工出国史料汇编》（第1辑第4册），中华书局1985年版，第1629页。
⑥ 刘寿林：《辛亥以后十七年职官年表》，文海出版社1974年版，第195-198页。

钦使则分身乏术，料理各地事务顾此失彼，不可事无巨细，样样躬亲。因此，清政府派驻南太岛国和地区的领事在保护华工、侨民的生命、财产安全等方面更加责无旁贷，发挥的所用、做出的贡献相比钦使并不稍显逊色，付出的艰辛和努力，饱受的苦痛与无奈实非常人所能理解，后人理应给予足够的关注与充分的研究，以还其本来面相。

整体来看，晚清保工护侨的举措多不奏效，取得的成效并不显著，究其原因，除领事自身学养素养比较薄弱、任事态度比较消极外，更与清政府腐败落后和列强逞凶恫吓关系至大。常言道，"自古邦交论势不论理"①，特别是近代外交，强权当道，实力第一，而此时的清政府则外患日亟，内忧并作，国势衰颓，大厦将倾，"国家所恃以外交之根本已坏"②，作为半殖民地的国家机构，根本没有资格同西方列强平等往来，诚如王韬所言，"领事之设，亦惟虚位备员而已"③。可见，睦邻之道，首在自强，中国的国际地位不改变，外交人员实难有大的作为。

具体而言，晚清驻外领事并非全是平庸无能、畏难苟安之辈，精明强干、不辱使命者也不在少数，清驻德属西萨摩亚领事林润钊即属于其中"铮铮佼佼者"。林润钊富有热诚、冲劲，颇为敢于任事，在强敌环伺、事变已亟的危急存亡关头，殚精竭虑，恪尽职守，为保护旅萨华工做了大量工作。虽说中萨达成的各项协议不乏官样文章，并未完全得到落实，但通过其与华工的顽强抗争和中国政府的支持，西萨殖民当局歧视、虐待华工的条款逐年得到匡正，华工的生活条件、工作待遇、法律地位有所改善，尊严、权益得到一定程度的保障，成就可圈可点，难能可贵，殆其开去领职，《萨摩亚时报》对其保护华工的工作给予高度评价："萨摩亚对林润钊先生的工作非常满意，中国应为他而感到自豪。"④ 林润钊保护华工的事迹时至今日依然在萨摩亚广为人知。

（原文刊载于《太平洋学报》2016年第24卷第9期，有改动。）

---

① 顾廷龙、戴逸：《李鸿章全集·奏议十六》，安徽教育出版社、安徽出版集团2008年版，第213页。
② 《论外交治本之法》，载《外交报》1903年7月9日。
③ 王韬：《弢园文录外编》，楚流等选注，辽宁人民出版社1994年版，第79页。
④ Samoanische Zeitung, 1913-6-21.

清末至民国时期我国邮政部门对侨批业的管理

黄泽纯

侨批局,又名批信局、批馆、批局等,是专门经营侨批——海外华侨华人寄回国内的信件及汇款——的民营机构,主要在闽、粤两省和其华侨分布的海外地区,尤以广东潮汕和闽南地区为多。关于侨批局的出现,有始于明代永乐年间或始于1870年等不同说法,但先于政府邮政局。侨批业实际是一种边缘行业,所经营的侨批实际就是银、信,具有邮政和汇兑双重性质,故此必然与同时代的邮政、金融体系发生竞争或合作。国内闽粤地区的侨批局,必须接受政府邮政部门的管理,因此与其关系最为密切。中国近代邮政产生于19世纪末,初立之时便将民营侨批业纳入其管辖范围。而这时闽粤地区的民营侨批业已具相当规模,到20世纪初更日趋完善,在规模上有了很大的发展,并逐渐形成了纵横交错的行业内部经营网络。[①] 政府邮政与侨批业的关系由此开始,经历了从清末到民国三个时期的变化更迭。

一、清朝末年(1896—1911年)

此时期大清邮政初立,将侨批局纳入其管辖范围,采取优惠政策,借助侨批局发展邮递业务。

中国政府正式开办经营邮政是在1896年,是中国近代化进程中的一个重要节点。在此之前,中国海关已在北京、天津、上海等地试办邮政,1896年3月20日总署奏准由海关现设邮递推广并与各国邮政联系,正式设立国家邮政,由总税务司赫德兼任总邮政司。这时的闽粤地区民营侨批业已经建立了纵横交错的收、转、投的通信网络,经营自由,深得侨民信

[①] 关于民信局,饶宗颐《潮州志·实业志商业》页七三有:"其民营带信者曰民信局。"查大清邮政设立到1928年期间,由于侨批局还没明确与民信局区分开来,所以邮政局对民信局的所有政策一般都对侨批局适用。

任,于是便有清政府官员向朝廷建议本朝邮政要利用民信局和批信局的通信网络。新成立的清代邮政,把经转批信作为维护邮政的标志之一,从而将侨批局纳入其管辖范围。初立的邮政章程规定对民信局(包括侨批局)①的收费标准要与大清邮政部门统一起来,而且民信局和侨批局必须到当地大清邮政机构办理登记手续,并规定国外侨批局必须把批信装成总包,在所在国的邮政寄交大清邮政,再转交国内侨批局投递到户。清代邮政把全国划为 28 个邮政区域,共设立 47 个邮政总局,国内闽粤地区侨批业分别归属厦门邮政总局和汕头邮政总局管辖。当时,汕头邮区首批被划为邮政代理机构的民信局、侨批局共 19 家。② 这时官方邮政初立,侨批的批信是其发展的业务对象之一,因此邮政局对侨批局的批信不断实行优惠政策,如大批量的批信按总包缴费邮寄等邮费优惠政策,旨在增加邮递业务。1897 年,为鼓励、吸引侨批局向邮局投递批信,邮局从 2 月 17 日起取消转递费,只要纳足资费或贴足中国邮票,由收信局加贴外国邮票,交外国在华邮局转寄。③

邮政初立之时,侨批局通过政府邮政交寄的批信不多。由于政府明文规定所有信件必须由大清邮政寄出,于是邮政业务也日趋成熟。邮递批信快捷方便,在邮政送递能及的地区,有些侨批局逐渐接受邮寄批信的方法。在"潮汕历史文化研究中心"所收集的侨批实物中,有一封寄自泰国、1901 年 11 月 18 日到达汕头、盖有"潮海关"的汉英二格戳的批信,为现已知的最早交由海关邮政转递的批信实物。

但由于侨批需送达的地区绝大多数乡村地处偏僻,邮政局业务往往还没遍及,因此通过邮政局转递的批信仍为数不多。政府邮政对侨批局的经营和运作没有产生很大的影响,反而是侨批局的批信业务在一定程度上支持了初成立的邮政局。

二、民国初年至抗日战争前(1912—1937 年)

此时期邮政部门开始加强对侨批业的管理和限制。

---

① 马明达、黄泽纯:《潮汕侨批局的经营网络》,载《暨南学报》2004 年第 1 期,第 123 - 127 页。
② 陈植芳:《漫谈潮汕民间侨汇业》,载《汕头文史》1995 年第 13 期,第 56 页。
③ 张林侠:《中国集邮与邮政要览》,人民邮电出版社 1997 年版,第 88 页。

在清王朝被推翻的前夕，1911年5月清政府命将税务司兼辖之邮政定期移交邮传部接管，以归统一而符名实。据统计，该年全国邮局共6201所，全国邮路共381万华里（1华里＝500米），其邮件共约36亿件，包裹共302万余件，汇兑共792万两。① 民国成立后设交通部统辖全国邮政，邮政真正得以从海关系统中独立出来，沿袭清末邮政对侨批业的管理办法和政策。

在这一时期民营侨批业的规模日益扩大，直到全面抗战爆发前，闽粤地区侨批局的数量和侨批业务总量达到了高峰：1934—1935年仅汕头地区的侨批局就有70余家；1936年经汕头邮局注册登记的汕头、梅县批信局共99家，与汕头邮政有业务往来的国内外批信局共有983家（其中包括大量分号、联号批局）②；1930年经邮局转递的汕头侨批局回批共129万封。

民营侨批业的迅速发展，引起了邮政部门的进一步关注，并在20世纪20年代至30年代逐步加强对侨批业的管理和限制。1928年全国交通会议决定，所有民营的民信局、侨批局应一律取消。令发之后，闽粤侨批局极力反对。理由是侨批局只接受国外侨民交寄之信款，而国外侨民积累数百年的传统习惯，家书及赡养费都通过批信局寄递；邮政并未遍及各地乡村，批信上书写的地址姓名又不尽详细，侨眷多住山村，远者数百里，近者数十里不等，为普通邮政投递范围所不及，只有土生土长的投递侨批者才能投及；从侨眷生计到当地村镇的公益事业、修桥造路、建学堂修祠堂，多赖于华侨批款，于国计民生关系极大。鉴于此，民国邮政这才将侨批局从民信局中区分开，采取了特殊的政策：专营国外侨批之民信局，定名为批信局，只准经营与海外华侨的侨批往来，不准收寄其他普通信件；倘于批信与回批之外夹有普通信件者，一经查出即按走私信件处以重罚甚至吊销执照，责令停业。上述办法通知之后，很多兼收国内民信的批信局，纷纷停办这项业务，一些原领民信局执照而又兼办侨批业务的，也急忙把原执照改为侨批局牌照。

此后，政府对侨批局的政策和管理日趋严格，邮政局制定了关于批信事务处理办法的规定，并不断进行修改，以加强对侨批局的管理和限制。

---

① 白寿彝：《中国交通史》，商务印书馆1993年版，第259－260页。
② 邹金盛：《潮帮批信局》，艺苑出版社2001年版，第51页。

1933年，邮政局又宣布停止发给侨批局执照，只保持已有执照，意在限制该行业的发展。1934年邮政局又发布法令规定：国内侨批局不准增设批局，已设立者不准转让。1935年邮政局首次制定了比较完整的批信处理办法，其内容主要是关于三个方面：加强侨批局营业执照的管理，规范批信的邮寄方法及其邮资收费，对私运、匿报、夹带批信回批的处罚及对举报者的奖励。其中规定：各侨批局应于每年年底填具申请书，检同原领执照，并附缴国币5元，送由主管邮局转呈邮政总局换领新执照；侨批局如有私运批信及回批情事者除处罚两倍邮资外，第一次处罚国币15元，第二次37.5元，第三次75元并注销执照；匿报回批件数或夹带他件者，除两倍邮资外，依前者规定减半处罚。① 此外，该时期侨批局"在领取执照、缴纳邮资等问题上仍受多方刁难"②，发生了多次争端。

可见，由于该时期政府邮政部门已经开始逐渐加强对侨批业的管理和限制，侨批业的发展受到了很大影响。首先，邮政局几次宣布停止新发侨批局执照、已有的执照不能转让，显然是对侨批业规模的发展产生了很大的限制作用。在这种情况下，侨批局执照成了稀有资源，无执照的侨批局要么关闭或转行，要么只能挂靠在拥有执照的侨批局下继续经营；有些侨批局的执照拥有者年事已高，也无法转换给后任者，甚至有的执照拥有者已经去世多年、而他的执照仍在继续经营中。闽粤地区侨批业的发展规模至此走到了历史高峰而停滞不前，后来曾昙花一现地骤然达到新高峰是由于战后积压大量侨批的特殊情况。其次，上述邮政对批信处理的各种规定，主要是为了把闽粤地区大量的批信完全纳入自己的业务范围。对于大型的侨批局来说，批信的邮递费用不会明显地增加经营成本比例，批信交由邮政送递并无大碍；但对于一些小本经营的中小型侨批局来说，批信的邮递费用显然是一笔不小的成本支出，所以他们只能采取了私带、夹带、匿报批数等各种方式来规避成本增加。邮政的三申五令不断强调对违规者的惩罚，正好说明了当时侨批局违规处理批信的情况普遍存在。

三、抗日战争和解放战争时期（1937—1949年）

此时期由于邮资急剧攀升，邮路受阻，邮政部门进一步加强对侨批局

---

① 《广东省档案馆资料》，全宗号29，目录号2，案卷号375。
② 杨群熙：《潮汕地区侨批业资料》，潮汕历史文化研究中心，2004年版，第78页。

的管辖，侨批业在狭缝中生存。

在这个时期，国内政局动荡，通货膨胀极其严重，信函的资费不断调整，是民国年间资费最为变化不定的时期。民国初年，邮政局对平信的收费开始为 0.03 银元，到 1932 年邮资翻倍，到 1943 年再翻倍，邮资升幅基本保持了 10 年增加一倍的增长速度，但时隔一年，1944 年邮资又暴增一倍。内战时期，通货膨胀更变本加厉，邮资币额的升幅达到前所未有的程度，调整的频率也非常高，1948 年至 1949 年上半年简直到了疯狂的地步。1949 年 1 月至 4 月的情况见图 1 和图 2①。

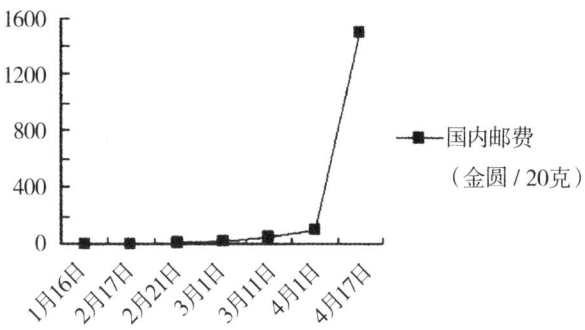

图 1　1949 年 1 月—4 月国内邮资标准变化

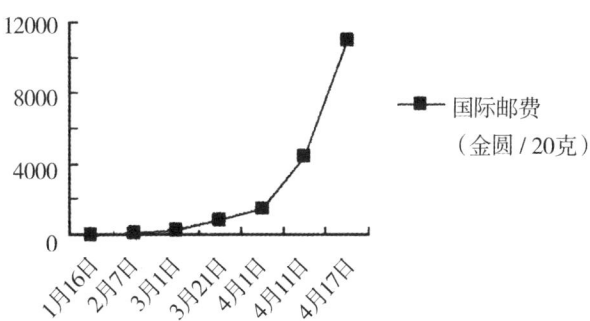

图 2　1949 年 1 月—4 月国际邮资标准变化

---

① 张林侠：《中国集邮与邮政要览》，人民邮电出版社 1997 年版，第 83－104 页。

同时，由于日军侵略占领，邮递道路被阻断，侨批运送艰难，闽粤地区许多侨批局或裁员惨淡经营，或迁入内地、暂停营业甚至关闭，到 1941 年太平洋战争爆发，侨批汇款的重要中转站——香港被日本占领，侨批汇款的汇路完全断绝。虽然后来有侨批局冒险在中越边境开辟了一条新汇路——"东兴汇路"，但也只是杯水车薪，大量的侨批仍被积压下来。

抗战刚结束时，侨批业务急剧增加，许多侨批局回迁重开，新的侨批局纷纷成立，侨批业出现了一次短暂的辉煌。1946 年，邮政局又增定新规，国内批信之携带以邮区（即县市范围）为限，凡转出邮区的批信，需逐封再纳国内平信邮资。如侨批封寄到汕头后，再转入各县乡村，须逐封再纳国内平信邮资，并由邮局寄递；如侨批局自带，也要贴足国内平信邮资，批脚还要向邮局申请证明书。而各县乡村回批要带回汕头后寄到侨居国，也要贴足国内平信邮资。汕头邮局根据这一规定在侨批封上加盖"国内互寄批信及回批资费已付特准批信局专人带送"的邮戳。同时，由于通货膨胀严重，做出了较大幅度提高侨批局相关手续费、邮资、私批罚款等的规定，主要内容如下：一是领取或补发执照收取手续费改为国币 4000 元。二是增设或注销分号，须交手续费 2000 元。三是批信回批及押函之资费。其中，批信寄往国内各地分号者按总包每重 20 公分①或其畸零之数收费 100 元。回批及押函由国内分号寄往总号转发之回批，得按总包每重 20 公分或其畸零之数收费 100 元。但来往国内各地之押函应依每件每重 20 公分或其畸零之数收费 100 元。寄往菲律宾、法属印度支那、荷属东印度之回批及押函，按每件每重 20 公分或其畸零之数收费 300 元。寄往英属马来亚、北婆罗洲及暹罗之回批及押函，按每件每重 20 公分或其畸零之数收费 150 元。寄往香港之回批及押函按每件每重 20 公分或其畸零之数收费 100 元。四是批信局不得私运批信及回批，如有查获，除按件征收两倍邮资外应责令交纳违约金，第一次国币 6000 元，第二次 15000 元，第三次 30000 元并吊销执照。但进口批信总包如有短纳邮资情事，按欠资例办理。批信局及其国内分号不得兼营国内信件，倘有查获，除按件征收两倍邮资外，亦应责令交纳违约金，第一次国币 6000 元，第二次 15000 元，第三次 30000 元并吊销其执照。②

---

① "公分"是当时国际信件的计重单位，20 公分即现在的 20 克。
② 《广东省档案馆资料》，全宗号 29，目录号 2，案卷号 375。

1947年邮政又再规定，国内各批局不得接理国外非其分号之批包，在国内未设分号的地方，不准再增设；在国外虽有分号，也不准增设。1948年和1949年又修改了批信事务处理办法，其主要修改内容仍是进一步提高各类收费的数额。邮政以此层层限制民间侨批局业务。

与政府一步步加强管辖相对立的现象是，侨批经营中一直存在的私带侨批，也即私批、黑批。20世纪初期到中期，邮政局业务更为广泛地开展，国家交通部邮政总局规定禁止私带批信；但实际上还存在着民间私带批信、批款的现象，有如当今的走私活动。关于这种现象的多寡、在侨批业经营中所占的大致比例，由于没有确切的数据，是比较难以确定的问题。主要有两种倾向的说法：一种认为，批信的递送已经完全纳入邮政局的经营中，私带现象极少或近乎没有；另一种持相反看法，认为私带批信在侨批业经营中实际上仍非常普遍，数量上所占比例也不少，只是进行得比较隐秘，而且当时相关各界对这种现象可能已经心照不宣了。

笔者认为，私带批信现象一直都比较普遍存在，在国内局势相对稳定的时期私带批信数量虽不占批信业务的主体，但也不在少数；抗战时期闽粤沦陷区交通封锁、阻梗，因而私带批信的现象明显激增。支持私批普遍存在观点的理由有二：其一，民国政府邮政局三申五令严禁私带批信，就证明了私带批信的情况一直存在。邮政局多次发文强调禁止私带批信，并制定奖励查获私批的邮政员工及惩罚私带、夹带批信及回批的办法等，不断增加惩罚金额，尤其是抗战和内战期间更甚，这就证明了侨批局私带批信的情况普遍存在。其二，民国年间，兼职或专职送递批信的人员在潮汕地区一直没有彻底消失，甚至在战时还一度骤增。由此可以推断当时私带侨批确实存在，尤其在抗战和内战期间，战乱给私批提供了更大的滋生空间。一般情况下，大中型侨批局的批信主要通过邮寄，尤其是在邮政局挂号领照经营的侨批局，其批信都通过邮寄渠道。小型侨批局多数地处偏僻，每期侨批为数不多，多数委托其他大中型侨批局寄出，但有部分小型侨批局和一些暗中经营的批局仍自带自投，主要是通过专职人员或经营进出口贸易的商人携带。为了方便侨批的私带，有的批信改为列单方式，附言很少，并且款项用暗语表示，如用大米、大豆等代表所托钱银数目，以方便水客利用单式或日记簿方式私运批信及批款。造成私批的主要原因是小批局追求盈利，但在某些特殊时期还有另外的原因。如其一，为逃避侨居地政府的侨汇限制。尤其是中国抗战和内战期间，因救济家乡侨眷和支持祖国抗战的需要，侨汇数目大增，引起侨居地政府的关注，进而采取措施限制甚至禁止华侨汇款回国。其二，抗战后期闽粤沦陷区交通封锁时期，不得不暗中私带侨批。

综上所述，从清末到民国年间随着邮政系统的建立和邮递网络逐步完善，政府逐步加强对民营侨批业的管辖，而这种管辖在规范侨批行业的同时，显然也对侨批业的生存发展空间带来了很大的限制，资本力量不大的民营侨批局只能不断地寻求生存发展空间。另一方面，侨批业的存在和发展，对清末到民国年间政府邮政业务并没有构成明显的竞争或威胁，在某些方面还对邮政网络起到了一定程度的补充作用。在邮政网络无法遍及的闽、粤两省乡村偏远地区，侨批业可以靠土生土长的侨批业务人员顺利送递，在国内战乱的特殊时期，在部分地区交通封锁或邮路不通的情况下，侨批业务人员仍想方设法、冒着危险尽量将侨批送到。

民国时期，邮政管理下的民营侨批业的发展历程，是中国民营企业的艰难奋斗史的缩影。资本不够雄厚、没有政治支撑的中国民营企业，只能在政府管制的狭缝中不断寻找生存的有限空间，其发展显然受到了很大的压制。新中国成立以后，邮政网络不断扩大，邮递业务不断完善，越来越多的华侨选择通过邮政寄递家信和汇款，侨批局的业务逐渐萎缩，最终完成了它的历史使命，退出了历史舞台。

（原文刊载于《广东教育学院学报》2009年第29卷第2期，有改动。）

后 记

本论文集是广东第二师范学院 2017 年重点学科建设的项目成果,并得到了该项目的经费资助。

我校思政课教师在专注教学之余潜心研究教育理论和教学内容,成果颇丰。但是受论文集内容和体例所限,此次不少论文并未入选,甚是遗憾。

本论文集由王左丹、房慧玲统稿,李俊丰、蔡英谦和陈华选编与整理。

感谢中山大学出版社编辑们的辛勤工作。

编者

2021 年 10 月 1 日